아산연구총서 1

마한과 백제시대 아산지역의 위상

순천향대학교 아산학연구소 편

발간사

　본 서는 아산연구총서 제1권으로, 「마한과 백제시대 아산지역의 위상」을 주제로 열린 학술대회에서 발표된 연구 성과를 한 권의 책으로 엮어 발간한 것입니다. 아산연구총서는 지역의 역사와 문화를 체계적으로 정리하고 미래 발전의 토대를 마련하기 위해 기획되었으며, 그 첫 결실로 본서를 선보이게 되었습니다.

　이 책은 아산 지역이 고대부터 단순한 변방이 아니라 한반도와 황해 해양 질서를 연결하는 역동적인 역사 무대였다는 문제의식에서 출발했습니다. 아산의 지리적·정치적 가치를 재조명하고, 고대 황해의 해양 환경과 항로 조건을 분석함으로써 아산이 해양 네트워크의 핵심 거점이었음을 밝히고자 했습니다. 또한 문헌 사료와 고고학 자료를 종합하여 삼한 사회의 중심으로 알려진 '목지국'과 아산의 연관성을 심층적으로 검토하고, 아산이 마한과 백제의 역사 전개 과정에서 정치적 주도권을 행사한 중요한 중심지였음을 제시하였습니다.

　더 나아가 본 서는 고고자료와 유적의 실증적 분석을 통해 아산의 위상을 구체적으로 드러냅니다. 곡교천 유역의 묘제와 유물 변화를 살펴보며 아산 지역 정치체가 백제와의 관계 속에서 어떻게 능동적으로 재편되고 성장했는지를 추적했습니다. 아울러 아산 전역에 분포한 고대 산성을 지형·교통·방어 체계라는 공간사적 관점에서 해석하여, 고대 국가 형성기 아산이 전략적으로 중요한 요충지였음을 입증하고자 했습니다. 이러한 논의는 아산의 고대사를 단편적인 사건의 나열이 아닌 장기적 역사 흐름 속에서 이해하도록 돕는 데 의의가 있습니다.

이 책은 연구 성과를 정리하는 데 그치지 않고, 고대 문화 자원을 미래의 가치로 확장하는 방안까지 함께 모색합니다. 산성 복원과 박물관 건립 등 구체적인 활용 방안을 통해 역사를 박제된 연구 대상이 아니라 지역 사회와 소통하는 살아있는 교육 자산으로 전환하고자 하는 의지를 담았습니다. 또한 아산의 고대사를 '해양과 정치의 중심지'라는 새로운 시각에서 정립하고, 이를 지역의 문화 자산과 교육 자원으로 활용하기 위한 방향을 제시하고자 했습니다.

아산연구총서의 첫 권인 이 책이 아산 지역사의 새로운 지평을 여는 출발점이 되기를 바랍니다. 더 나아가 우리 지역의 찬란한 고대 역사를 재조명하고, 그 가치가 오늘의 지역사회와 미래 세대에게 이어지는 소중한 이정표가 되기를 기대합니다.

끝으로 바쁜 가운데서도 귀중한 연구 성과를 집필해 주신 연구자 여러분과 아산연구총서 제1권 발간을 위해 힘써 주신 모든 관계자 여러분께 깊이 감사드립니다. 앞으로 이어질 아산연구총서가 지역 연구의 기반을 더욱 탄탄히 다지는 계기가 되기를 기대합니다.

2026년 2월

아산학연구소 소장 맹주완

차례

발간사 ···3

고대 황해의 해양 환경과 아산 지역의 역사적 의미 [임동민]
: 마한·백제의 역사적 변천을 중심으로 ···9

Ⅰ. 머리말 ···9
Ⅱ. 고대 황해의 해양 환경과 아산만 ···13
Ⅲ. 문헌과 고고 자료로 본 고대 아산 지역 ···20
Ⅳ. 해양사의 관점에서 본 고대 아산의 의미 ···29
Ⅴ. 맺음말 ···38

목지국의 위치와 삼한 시대 아산 지역의 정치적 위상 [김남중]
···40

Ⅰ. 머리말 ···40
Ⅱ. 목지국의 위치 ···46
Ⅲ. 목지국의 정치적 위상 ···69
Ⅳ. 목지국에서 백제로의 전환 ···77
Ⅴ. 맺음말 ···84

고고자료로 본 고대 아산지역 정치체의 성장과 변동 과정 [최영주]
: 백제와의 관계를 중심으로 ···89

  Ⅰ. 머리말 ···89
  Ⅱ. 아산지역 고분의 특징 ···92
  Ⅲ. 정치체의 성장과 변동 과정 ···104
  Ⅳ. 맺음말 ···114

백제의 아산지역 진출 시기 재검토 [지원구] ···118

  Ⅰ. 머리말 ···118
  Ⅱ. 『삼국사기』 온조왕조의 아산 ···120
  Ⅲ. 아산지역의 고고학적 검토 ···134
  Ⅳ. 맺음말 ···148

아산지역 고대산성의 분포와 축조배경 [류창선] ···151

  Ⅰ. 머리말 ···151
  Ⅱ. 아산지역의 산성 조사연혁과 현황 ···153
  Ⅲ. 아산지역 산성의 분포와 변화양상 ···174
  Ⅳ. 아산지역 고대 산성의 축조시기와 축조배경 ···188
  Ⅴ. 맺음말 ···203

문헌 기록과 고고 자료로 본 아산 지역의 百濟史的 위상 [박종욱]
··· 205

  Ⅰ. 머리말 ··· 205
  Ⅱ. 한성기 국가권력의 확산 및 교류의 거점 ··· 208
  Ⅲ. 웅진·사비기 北境의 군사적 요충지 ··· 227
  Ⅳ. 맺음말 ··· 237

마한·백제유적으로 본 아산 역사문화권의 특성 [이현숙] ··· 240

  Ⅰ. 머리말 ··· 240
  Ⅱ. 아산과 곡교천유역의 문화환경 ··· 241
  Ⅲ. 아산지역의 마한·백제문화유산 ··· 257
  Ⅳ. 아산 역사문화권의 특성과 가치 ··· 274

아산지역 고대문화 자원의 활용방안 [맹주완]
: 산성복원과 산성박물관을 중심으로 ··· 283

  Ⅰ. 머리말 ··· 283
  Ⅱ. 산성복원과 박물관 건립 입지 ··· 284
  Ⅲ. 산성문화재 활용사례 ··· 289
  Ⅳ. 산성 및 박물관의 활용방안 ··· 292
  Ⅴ. 맺음말 ··· 299

참고문헌 ··· 300

고대 황해의 해양 환경과 아산 지역의 역사적 의미

: 마한·백제의 역사적 변천을 중심으로*

임동민

Ⅰ. 머리말

현재의 충청남도 아산시는 안성천 하구의 인주, 영인, 둔포 등과 삽교천·곡교천 유역의 도고, 신창, 온양, 탕정, 배방 등을 포괄하며, 평택, 천안, 공주, 예산, 당진 등과 면한다. 아산시의 해양 환경은 1970년대 방조제의 완공으로 크게 바뀌었는데, 하천의 조수 유입이 차단되고 해안선이 단조로워졌다.

과거 아산만의 모습은 현재와 일정한 유사성을 보이면서도, 행정구역이나 해양 환경의 측면에서 차이가 있었다. 근대 아산은 외국의 종교, 군사, 문화 등이 들어오는 공간이었는데, 이미 조선시대부터 공진포, 백석포, 둔포 등의 포구와 장시가 발전하였다.[1] 인접한

---

* 이 글은 임동민, 2026, 「고대 황해의 해양 환경과 아산 지역의 역사적 의미-마한·백제의 역사적 변천을 중심으로-」, 『백제문화』 74를 수정, 축약하여 작성되었다.
1 문경호, 2019, 「조선시대 공세곶창의 역사적 변천과 창성의 구조」, 『지방사와 지방문화』 22-2; 박범, 2023, 「18~20세기초 아산만 포구의 중심 이동과 둔포 시장권의 변화」, 『충청학과 충청문화』 34.

평택, 천안, 당진 등과의 관계 속에서 다양한 이유로 행정구역의 재
편이나 월경이 일어났으며, 하천의 퇴적이나 조수의 변화로 인한
해안선의 변동도 발생하였다.[2] 고려시대에는 현재의 평택시 팽성읍
일대로 비정되는 아주 하양창을 중심으로 포구의 운영이 주목되며,[3]
태조 왕건의 아산만 일대 공격을 통해서도[4] 지정학적 중요성이 엿
보인다.

이러한 전통시대 아산 지역의 흐름을 고려하면, 고대의 아산도
주변 지역과의 연계, 해양 환경의 변화라는 측면에서 살펴볼 필요
가 있다. 고대 '아산 지역'은 아산만 남쪽의 현재 아산시를 중심으
로 하면서, 안성천 유역의 평택, 삽교천 유역의 당진 등 연안 지역
과 천안, 공주 그리고 미호강 유역과의 연계 속에서 살펴보아야 한
다. 또한 이곳의 지리적 특성은 방조제 건설 이전으로 돌아가, 고대
황해의 해양 환경 속에서 검토할 필요가 있다. 따라서 본 연구에서
다루는 '아산 지역'의 공간적 범위는 아산시를 중심으로 바다를 통
해 연결되는 당진, 평택 등을 포괄한다. 시간적 범위는 분량을 고려
하여 마한·백제 시기로 한정하고자 한다.

마한과 백제 시기의 아산에 천착한 연구는 『삼국지』 마한 및 목
지국 기록, 『삼국사기』 온조왕 마한 정복 기록 관련하여 축적되었
다. 이러한 연구들은 온조왕이 정복하였다는 마한이나 『삼국지』의

---

2   문경호, 2025, 「읍지를 통해 본 조선 후기 아산 지역의 사회상」, 『아산 조선시
    대 읍지 및 고지도 발간 용역 최종보고서』, 충남역사문화연구원.

3   한정훈, 2013, 『고려시대 교통운수사 연구』, 혜안, 187~189쪽; 문경호, 2014,
    『고려시대 조운제도 연구』, 혜안, 78~80, 123~126쪽.

4   김명진, 2012, 「고려 태조 왕건의 아산만 일대 공략 과정 검토」, 『지역과역사』
    30.

목지국을 아산 혹은 다른 지역에 비정하고, 백제의 아산 진출 과정을 탐구하였으며, 백제 국가의 성장과 발전이라는 주제에 집중하였다.[5] 이러한 연구는 아산에서 확인되는 2~3세기 마한 고고자료에 관한 연구를 통해,[6] 구체화되었다. 아산 지역 고고자료를 전론으로 다룬 연구에서는 2~3세기 아산의 마한 유적을 마한 국읍이자 목지국으로 이해하고, 4세기 이후 백제화 과정에서 아산 배방 지역이 대두하였으나, 위세품을 매개로 한 상호 관계를 이루지 않았다고 보았다.[7] 최근에는 백제 웅진~사비기 지배세력의 동향, 관방 체계의 운영, 국경의 변천, 아산만을 둘러싼 고구려와 백제의 갈등이라는 관점에서 아산 지역의 의미를 새롭게 탐구하고 있다.[8]

아산시에서도 아산 지역의 매장문화재를 시기별, 유적별로 정리하는 한편,[9] 산성에 관한 종합적인 학술조사를 하였으며,[10] 고대 아

---

5   『삼국사기』 온조왕대 마한 정복 기록 및 『삼국지』 목지국의 위치, 위상, 백제화 과정 등은 논자마다 의견이 분분하다. 이에 관한 연구사 정리는 다음이 참고된다(전진국, 2023, 「목지국 위치 비정」, 『한국고대사연구』 111; 박대재, 2023, 「백제 초기의 영역과 마한」, 『한국사연구』 202).

6   신기철, 2018, 「2~4세기 중서부지역 주구토광묘와 마한 중심세력 연구」, 『호서고고학』 39; 이상엽, 2018, 「원통형토기를 통해 본 3세기 중반 이후 곡교천유역의 사회상 검토」, 『선사와고대』 55; 조성윤, 2019, 「2~4세기 곡교천 유역 묘제 변천과 집단의 동향」, 『백제문화』 61.

7   최욱진, 2018, 「아산지역 2~5세기 고대유적의 현황과 의미」, 『선사와고대』 55.

8   전덕재, 2018, 「4~7세기 백제의 경계와 그 변화-경기와 충청지역을 중심으로」, 『백제문화』 58; 최유림, 2022, 「607년 고구려의 백제 공격과 내포지역의 정세」, 『충청학과 충청문화』 33; 강유나, 2023, 「백제 연씨 세력의 재지기반과 그 활동」, 『한국고대사연구』 110; 장수남, 2023, 「백제의 관방체계와 도기동 산성」, 『군사』 123; 김근영, 2024, 「백제 웅진기의 왕도 방어체계와 대외관계」, 『한국고대사연구』 115; 김진영, 2024, 「곡교천 주변지역 신라고분의 전개양상과 영역사적 의미」, 『역사문화연구』 91.

산 지역의 위상을 확인하기 위한 학술회의를 개최하였다.[11] 이와 더불어, 아산 읍지를 정리한 연구는 전통시대 아산의 인문·지리 변천을 탐구하는 데 기여하였다.[12]

이상의 연구에 힘입어, 최근에는 백제의 아산 진출을 전론으로 다루는 연구도 제출되었다. 이에 따르면, 백제는 4세기 초부터 아산을 영향권에 편입하고, 4세기 중반에 산성을 축성하면서 직접 지배하였는데, 곡교천 북부의 승계산성(대두산성)에 먼저 진출한 뒤, 남부의 읍내동산성(탕정성)까지 진출하였던 것으로 보았다.[13] 이러한 시각을 확장하여, 백제가 4세기대 마한 중심인 아산에 진출하여 영역 확장의 교두보로 삼고, 웅진~사비기에 북방 방어선의 핵심으로 관리하였던 것으로 보면서, 아산 지역의 백제사적 위상을 살핀 연구도 제출되었다.[14]

지금까지 살펴본 기존 연구를 통해, 마한부터 백제 한성기, 웅진기, 사비기의 국가 발전이나 관방 측면에서 아산의 중요성이 다각도로 조명되었다. 다만, 고대 황해의 해양 환경을 고려하면서, 아산 지역의 해양사적 의미를 정리하려는 시도는 상대적으로 부족하였다. 따라서 본 연구에서는 고대 황해 해양 환경과 아산만의 지리적

---

9   아산시·고려대학교 한국사연구소, 2022a, 『아산의 마한·백제』; 아산시·고려대학교 한국사연구소, 2022b, 『매장문화재로 본 아산』.

10   아산시·비전문화유산연구원, 2025, 『아산의 산성 종합학술조사보고서』.

11   아산시, 2025, 『아산 고대역사문화 가치 발굴을 위한 학술대회 발표자료집』.

12   아산시·충남역사문화연구원, 2025, 『아산 조선시대 읍지 및 고지도 발간 용역 최종보고서』.

13   지원구, 2024, 「백제의 아산지역 진출 시기 재검토」, 『백제학보』 49.

14   박종욱, 2025, 「문헌 기록과 고고 자료로 본 아산 지역의 백제사적 위상」, 『한국학논집』 101.

특징을 먼저 점검한 뒤, 아산 지역의 자료 현황을 검토하여 대략적인 역사성을 도출하고, 최종적으로 해양사의 관점에서 고대 아산의 의미를 마한과 백제를 중심으로 살펴보고자 한다.

Ⅱ. 고대 황해의 해양 환경과 아산만

황해는 동·서·북쪽으로 육지에 막혔고, 남쪽으로 동중국해와 연결되는 반폐쇄성 해역이다. 황해의 수심은 대체로 낮은 편이며, 연안에는 세계 최대 규모의 갯벌이 형성되었는데, 큰 강에서 운반한 막대한 토사가 극심한 조류, 조수간만의 차와 만난 결과이다. 아울러 황해 연안에는 만, 곶, 섬 등이 복잡한 해안선을 이루어, 외해의 파랑을 효과적으로 차단하기도 한다.[15] 황해에는 쿠로시오 해류 등에서 분기한 해류가 있으나 유속이 대단히 미약하고, 오히려 조류의 영향이 극심한 편이다. 따라서 황해 연안을 항해하려면, 조류의 영향이 중요하였을 것으로 생각된다.[16]

황해 중부의 경기만은 한강을 비롯하여 예성강, 임진강, 안성천, 삽교천 등의 여러 하천이 만나는 해역인 동시에, 서쪽으로 산둥반도에 연결되는 입지이다. 만의 곳곳에 발달한 만이나 하천 하구는 자연적으로 좋은 포구의 조건을 제공하였다. 하지만 경기만에서는 대한민국 갯벌의 약 35%를 차지하는 갯벌과 세계적인 규모의 조차

---

15 황해의 해양 환경에 관한 역사학 분야의 서술은 다음이 참고된다(권덕영, 2012, 『신라의 바다 황해』, 일조각, 14~19쪽).

16 정진술, 2009, 『한국의 고대 해상교통로』, 한국해양전략연구소.

를 만날 수 있으며, 봄과 여름철에 안개까지 자주 발생한다.[17] 또한 얕은 바다에 진흙 등이 쌓인 천퇴(淺堆), 해면 가까이에 있는 바위인 초(礁), 간조시에 드러나는 간출암(干出巖, 여) 등이 많다.[18]

실제 항해할 때 깊은 바다보다 얕은 바다에서 좌초당하는 것을 두려워한다는 『고려도경』의 기록은[19] 얕은 바다의 무서움을 잘 보여준다. 생경한 당 연안에서 수심을 재면서 위험을 피하려다가 결국 좌초된 내용을 담은 『입당구법순례행기』의[20] 기록도 연안항해의 어려움을 보여준다. 조선시대 항해 기록에서도 필요한 조류와 바람을 기다릴 때, 수심을 측정하고 깊은 곳으로 이동하여 닻을 내리는 경우가 있었다.[21]

거센 조류는 바람이나 노를 동력원으로 하는 전근대 선박이 극복하기 힘든 제약이었으며, 자주 기항하면서 밀물과 썰물 시간에 맞추어 항해할 수밖에 없었다. 안개와 같은 악천후도 시인거리 내의 육상 지표물을 보며 항해하는 전근대 항해자에게 절대적 위험이었으며, 안전한 피항처를 찾아 기항할 수밖에 없었다. 조선시대 삼남지방에서 한양으로 출입하는 배들은 이러한 해양정보에 능통하였던 연안 지역 포구에 수시로 정박하면서 항해하였다.[22]

---

17 국토지리정보원, 2003, 『한국지리지 수도권편』; 인천광역시 역사자료관, 2009, 『인천의 갯벌과 간척』(인천역사문화총서55).

18 국립해양조사원, 2018, 『우리바다 우리해양지명 4 충청남도, 인천광역시, 경기도 및 황해』.

19 『宣和奉使高麗圖經』 卷33, 舟楫 供水 "海行 不畏深 惟懼淺閣 以舟底不平 若潮落則傾覆不可救 故常以繩垂鉛硾以試之".

20 『入唐求法巡禮行記』 卷1, 開成 3년(838) 6월 28일.

21 19세기 『조행일록』 등에서 이와 같은 사례가 확인된다(고동환, 2015, 『한국전근대 교통사』, 들녘, 185~186쪽).

황해의 해양환경과 이에 도전한 인간의 기술이 만나, 황해 해양 교류를 위한 다양한 항로들이 활용되었다. 황해의 항로는 크게 황해연안항로(黃海沿岸航路), 황해중부횡단항로(黃海中部橫斷航路), 황해남부사단항로(黃海南部斜斷航路)로 구분된다. 황해연안항로는 육안으로 확인되는 황해 연안의 육상 지표물을 보면서 항해하는 항로로, 선사시대부터 가장 널리 활용되었으나, 안전성을 담보하기 위하여 지역 해양세력의 도움이 절대적이었다. 황해중부횡단항로는 경기만에서 산둥반도 사이의 황해 중부 해역을 횡단하는 항로로서, 육상 지표물을 볼 수 없는 원양을 건너는 부담이 있으나, 횡단거리가 황해에서 가장 짧기 때문에 고대부터 활용되었다. 황해남부사단항로는 한반도 서남해안에서 중국 강남지역까지 황해 남부를 비스듬히 가로지르는 항로이다. 이 항로는 대부분 육상 지표물을 볼 수 없는 망망대해를 항해하므로, 이에 적합한 항해술과 조선술을 겸비하고 상당한 정보를 축적해야 활용할 수 있었다.[23]

아산만은 경기만 남부에 해당하는 해역으로, 충청남도 아산, 당진 및 경기도 평택시 사이에 있는 만이다. 만의 입구부는 비교적 수심이 깊으나, 사주가 발달하였고, 만의 안쪽인 내만으로는 삽교천과 안성천이 흘러들어오며, 썰물 때에는 갯벌이 많은 지형이었으나, 1970년대 방조제 설치로 해안선이 변화하였다.

---

22 전종한, 2017, 「근대이행기 조강 연안의 포구 성쇠와 포구 네트워크」, 『대한지리학회지』 52권 2호.

23 이상의 황해 해양 환경과 기술 등에 관한 서술은 다음의 글 일부를 크게 수정, 요약한 것이다(임동민, 2025, 「동아시아 해양 교류의 변천과 부안 죽막동 유적의 의미」, 『동아시아 해양 제사와 교류; 국립전주박물관 국제학술심포지엄 자료집』, 52~54쪽).

고대 아산 지역은 아산만을 중심으로 현재의 아산시 일대를 협의의 개념으로 하면서, 넓게는 평택, 당진 등 주변 지역을 포괄한다. 본 연구에서는 협의의 아산 지역을 아산만 연안의 둔포, 영인 일대에 해당하는 아산 북부, 곡교천 유역의 신창, 온양, 배방, 탕정 일대에 해당하는 아산 남부로 구분하고자 한다. 전자는 아산만 연안을 통해 해양과의 연계성이 탁월하며, 후자는 곡교천 하구에서 삽교천과 합류하여 아산만으로 진출이 가능한 동시에 미호강 유역까지 육로로 연결될 수 있는 입지였다.

고대 아산만의 해양 환경을 직접적으로 보여주는 자료는 극히 희박하다. 주로 19세기에 정리된 아산 지역의 읍지에서 일부 내용이 확인되나, 근대적인 기록은 아니었다. 대체로 한반도의 연안 환경은 1908년부터 1911년까지 간행된 『한국수산지』,[24] 1930년대에 집대성된 『조선연안수로지』를 기반으로 1952년에 간행된 『한국연안수로지』를[25] 통해, 근대적인 시선에서 정리되었다. 이러한 자료는 제국주의의 식민지 지배와 수탈이라는 아픈 역사와 연결되지만, 지도, 사진, 통계 등 근대적 방법으로 조사하여 고대의 환경을 유추하는 데 도움을 준다.

『한국연안수로지』에는 아산만과 아산묘지(牙山錨地)에 관한 서술이 보인다. 아산묘지로 진입하려면 우선 남양만과 풍도, 육도 등

---

24 統監府 農商工部, 1908~1910, 『韓國水産誌』 1~2집, 日韓印刷株式會社; 朝鮮總督府 農商工部, 1910~1911, 『韓國水産誌』 3~4집, 朝鮮總督府印刷局; 이상의 자료에 관한 해제, 번역, 역주는 다음의 자료가 참고된다(이근우·서경순 옮김, 2023~2024, 『한국수산지 I-1~IV-2』, 산지니).

25 海軍本部水路官室, 1952, 『韓國沿岸水路誌』 제2권 西岸 西海諸島, 海軍本部水路官室.

의 섬을 지나며, 그 후에 당진 연안의 포구를 거치는데, 이곳은 갯벌이 많고, 간출퇴, 천퇴, 암초 등의 해저지형을 조심해야 하며, 최대 3.5노트의 조류에 유의하며 협수로를 지나야 하였다. 아산묘지 남동쪽의 1개 만을 이루는 아산 내항에는 곡교천 합류부 인근의 부리포, 삽교천 상류로 이어지는 돈포리, 돈곳리 등이 정기선의 기항지로 활용되었다. 동쪽으로 안성천 하구까지는 여러 포구가 존재하나, 대체로 갯벌이 넓게 펼쳐진 지형이었다. 아산 내항은 밀물 때 큰 만을 이루지만, 썰물 때는 대부분 갯벌이 되어, 그 사이의 협수로만 남았다.[26]

　이보다 자세한 해양 기록은 『한국수산지』에 보인다. 아산만 연안의 당진군은 전체적으로 갯벌이 넓어 배의 정박처로 적당하지 않으나, 당진포, 구로지리, 교로리, 초락도 등에 일부 배가 출입하여 어업에 종사한 것으로 보인다. 대난지도, 소난지도 인근은 암초가 많고 썰물 때 바닥이 드러나기도 하나, 어업, 상업, 운송업 등이 유지되었다고 한다. 동쪽으로 이어지는 연안은 갯벌로 인해 배의 정박에 불편하나, 조류를 맞추면 당진읍 부근까지 독고천을 타고 작은 배가 항행한 것으로 보인다. 당진군 동쪽의 면천군에는 인천 왕복 기선이 기항하는 한진, 부리포, 둔곳리 등이 아산만 연안의 포구로 성장하였다. 둔곳리는 아산만 가장 깊은 곳에 위치하여 썰물 시에 완전히 바닥을 드러내지만, 북쪽 앞바다에 인천 왕복 기선이 드나드는 종점이 있었다고 하고, 그 북쪽의 부리포, 한진, 성구미 등은 썰물 시에도 수심이 유지되는 포구였다고 한다.[27]

26　海軍本部水路官室, 1952, 앞의 책, 174~179쪽.

　아산군에는 동북쪽의 광덕강(안성천 하구), 남쪽의 곡교천 등이 있는데, 곡교천 유역은 충청도 굴지의 평야이고, 고용산과 영인산 등은 아산만 조망와 읍치의 보호가 가능한 산이라고 전한다. 다만, 아산평지의 절반 이상은 토질이 양호하나 관개용수가 부족하고 염분기가 있다고 한다. 또한 안성천, 곡교천 유역의 물길은 밀물 시에 배의 출입과 정박이 쉽지만, 썰물 시에 정박처가 희소하며, 갯벌로 인해 상륙하기 대단히 곤란하다는 서술도 있다. 아산 북부에는 연안 갯벌과 흰 바위가 산재한 백석포가 있는데, 썰물 시에도 수심이 유지되어 기선이 정박하고, 미곡의 반출지로 선박이 몰려들었다고 한다. 이보다 내륙에 위치한 둔포에도 미곡의 반출을 위해 선박이 모여들었으나, 썰물 시에는 바닥을 드러내었다고 나온다.[28] 둔포에서 안성천으로 들어가면, 조류를 통해 겨우 평택역 부근까지 작은 배로 거슬러 올라갔다는 언급 정도가 보인다.[29]

　위의 두 기록은 근대 초입에 전통시대 해양 환경의 마지막 모습을 담은 자료이다. 이를 정리하면, 아산만 연안에는 안성천 하구의 백석포와 삽교천의 부리포, 둔곶리 등이 선박 출입의 중심이었다. 그 외에 썰물 시에 정박처는 희소하며, 아산만 입구의 포구들도 썰물 때까지 수심을 유지하는 좋은 포구는 드물었다. 또한 아산만 내부까지 들어오려면, 조류와 더불어 암초, 간출퇴 등의 불리한 지형을 거쳐야 하였다. 다만, 아산 지역은 미곡의 반출을 비롯한 인문, 경제적 요건으로 인한 수요가 충분하였으므로, 주로 안성천과 삽교

27　이근우·서경순 옮김, 2024, 『한국수산지 Ⅲ-2권』, 산지니, 263~273쪽.

28　이근우·서경순 옮김, 2024, 『한국수산지 Ⅲ-2권』, 산지니, 273~278쪽.

29　이근우·서경순 옮김, 2024, 『한국수산지 Ⅳ-1권』, 산지니, 61쪽.

천에 연계되는 포구들이 성장하였던 것으로 보인다.

아산만 해양 환경의 장점은 첫째, 만 내부까지 들어와서 정박하기 좋은 포구가 있었다는 점이다. 근대 자료에 언급되지 않았지만, 이미 전통시대부터 공세곶창 등이 중요한 포구로 번성하였다. 둘째, 안성천, 삽교천, 곡교천을 통해 수운과 육로로 내륙까지 연결되는 결절점이 되었다는 점이다. 하천 하구에 좋은 포구가 발전하는 이유로는 해선의 종점에서 화물의 적환이 이루어지며, 배후 수요처까지 다른 운송방식으로 연계된다는 것이 꼽힌다. 셋째, 고용산, 영인산 등의 산들이 교통 요충지를 방어할 수 있는 관방 거점으로 활용되었다는 점이다.

이와 달리, 해양 환경의 단점을 정리하면 다음과 같다. 첫째, 아산만에 연계되는 하천의 유역면적은 경기만의 한강, 예성강, 임진강 혹은 황해 연안의 다른 강에 비하여 작았다는 점이다. 안성천, 삽교천 등은 유역면적 외에 수심이나 수량 등에서도 불리하여, 근대의 하천 조사 결과인 『조선하천조사서』에서도[30] 거의 다루어지지 않았다. 둘째, 아산만의 주요 포구는 남북 방향으로 이어지는 장거리 황해연안항로에서 내륙으로 치우친 지역에 분포하였다. 이곳은 내륙의 배후 수요와 연계될 수 있어도, 장거리의 연안항로에서 반드시 거치는 기항지로 기능하기에 불리하였다. 셋째, 아산만 연안은 일부 포구를 제외하면 대부분 갯벌이며, 여러 가지 항해 방해요소를 안고 있어서, 지역의 물길을 파악한 해상세력의 역할이 상당히 중요한 해역이었다. 지금까지 정리한 고대 황해와 아산만의 해

30　朝鮮總督府, 1929, 『朝鮮河川調査書』.

양 환경을 기반으로, 다음 장에서는 자료를 통해 고대 아산 지역의
특성을 살펴보도록 하겠다.

Ⅲ. 문헌과 고고 자료로 본 고대 아산 지역

고대 아산 지역에 관한 문헌자료로는 『삼국사기』 백제본기가 대
표적이다. 백제본기의 아산은 마한 정복 기록에 처음 등장한 뒤, 웅
진기에 대두산성과 관련한 내용에서 등장한다.

[표 1] 『삼국사기』 백제본기 아산 관련 기록 (1)

	연대	사료 번역	사료 원문
1	온조26 (c.e.8)	겨울 10월에 왕이 군사를 내어 겉으로는 사냥을 간다고 말하면서 몰래 마한을 습격하여 마침내 그 국읍을 병합하였다. 오직 원산성과 금현성 두 성은 굳게 지켜 항복하지 않았다.	冬十月, 王出師, 陽言田獵, 潛襲馬韓, 遂幷其國邑. 唯圓山·錦峴二城, 固守不下.
2	온조27 (9)	가을 7월에 대두산성을 쌓았다.	秋七月, 築大豆山城.
3	온조36 (18)	가을 7월에 탕정성을 쌓고, 대두성의 민호를 나누어 살게 하였다.	秋七月, 築湯井城, 分大豆城民戶居之.

[표 1]의 1번 사료는 온조왕이 기원후 8년에 마한 국읍을 공격
하여 병합하였다는 내용이다. 기존 연구에서는 『삼국지』 동이전과
고고자료를 근거로 위 기록의 시점을 수정하는 경향이 많다. 구체
적으로는 3세기 고이왕대의 활동이 온조왕대 기록에 소급되었다고
이해하는 연구가 지속되고 있으나,[31] 책계왕부터 근초고왕까지의
다양한 시간대로 수정하는 연구들도 공존하고 있다.[32] 본 연구에서

는 온조왕대 마한 국읍 정복 기록의 시점을 수정할 필요성에 동의하면서도, 『삼국사기』와 백제인의 인식을 기준으로 간략히 재검토하고자 한다.

〔표 1〕의 2번, 3번 사료를 보면, 백제는 마한 국읍을 병합하고 2성의 항복까지[33] 받아낸 이후, 대두산성을 쌓고, 또 탕정성을 쌓아 대두성의 민호를 사민하였다. 사료의 맥락만 보면, 대두산성, 탕정성의 축성과 관리가 마한 국읍의 병합과 연계된 사건임은 분명해 보인다. 탕정성은 탕정군(아산 온양)의[34] 읍내동 산성으로[35] 보는 데 큰 이견이 없는 듯하고, 먼저 쌓은 것으로 나오는 대두산성은 곡교천 북부의 아산 수한산성이나 영인산성 혹은 승계산성으로 비정되기도 하였다.[36] 따라서 『삼국사기』 백제본기, 그리고 전거자료로 활용되었을 백제 측의 자료에서는 온조왕의 마한 국읍(아산 일대) 정복이라는 인식을 공유하였다고 보인다.

----

31 李丙燾, 1976, 『韓國古代史研究』, 博英社, 481쪽; 盧重國, 1988, 『百濟政治史研究』, 一潮閣, 90~94쪽; 유원재, 1994, 「『진서』의 마한과 백제」, 『한국상고사학보』 17, 141~149쪽; 김수태, 1998, 「3세기 중·후반 백제의 발전과 마한」, 『백제사연구총서』 6, 197~200쪽; 박대재, 2023, 「백제 초기의 영역과 마한」, 『한국사연구』 202 등.

32 분량 문제로 인하여 세부적인 연구사 정리는 생략하며, 이와 관련한 연구동향 정리는 다음의 논문이 참고된다(위가야, 2013, 「백제 온조왕대 영역확장에 대한 재검토」, 『한국사학보』 50).

33 『삼국사기』 권23 백제본기1 온조왕 27년(9) 4월.

34 『삼국사기』 권36 잡지5 지리3 신라 탕정군.

35 유원재, 1992, 「백제 탕정성연구」, 『백제논총』 3.

36 지원구, 2024, 앞의 논문; 해당 논문에 대두산성과 탕정성 위치 비정에 관한 연구 동향이 간략히 정리되어 있다. 최근 논문에서도 읍내동산성을 탕정성으로 보고, 승계산성의 조사 결과에 따른 논의의 심화를 기대하는 견해가 제시되었다(박종욱, 2025, 앞의 논문, 100~101쪽).

『삼국사기』의 마한은 백제의 타자 인식이며, 『삼국지』의 마한과는 구분된다. 『삼국사기』에서는 한성기에 본격적으로 정복한 마한을 아산 일대의 세력으로 이해하였는데, 『삼국지』의 마한은 한반도 중서부 지역을 포괄하는 토착적 사회로 보았다.[37] 『삼국사기』 온조왕대 기록에서 마한을 아산 일대로 인식한 것은 기록의 전거가 대체로 근초고왕대 이후 형성되었을 가능성과[38] 관련될 것이다. 백제는 4세기 이후 마한 전체의 대외교섭권을 장악하여 세력권으로 편입하였는데,[39] 이 과정에서 마한을 이른 시기부터 '멸망'시켰다는 인식을 기록으로 남겼고, 이것이 현재 통용되는 『삼국사기』까지 이어진 것으로 보인다. 이때 '멸망'한 마한의 중심지는 백제 남쪽에서 찾아야 하는데, 고고학 자료를 토대로 본다면, 4세기 이전까지 아산은 마한 사회의 가장 중요한 중심지 중 하나로 판단된다. 문헌자료 지명의 위치비정과 고고자료의 맥락을 고려하면, 근초고왕 이전 백제의 중요한 정복 대상은 아산 지역의 마한 세력이었을 것이다.

다음으로 온조왕대 마한 정복 기록의 역사적 실상에 관한 문제가 남는다. 이 문제는 백제의 아산 지역 진출 시기와 관련된다. 기존 연구에서는 대체로 고이왕대에 주목하는 경향 속에서, 그 이후 근초고왕대까지 다양한 견해가 제출되었다. 최근 연구에서는 고이왕 5년(238) 부산(평택 진위) 사냥 기록,[40] 정시 7년(246) 한나해(안

---

37 박대재, 2023, 앞의 논문.

38 이근우, 1997, 「웅진시대 백제의 남방경역에 대하여」, 『백제연구』 27, 48~49쪽; 임기환, 2013, 「『삼국사기』 온조왕본기 영역 획정 기사의 성립 시기」, 『역사문화연구』 47, 31~32쪽.

39 임동민, 2022b, 「서남해안 연안항로 네트워크를 통해 본 백제 한성기 영산강 유역 진출과 포구」, 『백제학보』 43, 161~168쪽.

성 일대) 항복 기록[41] 등을 백제의 안성천 유역 진출 및 아산만 마한 국읍 병합과 관련지어 보면서, 고이왕대에 다시 주목하였는데, 이에 따르면, 3세기 후반 『진서』 '마한주'의 교섭을 아산 지역 국읍까지 확보한 백제왕의 교섭으로 보았다.[42] 이와 달리, 4세기까지 아산 지역의 고고자료에서 마한의 정체성이 유지된다는 점을 근거로 하여, 마한 정복 기사를 4세기 초 비류왕대 사실로 이해하는 견해도 나왔다.[43]

그런데 3세기 후반 '마한주'의 교섭은 백제가 주변 마한 소국의 대외교섭권을 통제하였음을 의미하며, 이 단계를 영역 '지배'와 구분하여 교섭권을 장악한 '세력권'으로 규정할 필요가 있다.[44] 이러한 구분에 유의한다면, 백제는 3세기 고이왕대에 안성천 유역과 아산만 일대의 마한 소국까지 대외교섭권을 통제하면서, '마한주'로 등장하여 서진과 교섭하였다. 다만, 아산 지역을 영역화하여, 간접 또는 직접지배 단계로 넘어가는 시기는 4세기 이후로 보는 편이 합리적일 것 같다. 『삼국사기』 백제본기에 나타난 온조왕대 마한 정복 기사는 고이왕대 백제가 아산 지역 마한 세력의 대외교섭권을 통제하기 시작한 상황을, 근초고왕대 무렵에 시조 온조왕의 업적으로 소급한 결과로 이해된다.

---

40 『삼국사기』 권24 백제본기2 고이왕 5년(238), 2월; 『삼국사기』 권35 잡지4 지리2 신라 당은군 진위현.

41 『三國志』 卷4 魏書4 三少帝紀 正始 7년 5월; 『삼국사기』 권35 잡지4 신라 백성군.

42 박대재, 2023, 앞의 논문.

43 지원구, 2024, 앞의 논문.

44 임동민, 2022b, 앞의 논문, 166~167쪽.

[표 2] 『삼국사기』 백제본기 아산 관련 기록 (2)

	연대	사료 번역	사료 원문
1	문주2 (476)	2년(476) 봄 2월에 대두산성을 수리하고, 한강 북쪽의 백성들을 옮겼다.	春二月, 修葺大豆山城, 移漢北民戶.
2	삼근2 (478)	봄에 좌평 해구가 은솔 연신과 더불어 무리를 모아 대두성을 거점으로 삼아 반란을 일으켰다. 왕이 좌평 진남에게 명하여 군사 2,000명으로 이를 토벌하게 하였으나 이기지 못하였다. 다시 덕솔 진로에게 명하여 정예 군사 500명을 거느리고 해구를 공격하여 죽이게 하였다. 연신이 고구려로 달아나자 그 아내와 자식을 붙잡아 웅진 저자에서 목을 베었다.	春, 佐平解仇與恩率燕信聚衆, 據大豆城叛. 王命佐平眞男, 以兵二千討之, 不克. 更命德率眞老, 帥精兵五百, 擊殺解仇. 燕信奔高勾麗, 收其妻子, 斬於熊建市.
3	삼근3 (479)	가을 9월에 대두성을 두곡으로 옮겼다.	秋九月, 移大〈豆〉城於斗谷.

　[표 2]의 기록은 백제 웅진기에 대두산성을 수리하고, 이곳에서 좌평 해구, 은솔 연신이 반란을 일으켰다가 진압당하였으며, 대두성을 두곡으로 옮기는 과정을 보여준다. 백제는 475년 고구려의 공격으로 한성을 빼앗기고, 웅진으로 천도하면서, 한강 유역의 영역을 상실하였을 것으로 추정되며, 이에 따라 아산 지역은 고구려와 대치하는 전선으로 변화하였다. 물론 웅진기 백제의 한강 유역 재점유와 관련한 논쟁이 남아있고, 고구려의 한강 이남 지배 방식도 거점 중심으로 추정되므로, 백제가 아산만을 넘어 북쪽까지 진출하였을 가능성도 있다. 다만, 본 연구에서는 웅진기부터 사비기까지 큰 틀에서 볼 때, 아산 지역이 북쪽의 한강 유역을 차지한 세력과의 전선으로 기능하였다는 점만 언급하고자 한다.

　그렇다면, 대외교섭권이 통제된 3세기 중후반이나, 백제 지배력이 확대된 4세기 이후 시점과 달리, 웅진기에서 사비기까지 아산의 위상은 다소 변화를 겪었을 것이다. 아산 지역은 마한 정복 기록

이후 한성기의 문헌자료에서 확인되지 않는데, 아마도 금강, 영산강까지 점차 남진하는 백제화 과정에서 아산 지역의 역할이 이전보다 축소된 결과로 생각된다. 이와 달리, 백제가 수도를 금강 유역으로 옮긴 웅진기~사비기에는 아산 지역을 최전선으로 관리할 필요가 있었다. 이와 동시에, 기존 토착 세력의 거점이었던 아산 지역은 국가 권력의 혼란 속에서 반란 세력의 기반으로 활용되기도 하였다.

다음으로 아산 지역의 마한·백제 시기 고고자료를 살펴보면, 아산 북부에 해당하는 인주, 영인, 둔포면 일대에는 마한부터 백제 시기에 이르는 유적군이 남부에 비하여 상대적으로 적은 편이다. 우선, 해발 108m 원랑산 북서쪽 구릉 말단부에 위치한 구성리 유적에서는 환호 추정 구상유구와 주거지 추정 수혈 유구, 저장용 추정 원형 유구 등이 확인되었는데, 3세기 후반에서 4세기 초반 무렵의 유적으로 판단된다. 현재 유적의 위치는 북서쪽으로 평야를 마주하고 있으나, 방조제 설치 이전에는 유적 바로 앞까지 바닷물이 들어온 연안 지역이었다. 구성리 유적은 백석포와 연결된 해안선 인접 구릉 사면에 위치하며, 해안선을 따라 약 3km 거리에 공세곶창과 이어진다. 이 유적은 해안가 취락으로 이해되는데, 앞으로 주변에서 대규모 저장시설이나, 도로, 포구 등의 유적이 조사된다면, 고대 아산 지역의 해양성을 보여주는 중요한 유적이 될 것이다.

그 외에 국도 34호선 공사 과정에서 조사된 와우리, 신법리 유적에서는 3~4세기 토광묘, 주구토광묘, 주거지 등이 확인되었다. 인근에서는 신법리 토루 유적도 확인되었는데, 나말여초에 지역 세력이 운영한 거점으로 추정된다. 이들 유적군은 동쪽으로 둔포, 서쪽으로 백석포를 끼고 있으며, 북쪽으로 옛 해안선에 인접한 입지였다.

한편, 둔포에서 탕정 방면으로 내려가는 경로에 신양리 유적이 위치하는데, 이곳에서는 4세기 백제 주거지 수십 기가 조사되었다.[45]

최근에는 고용산 동쪽의 승계산 정상부에서 백제 한성기에 축조된 승계산성이 조사되었다. 승계산성의 지표조사, 시굴조사에서는 삼족기, 중국제 시유도기편, 철제 초두 등의 위계가 높은 유물이 확인되었다. 승계산성은 대체로 백제 한성기, 구체적으로는 4세기 말 이후에 운영되기 시작하여 웅진기까지 사용한 고구려 방어용 연해성으로 추정된다.[46]

아산 북부 일대는 3세기부터 4세기 이후에도 1개의 세력권을 형성한 것으로 판단된다. 고려~조선시대까지 이 지역의 공세곶, 백석포, 둔포 등이 거점 포구로 발전하였다는 점을 고려한다면, 마한·백제 시기에도 아산 북부의 세력은 아산만과의 연계성을 기반으로 발전하였을 것이다. 다만, 후술할 아산 남부 지역의 2~4세기 유적군과 비교하면 상대적으로 세력권이 미약한 편으로 판단된다. 이러한 차이는 두 지역 사이의 개발 격차에 따른 차이일 가능성도 있으므로, 앞으로 북부 일대의 추가적인 조사가 축적되기를 기대한다. 특히 승계산성은 아산만을 조망하여, 아산 남부 세력과 안성천 유역 세력의 해양 활동을 통제할 수 있다는 점에서 향후 조사 성과가 기대된다.

---

45 이상의 아산 북부 지역 유적군에 관한 설명과 개별 보고서의 서지정보는 다음의 보고서가 참고된다(아산시·고려대학교 한국사연구소, 2022a, 앞의 책; 2022b, 앞의 책).

46 비전문화유산연구원, 2022, 『아산 둔포지구 도시개발사업 부지 지표조사』; 비전문화유산연구원, 2025, 『아산 승계산성 긴급발굴조사 학술자문회의 자료집』.

아산 남부에는 2~3세기 마한의 중심지로 추정되는 다수의 유적
군이 집중되어 있다. 아산 용두리 진터 유적은 2세기 초반~후반을
중심으로 하는 토광묘, 주구토광묘 등의 분묘 유적이다. 이곳에서
는 무덤 형태와 원저단경호, 발형토기, 철기 등의 부장 양상에서 중
서부지역 마한 문화와의 동질성이 확인되는 동시에, 유개대부호,
마형대구 등에서 영남지역을 비롯한 주변과의 교류라는 특징이 두
드러진다. 인근의 밖지므레 유적은 대체로 2세기 말부터 3세기 말
까지 마한의 토광묘, 주구토광묘 수십 기가 조사되었는데, 용두리
진터보다 약간 늦은 시기에, 원저단경호와 심발형토기, 그리고 철
기, 마형대구, 외래계 중층유리구슬 등을 함께 부장하였다. 밖지므
레 유적은 충남 최대 규모의 마한 분묘 유적이며, 외부와 활발히
교류한 곡교천 유역의 중심 집단이 조영한 것으로 보인다. 인근의
갈산리 초등학교 건설부지 유적에서도 2세기 후반에서 3세기 말의
주구토광묘, 토광묘 등이 발견되었는데, 장신구류가 없을 뿐이고
밖지므레와 이어지는 구릉에서 유사한 분묘군이 확인되었다.

용두리 부리기 유적, 선문대 인근 갈산리 유적에서는 마한 주거
지가 조사되었으며, 이순신대로 건설 사업에서 조사된 갈산리, 매
곡리 유적에서도 역시 마한 주거지 15기가 조사되었다. 이러한 주
거지들은 방형 4주식 주거지의 특성을 일정 정도 공유하고 있으며,
대체로 3~4세기 무렵의 생활 유적으로 판단된다. 탕정면 용두리,
명암리 일대의 분묘 유적, 생활 유적은 아산 남부의 마한 중심 세력
이 외부 세계와의 교류 속에서 성장하였던 정황을 보여준다.

배방읍의 공수리 유적에서는 2~3세기에 걸친 마한 토광묘, 주
구토광묘가 발견되었는데, 원저단경호를 비롯한 토기류와 더불어

유개대부호, 철기류, 구슬류가 조사되었다. 갈매리 유적에서는 마한
~백제 건물지, 수혈 유적이 대규모로 조사되었는데, 3세기 후반 이
후 백제 한성기에 이르기까지 주거, 생산, 유통, 의례 등 다양한 성
격을 복합적으로 갖춘 공간으로 추정되었다. 또한 인근의 갈매리
목책 유적에서는 태화산 지맥의 끝자락에 3~4세기 목책열과 수혈
등의 유구가 확인되었는데, 기본적으로 관방 시설로 추정되나, 앞
으로 주변 능선에 대한 조사가 추가되면 구체적인 성격을 파악할
수 있을 것이다. 이 외에 북수리 유적에서는 주거지, 제련로, 수혈
등이 확인되었는데, 지형에 맞게 계획적으로 조성한 취락이다.[47]

아산 남부 지역에서는 청동기시대 이래로 인간의 활동이 집중되
었는데, 특히 2~4세기에 다수의 분묘, 생활 유적이 확인되었다. 이
러한 유적에서는 영남 지역과의 교류 흔적도 나타나는데, 미호강
유역까지 육로로 연계되기 편하다는 장점과 관련될 것이다. 같은
시기 미호강 유역은 청주 등을 중심으로 하나의 세력을 키웠으며,
영남 지역과의 교류도 확인된다. 아산 남부의 마한 세력은 곡교천
유역의 농업 생산성, 아산만으로의 연결성과 더불어, 내륙 육로와
의 연계성까지 갖추었다. 따라서 아산 남부의 세력은 청동기시대
이후 지속적으로 성장한 '토착', '재지' 성격의 마한 중심 세력으로
추정된다. 대체로 4세기 이후 백제 한성기 유적, 유물도 함께 보이
고 있으므로, 백제는 마한의 전통적인 중심 세력에 대하여 지속적
인 관심을 갖고 지배력 확대를 꾀하였을 것으로 판단된다.

---

47 이상의 아산 남부 지역 유적군에 관한 설명과 개별 보고서의 서지정보는 다음의
   보고서가 참고된다(아산시·고려대학교 한국사연구소, 2022a, 앞의 책).

이상에서는 마한~백제 시기의 아산 관련 문헌과 고고 자료를 검토하였다. 백제는 아산 일대를 마한의 중심으로 인식하였으며, 대체로 3세기 중후반 고이왕대부터 대외교섭권을 통제하는 세력권에 편입하였는데, 이러한 사실이 삼국사기 온조왕대 정복 기록으로 소급되어 남았다. 아산 지역은 한성 함락과 웅진 천도 이후에도 기존의 세력 기반이 있었으므로, 반란 세력의 거점으로도 활용되었다. 그리고 백제 웅진기와 사비기 동안 아산 일대는 북방 전선을 담당하는 관방 거점으로 이용되었던 것으로 보인다. 고고학적으로는 아산 북부와 남부에 각각 하나의 세력이 설정되는데, 특히 남부에는 2~3세기 마한의 중심 세력이자 주변과 활발한 교류를 진행한 흔적이 집중적으로 나타났으며, 대체로 4세기 무렵부터 백제화의 과정이 시작되었던 것으로 판단된다.

Ⅳ. 해양사의 관점에서 본 고대 아산의 의미

이번 장에서는 2장과 3장의 분석을 종합하여, 아산 지역의 해양사적 의미를 도출하고자 한다. 이와 관련하여, 먼저 아산 지역에서 2~3세기 마한의 중심 세력이 성장한 배경을 살펴보려고 한다. 마한의 성립 시점, 과정 등에 대해서는 다양한 논쟁이 있으나,[48] 위만조선의 성립부터 멸망에 이르는 과정에서 연안항로 혹은 육로를 통

---

48 이에 관한 최근의 정리는 다음이 참고된다(박대재, 2024, 「마한의 기원과 실체에 관한 쟁점」, 『한국고대사연구』 116).

해 다양한 주민 이주와 문화 교류가 마한 사회에 영향을 끼친 점은 비교적 분명해 보인다.

아산만 일대는 황해연안항로를 통해 이동하거나 정착할 수 있는 후보지 가운데 하나였다. 아산만은 육지로 들어온 내만에서 삽교천, 곡교천, 안성천 하구까지 항해할 수 있다는 특징을 지닌다. 특히 곡교천 유역은 넓은 평야를 배후지로 가졌으며, 미호강 유역으로 연결되는 육로 교통에도 유리하였다. 고려~조선 조창제의 운영이나 아산 일대의 포구 발전, 근현대 천주교를 비롯한 외래 문물이나 군대의 이동이 아산만과 깊게 연결된다는 점은 의미심장하다. 이러한 이점을 기반으로, 아산 남부에서 2~3세기에 마한의 중심 국읍이 성장한 것으로 판단된다.

다음으로 주목되는 주제는 백제의 마한 정복 기사와 관련된다. 3장에서 언급한 것처럼, 삼국사기의 온조왕대 아산 지역 마한 정복 기사는 3세기 중후반 고이왕대의 사건으로 이해된다. 그런데 3세기 중후반은 고고학적으로 아산 탕정, 배방 등 남부 지역에서 마한의 정체성이 강하게 유지되던 시기였다. 기존 연구에서 4세기 초 비류왕대를 비롯한 후대의 왕들에 주목한 이유도 고고학적 자료와의 정합성이 컸던 것 같다.

그러나 문헌에 기록된 내용은 백제인의 인식인 동시에, 정치적 선언의 성격을 강하게 가졌을 것으로 추정된다. 온조왕대 정복 기사는 시점을 고이왕대로 바꾸어 보는 동시에, '정복'의 실상도 대외 교섭권 장악 및 세력권 편입이라는 개념으로 수정할 필요가 있다. 3세기 후반 『진서』 단계의 마한 교섭은 백제왕인 마한주 주도의 교섭 외에도 신미제국을 비롯하여 백제의 세력권 밖에 있던 마한 소국의 교섭이 공존하였다.[49] 아산만 일대의 마한 국읍은 3세기 중후반까지 장거리 연안항로 네트워크의 구성원으로 참여하였으나, 백제 세력권에 편입되면서 독자적인 대외교섭 대신 백제 주도의 해양 네트워크에 포함된 것으로 생각된다.

고고학적으로 아산 남부의 마한 세력이 영남 지역이나 다른 외부 세계와 교류를 적극적으로 한 증거는 대체로 2~3세기에 집중되며, 4세기 이후로는 백제 중앙과의 강력한 관련성 속에서 들어온 승계산성 출토 시유도기편 등이 확인된다. 그런데 영산강 유역 정치체는 4세기 이후 대외교섭권을 통제당하고 백제 세력권에 편입되었으나, 6세기까지도 독자적인 문화를 유지하고 주변과의 교류를 지속하였다. 백제는 3세기 중후반 경에 아산 지역 마한 세력의 대외교섭권을 장악하고 세력권에 넣었으며, 그 결과가『삼국사기』온조왕대 마한 정복 기사로 소급되어 남았을 것이다. 그리고 남쪽으로 지속된 백제화 과정에서 아산 지역은 4세기부터 빠르게 백제의 영역 지배 안으로 포함되었을 것이다. 영산강 유역은 동쪽으로 가야 여러 나라와 신라, 왜 등지와 연결하기 유리하였으나, 아산의 입지 조건은 이와 달랐다. 아산 지역은 백제와 가장 가까운 마한 지역이었던 동시에, 장거리의 연안항로 네트워크에서 독자적인 활동을 유지하기 불리한 조건이었다.

아산만은 경기만 남부에서 깊게 만입하여 들어갔고, 유역면적도 한강이나 다른 큰 강에 비해 상대적으로 작은 편이다. 이 지역의 장점은 깊은 내만까지도 좋은 포구가 있고, 배후의 생산성이 뒷받

49　임동민, 2018, 「『진서』마한 교섭기사의 주체와 경로」, 『한국고대사연구』 89.

침되며, 미호강 유역을 통한 육로 교통의 연계성이 좋다는 점에 있었다. 이러한 장점 때문에 백제도 4세기부터 지배력 확대를 본격화하였는데, 이 과정에서 이미 연안항로 활용에 더욱 적합한 서산, 금강 유역 등이 '점' 단위로 백제의 간접지배 범위에 포함되었고, 미호강 유역의 청주 일대에도 백제화가 이루어졌다. 따라서 아산 지역은 백제로부터 상대적으로 먼 영산강 유역과 달리, 비교적 빨리 백제화되었다.

백제는 적어도 4세기부터 아산에 대한 지배력을 강화하였는데, 아산 북부의 승계산성 일대에 먼저 진출하고, 남부까지 이어서 지배력을 확대한 것으로 보인다.[50] 백제의 지배력 확대는 대외교섭권을 통제한 세력권 단계에서 영역 지배로 이행하는 과정이었는데, 후자는 다시 위세품을 매개로 하는 상호호혜적이고 중층적인 간접지배, 지방관을 파견하여 조세를 수취하는 등의 직접지배 단계로 구분된다.[51] 아산 지역에서는 이르면 4세기 무렵부터 주거지, 분묘, 산성 등의 요소가 확인되고 있다. 특히 승계산성에서는 한성기 중앙과 깊게 연결된 삼족기, 시유도기 등이 확인되어 주목된다.

최근 연구에서는 착장형 위세품은 없으나 도자 등의 분포를 고려하여 4세기 이후 아산 지역을 백제 직할지로 편입된 직접지배 지역으로 규정하기도 하였다. 아울러, 백제는 아산을 육로, 해로의 중간 거점이자 태안반도 방면의 영역적 지향을 상징하는 '진출 교두보'로 보았다.[52] 한성기 지방 지배의 모습을 다원적으로 살피는 시

---

50   지원구, 2024, 앞의 논문.
51   임동민, 2022b, 앞의 논문, 166쪽.
52   박종욱, 2025, 앞의 논문, 101~103쪽.

도와 아산의 위상을 교두보로 이해한 점은 시사점을 제공하지만, 해양사와 관련한 이해에서 재검토의 여지도 있다.

한성기 백제는 아산 지역의 세력보다 서산, 익산, 고창, 영암, 해남, 고흥 등의 연안항로 기항지의 세력을 중시한 것으로 보인다. 백제는 왜까지 이어지는 장거리 연안항로의 주요 기항지에는 더 먼 곳이라도 '점' 단위로 빠르게 위세품을 사여하여 간접지배로 편입하고자 노력하였다. 2장에서의 서술처럼, 황해 연안에서의 항해는 지역 해양정보를 장악한 해양세력의 지원이 필수적이었으므로, 백제도 그러한 기항지에 관한 중요성을 인식하고 있었다. 그러나 아산 지역에는 승계산성에서 확인된 시유도기 편을 제외하면, 인근의 천안 용원리, 공주 수촌리를 비롯하여 서산 부장리, 익산 입점리, 고창 봉덕리 등에서 보이는 위세품이 보이지 않는다. 게다가 시유도기는 대체로 생활유적에서 나오는 점을 고려하면, 위세품의 성격으로 이해할 수 있을지 다소 불분명하다. 백제는 아산만의 깊게 만입한 배후지를 활용하지 않고도, 한성에서부터 경기만을 거쳐 서산, 금강 하구, 영산강 하구를 거치는 연안항로의 기항지들을 충분히 활용할 수 있었다. 백제는 육로의 측면에서도 미호강과 남한강 유역의 청주, 충주 등 중서부 내륙 지역에 지배력을 확대하였으므로, 아산 지역의 장점이 덜 중요하게 여겨졌을 것이다.

결과적으로 백제에 편입된 이후, 백제 한성기의 아산은 과거 마한의 중심 세력이자 풍부한 생산 기반을 갖춘 지역으로, 미호강 유역이나 차령을 넘어 금강 유역으로 진출하는 교두보로 인식되었을 것이다. 그 이전까지 장거리 연안항로 네트워크에 비교적 능동적으로 연결되었던 아산 세력은 점차 백제 중심의 해양 네트워크에 종속되는 동시에 기항지로의 매력을 상대적으로 상실하였던 것으로 생각된다. 4세기 후반 이후, 백제는 황해중부횡단항로를 통해 동진과의 직접적이고 활발한 교섭, 교류를 이어갔고, 이는 백제 중심으로 장거리 연안항로 네트워크를 회복하는 기반이 되었다. 한성기 백제의 해양 네트워크는 깊게 만입한 아산만 외에 다른 연안항로의 기항지를 네트워크 형태로 연결하여 운영되었다.[53] 4세기 말 이후 고구려의 남하와 한강 하구의 통제로 인하여, 백제는 고구려의 위협에서 멀리 떨어진 아산만에 새롭게 관심을 가졌을 수도 있으나, 각종 위세품의 조사 성과를 고려할 때, 실제 백제의 관심은 화성 일대에 집중되었다.

475년에 백제가 한성을 빼앗기고 금강 유역의 웅진, 사비에 도읍한 이후로는 한성기와 다른 상황이 전개되었다. 백제의 수도는 차령을 경계로 남쪽의 금강 유역에 만들어졌고, 자연스럽게 아산만 일대는 수도 방어를 위한 최전선으로 기능하게 되었다. 아산만은 경기만 남부에 속하여 경기만 제해권 확보와도 연결되었으므로, 해양사적 중요성은 더욱 커졌을 것이다. 이에 따라, 아산 지역에는 계속하여 산성을 비롯한 관방 시설이 운영되었던 것으로 보인다.

웅진기 방어체계 연구에서도 곡교천 유역을 따라 동서 방향으로 조사된 산성의 배치에 주목하고, 웅진의 북방 방어체계 측면에서 아산 지역 산성을 검토하였다.[54] 아산 지역을 전론으로 하는 연구에

---

53 임동민, 2022a, 『백제 한성기 해양 네트워크 연구』, 고려대학교 한국사학과 박사학위논문.

54 김근영, 2024, 「백제 웅진기의 왕도 방어체계와 대외관계」, 『한국고대사연구』 115, 137~147쪽.

서도 곡교천 유역의 아산 일대를 웅진~사비기 북방의 최전방 방어 거점으로 이해하면서, 서방성 관할 아래에서 고구려 및 신라와의 대치를 이어갔던 흐름을 정리하였고, 아산 지역 산성의 현황을 관방의 관점에서 언급하였다.[55] 이상의 연구는 본 연구의 결론에 큰 시사점을 주었으나, 해양사적인 관점에서 아산의 위상을 다시 살펴볼 필요도 있다.

즉, 백제 웅진기, 사비기 아산 지역이 관방의 거점 역할을 넘어서, 중국과의 해양 교섭 혹은 교류의 거점으로 활용되었는지에 관한 문제가 대두된다. 웅진과 사비는 삽교천, 곡교천보다 수로 교통에 훨씬 유리한 금강 수계에 위치하였다. 특히 금강 하류에 가까운 사비로 천도한 이후에는 금강 하구를 통해 황해에 진출입하였을 것이 분명하다. 따라서 웅진기, 사비기 백제는 아산을 중국과의 해양 거점이라기보다, 북방 경계선 및 경기만 제해권과 관련되는 관방 거점의 역할로 주목하였을 것이다.

물론, 웅진에서는 차령 혹은 미호강-조천 등의 경로를 거쳐 곡교천과 연결될 수 있었고, 이곳에서 황해로 나아갈 수도 있었다. 즉, 육로 교통을 연계한다면, 백제 웅진에서 아산 지역을 거쳐 경기만으로 연결될 수 있었다. 하지만 백제 한성기부터 웅진기, 사비기까지 아산 일대가 중국과의 해양 관계 거점이거나 특별한 연안항로의 기항지로 기능하였던 흔적을 직접적으로 보여주는 문헌, 고고자료는 다소 부족하다. 아산 일대에서는 배후지의 생산성이나 육로 연계성 등으로 인하여 내만의 포구가 발전하였으나, 한강, 금강 등 다

---

55 박종욱, 2025, 앞의 논문, 104~113쪽.

른 큰 강의 수운이나 하구의 포구에 비하면 발전은 상대적으로 제한되었을 것이다.

19세기 『대동지지』에는 아산 서쪽의 당진에 소정방이 덕물도를 거쳐 당진에 상륙하였다고 나오고, 면천 석두의 동쪽에 수군 창고를 두었는데 신라까지 운영되었으며 당과 신라의 선박이 길로 삼았다는 언급도 나온다.[56] 아산 지역이 백제 웅진기, 사비기에 관방의 관점에서 중요해졌다는 점을 고려하면, 군사적인 측면에서 『대동지지』의 기록도 일부 수긍이 간다. 하지만 소정방이 상륙하였다거나, 당과 신라의 선박이 모두 이 일대를 오갔다는 『대동지지』의 기록은 고대 아산 지역의 해양사적 변천을 증명하는 자료라기보다 조선시대 말 지역사적 인식에 가까울 것이다. 현재로서는 백제가 금강을 대신하여, 혹은 금강만큼이나 아산만 일대를 해양 거점으로 활용하였음을 보여줄 당대 자료의 축적을 기다릴 필요가 있다.

이상에서는 고대 아산 지역의 해양사적 변천을 주제별로 정리하였다. 이러한 내용은 고대 황해의 전반적인 해양 네트워크 변천과 연계하여 정리될 수 있다. 3세기까지 황해 연안에는 장거리 연안항로 네트워크가 중국 왕조와 낙랑군, 대방군을 중심으로 만들어져서 왜까지 이어졌다. 아산 지역은 이러한 네트워크 속에서 크게 성장하여, 마한의 중요한 중심 세력이 되었다. 아산의 마한 지역성은 3

---

56 『大東地志』 卷5, 忠淸道 唐津 典故 "百濟義慈王二十年, 唐將蘇定方駐軍德勿島, 泊唐津下陸."
　　『大東地志』 卷5, 忠淸道 沔川 典故 "百濟時, 置倉於石頭東, 卽加里渚. 積粟爲水軍之資. 後唐兵渡海, 因亂倉廢. 新羅平百濟, 復置倉於古址, 又置館於槽山之東堰, 多積穀, 民呼爲稊館. 凡唐舶之使价, 商賈皆就館, 羅人朝貢往返者皆就途, 因呼大津. 人物之無如此界, 至甄萱之亂, 皆沒於賊."

세기 중후반까지 지속되었으나, 고이왕대부터 대외교섭권을 빼앗기고 백제의 세력권에 편입되기 시작하였다. 4세기 이후 백제는 아산 지역에 축성을 하는 등 지배력을 강화하기 시작하였다. 한성기 백제의 해양 네트워크 속에서 아산 지역은 이전에 비하여 해양사적 중요성이 감소하였고, 오히려 화성이나 서산, 익산, 고창, 영암, 해남, 고흥 등 연안항로의 직접적인 기항지들이 부상하였다. 웅진기와 사비기 아산 지역은 경기만으로 연결된다는 점에서 일부 해양사적 주목이 가능하지만, 큰 틀에서는 북방 경계선을 지키는 관방 기능이 더욱 중요하였을 것이다. 이때 아산 지역은 대중국 항로의 거점이라기보다, 경기만 제해권이나 북방 전선과 관련되는 관방 거점으로 기능하였던 것으로 보인다.

마한~백제 시기 아산 지역은 장거리 연안항로 네트워크 속에서 안성천, 곡교천, 삽교천의 배후 생산성을 기반으로 하면서, 미호강 유역 등과 연계되는 육로 교통의 요충에서 성장하였다. 다만, 황해 연안항로에서 다소 내륙으로 깊게 들어온 아산 일대는 백제의 해양 네트워크 구축 과정에서 다른 기항지들에 비해 상대적으로 적은 관심을 받았고, 오히려 관방의 역할이 중시되었던 것으로 보인다. 아산 지역의 해양성은 배후 생산성과 육로 연계성을 통해 연안항로 네트워크의 구성원으로 기능하였던 점에서 찾을 수 있으나, 황해 연안의 주요 수계권에 비하여 유리한 입지는 아니었으며, 대중국항로의 거점이나 왜까지 연결되는 서남해안 연안항로 네트워크의 직접적 기항지로 보기도 어려웠다. 고대 아산 지역은 현재의 해양 환경과는 다분히 다른 조건 속에서, 연안항로 네트워크의 지역 거점으로 기능하였으나, 백제사의 전개에 따라 점차 관방의 기능이 심화되었던 것으로 보인다.

V. 맺음말

본 연구는 황해와 아산만의 해양 환경을 바탕으로, 마한·백제 시기 아산 지역의 역사적 성격을 검토하였다. 황해는 낮은 수심과 조차, 갯벌과 천퇴가 분포한 해역으로서, 전근대 항해에 장단점이 뚜렷한 공간이었다. 아산만은 조류와 갯벌의 영향을 받았지만, 안성천, 삽교천, 곡교천 유역의 배후 생산력과 내륙 교통로 연계성이 좋은 공간이었다.

문헌 자료에 따르면, 백제는 아산 일대의 마한 국읍을 확보하고, 대두산성과 탕정성을 축성하였다. 고고학적으로 아산은 남부의 곡교천 유역에 2~3세기 마한의 중심 세력이 성장하였고, 영남을 비롯한 주변 지역과의 교류 양상도 확인된다. 북부의 아산만 연안 지역에도 마한부터 백제까지의 유적이 확인되나 남부에 비해 세력이 다소 약한 편이다. 북부의 유적군은 해안에 인접한 취락, 혹은 최근 새로 조사된 승계산성 등에서 해안과의 연결성을 엿볼 수 있다. 이 무렵 아산의 마한 세력은 장거리 연안항로 네트워크에 참여하면서 성장하였다.

이러한 조건 위에서 백제의 아산 진출은 단계적으로 이루어졌다. 3세기 중후반 고이왕대에 백제가 아산만 마한 세력의 대외교섭권을 통제하여 세력권에 편입한 뒤, 4세기 이후부터 본격적인 영역 지배 단계로 이행한 것으로 판단된다. 『삼국사기』 온조왕대 마한 정복 기사는 이러한 과정을 근초고왕대 무렵에 시조 온조왕의 업적으로 소급한 결과로 추정된다. 이후 한성기에는 아산의 위상이 백제 주도의 해양 네트워크 재편 속에서 상대적으로 약화되었는데, 웅진기와 사비기에는 금강 유역의 수도를 방어하는 북방의 관방 거점으로 재부상하였다.

고대 아산 지역은 3세기까지 장거리 연안항로 네트워크의 지역 구성원으로 성장하였고, 마한의 중심 세력이 되었다. 그러나 3세기 중후반 이후 한강 유역의 백제가 점차 연안항로 네트워크의 중심으로 부상하였고, 이 과정에서 아산 지역은 다른 연안 기항지에 비하여 내륙에 치우친 조건 속에서 남방으로의 진출 교두보로 위상 변화를 겪었다. 백제 웅진기와 사비기에 이르러, 아산만은 북방 전선의 요충지로 부각되어, 관방 거점으로 재편되었다. 이상에서 살펴본 고대 아산 지역의 역사는 황해와 아산만의 해양 환경과 맞물리며 전개되었던 것으로 판단된다.

목지국의 위치와 삼한 시대 아산 지역의 정치적 위상

김남중

I. 머리말

삼한에 대한 이른 시기의 기록이라 할 수 있는 『삼국지』와 『후한서』 등에는 삼한의 대표 세력으로 목지국(또는 월지국)이 진왕을 칭했던 내용이 나온다. 『후한서』에서는 목지국을 삼한 전체의 왕으로 표현하고 있다. 다만 『삼국지』에서는 목지국 진왕의 이름만 언급되어 있고 위상은 정확히 나오지 않는다. 이로 인해 진왕의 위상에 대해 여러 견해가 제기되고 있는 상황이다. 먼저 삼한 전체 왕으로 인정하는 견해가 있는데,[1] 이 경우 2세기 말~3세기 중반,[2] 후한

1　이병도, 1976, 『韓國古代史研究』, 博英社, 241쪽; 井上幹夫, 1978, 「『魏志』東夷傳にみえる辰王について」, 『續律令國家と貴族社會』, 吉川弘文館, 617~622쪽; 조영훈, 2003, 「三韓 사회의 발전 과정 고찰－辰王의 위상변화와 삼한사회의 분립을 중심으로」, 『梨花史學研究』 30, 19~25쪽; 서의식, 2010, 「辰國의 變轉과 ‘辰王’의 史的 推移」, 『歷史敎育』 114, 248~259쪽; 김성한, 2014, 「진국(辰國)과 진왕(辰王)－‘한(韓)’의 성립과 관련하여」, 『인문연구』 72, 영남대학교 인문과학연구소, 306~307쪽.

2　三上次男, 1966, 『古代東北アジア史研究』, 東京, 吉川弘文館, 103~104쪽.

대[3] 등 시기를 제한해서 보는 경우도 있다. 일정한 소국 연맹체를 이끌던 세력으로 마한의 대표로 인정된 자,[4] 마한의 왕[5] 등 제한해서 보거나 본래 삼한 전체에 영향력이 미쳤으나 3세기 무렵에 진한이 이탈하였다는 견해도 있다.[6] 이와 달리 진왕은 목지국에 국한해서 살펴야 하면 삼한 전체의 왕으로 묘사된 것은 목지국이 다른 집단의 사회나 지도자들에 비해 우월했기 때문일 뿐이라는 견해도 있다.[7] 또한 총왕 표현은 삼한을 하나의 통제 대상으로 삼고자 했던 중국의 입장이 반영된 것에 불과하고 실제로는 제한된 범위의 연맹체를 이끌었던 세력,[8] 마한왕과 구분되는 존재로 금강 일대의 辰 지역을 통치한 세력[9]이라는 입장도 있다. 마한 내에서 통치력이 큰 세력이었기 때문에 목지국 진왕이 특기되었을 따름이라는 견해도 있다.[10]

이러한 목지국이 어디에 있었느냐에 대해서는 여러 의견이 있어 왔으며, 최근 고고학적 성과가 축적되면서 아산이 주목을 받고 있다. 목지국(월지국)의 위치에 대한 논의는 조선 후기부터 이루어졌

---

3 栗原朋信, 1978, 「邪馬台國と大和朝庭」, 『上代日本對外關係の研究』, 吉川弘文館, 127~128쪽.

4 이현혜, 1997, 「3세기 馬韓과 伯濟國」, 『백제연구총서5』, 충남대학교 백제연구소, 12~13쪽.

5 노중국, 1990, 「目支國에 대한 一考察」, 『百濟論叢』 2, 76쪽.

6 이도학, 1998, 「새로운 모색을 위한 檢討, 目支國研究의 現段階」, 『馬韓史 研究』, 충남대학교 출판부, 122~126쪽.

7 김정배, 1986, 『韓國古代의 國家起源과 形成』, 고려대학교 출판부, 292쪽.

8 문창로, 2018, 「『삼국지』 한전의 王號와 그 실상」, 『한국학논총』 50, 국민대학교 한국학연구소, 240쪽.

9 박대재, 2002, 「『三國志』 韓傳의 辰王에 대한 재인식」, 『韓國古代史研究』 26, 68쪽.

10 전진국, 2023, 「목지국 위치 비정」, 『韓國古代史研究』 111, 42~50쪽.

다. 조선 후기에는 고조선의 준왕이 위만에게 나라를 빼앗긴 이후 韓으로 와서 한왕이 되었다는 기록에 근거하여 준왕과 관련된 전승이 있는 익산을 목지국으로 보는 설이 제기되었다. 신경준(1712~1781),[11] 정약용(1762~1836),[12] 한진서(1777~?)[13] 등으로, 세 학자는 3마한설[14] 입장을 취하였다. 이들은 준왕의 마한 이후 다시 목지국 진왕이 중심이 된 마한이 들어섰으므로 준왕 시기의 중심이었던 익산을 목지국의 도읍으로 보았다.

이에 반해 신채호는 월지국을 익산으로 본 것은 익산에 있는 무강왕릉으로 인한 착오로 보았으며 월지국은 마한과 백제의 국경인 熊川 즉 공주 부근일 것으로 보았다.[15] 익산은 준왕과 관련이 없으므로 다른 곳에서 마한의 중심을 찾아야 한다는 논리로, 『삼국사기』 온조왕조의 마한 정벌 기사에 근거하여 월지국의 위치를 구한 것이다. 이병도도 목지국을 백제의 발전 과정에서 병합된 국가로 보고 백제 위례성 전승이 있는 천안 직산을 중심지로 보았다.[16] 다만 3세기 중반에 백제가 마한을 제압한 것으로 보았다. 노중국도

11　『旅庵全書』 권5, 疆界考2, 目支國.

12　『與猶堂全書』 第6集　第1卷, 疆域考1, 馬韓考.

13　『海東繹史續』 卷3, 地理考3, 三韓.

14　3마한설은 총 3시기에 걸쳐 마한이 있었다는 것으로, 고조선 준왕이 세운 마한을 중심으로 준왕에 의해 멸망한 마한과 준왕이 세운 마한이 끊어진 이후의 마한이 존재했다는 것이다. 이세구(1646~1700)의 영향을 받은 신경준이 제시한 것으로(박인호, 2002, 「『海東繹史續』「地理考」에 나타난 韓鎭書의 歷史地理認識」, 『朝鮮史研究』 11, 118쪽.) 이후 여러 학자들에게 영향을 주었다.

15　신채호, 1998, 『조선상고사』, 일신서적출판사, 82쪽.

16　이병도, 1934, 「三韓問題의 新考察(一)」, 『震檀學報』 1, 11~19쪽; 이병도, 1976, 앞의 책, 242~248쪽.

위례성 전승으로 인해 목지국이 직산에 있었다는 설을 수용하였으며 3세기 중반 백제국에 의해 목지국이 해체되었다고 보았다.[17] 전진국도 『삼국사기』의 마한과 목지국을 동일한 실체로 보면서 목지국의 범위는 천안 목천, 진천·음성, 청주, 세종 부강 일대이고 청주 일대가 국읍이었다고 하였다.[18]

목지국을 백제와 관련해서 보는 견해도 나타났다. 정인보는 백제가 처음 일어난 위례성이 월지이며 백제왕이 辰王이라 하면서 월지국을 한성(서울 강북)으로 보았다.[19] 안재홍은 월지는 '강가에 있는 도성'이라는 의미로 백제 위례성과 동일한 것으로 보았으며 한강의 양안에 자리 잡은 월지국을 중심으로 백제 왕국이 성장했다고 하였다.[20] 다만 백제 초기 기록의 마한은 익산설을 인정할 수 있다고 하였으며 준왕이 마한을 격파하고 익산에 도읍하면서 월지국은 오랫동안 황폐화되었으며 백제가 마한을 제어하기 위해 위례라는 이름을 계속 유지했다고 하였다.[21] 천관우는 백제 고이왕이 마한 목지국 辰王으로 목지국은 沸流의 본거지인 미추홀 즉 인천에 있었다고 보았다.[22] 백제 온조왕에게 복속된 것으로 나오는 마한은 홍성군 금마로 보았다.[23]

중국 왕조와의 교섭 과정에서 목지국 왕에게 辰王이 칭해졌다는

---

17 노중국, 1990, 앞의 논문.

18 전진국, 2023, 앞의 논문.

19 정인보, 1946, 『朝鮮史研究 上』, 서울신문社, 116~117쪽.

20 안재홍, 1947, 『朝鮮上古史鑑 上卷』, 民友社, 272~278쪽.

21 안재홍, 1947, 『朝鮮上古史鑑 下卷』, 民友社, 198~206쪽.

22 천관우, 1989, 『古朝鮮史·三韓史研究』, 一潮閣, 361~372쪽.

23 천관우, 1989, 위의 책, 318~322쪽.

입장에서 접근한 방식도 있다. 먼저 三上次男은 辰王을 낸 목지국은 낙랑군에 가까운 마한 북변에 있던 세력으로 낙랑 군현에서 이탈한 주민을 흡수하며 성장했다고 하였다.[24] 이현혜는 목지국이 중국 군현으로부터 마한 맹주로 인정받았지만 위협적인 존재로 인식되지 않았다는 점을 들어 중국 군현에 가까운면서도 경계가 떨어져 있어 직접적인 충돌을 피할 수 있는 아산만 지역에 목지국이 있었다고 보았다.[25] 이도학은 중국 군현과의 교섭과 마한 諸國을 거느리기에 불편하지 않으면서 교통 요충지인 천안에서 가까우며 木村 부곡이 있었던 아산을 주목하였다.[26]

『삼국지』 마한 조에서 목지국이 14번째로 언급되어 있다는 점과 고고학적 상황을 염두에 둔 접근도 이루어졌다. 김정배는 마한 소국이 북에서 남으로 기록된 듯 보인다는 점과 예산 지역에 청동기 유물이 많이 조사되었다는 점, 목지국이 큰 세력이었다는 점을 들어 『삼국지』에서 14번째로 언급된 목지국은 예산 일대로 볼 수 있다고 하였다.[27] 또한 마한 목지국을 다스리는 辰王이 익산의 準王(韓王)계 辰國을 몰아냈기 때문에 『후한서』에서 삼한 전체의 왕으로 기술된 것이라 하였다.[28] 武田幸男도 월지국이 14번째 언급된 점을 주시하며 한반도 중서부의 요충지인 천원(천안)·예산 일대로 보는 것이 타당하다고 보았다.[29]

---

24 三上次男, 1966, 앞의 책, 105쪽.
25 이현혜, 1997, 앞의 논문, 12~14쪽.
26 이도학, 1998, 앞의 논문, 121쪽.
27 김정배, 1986, 앞의 책, 294~299쪽.
28 김정배, 1986, 위의 책, 270~271쪽.
29 武田幸男, 1996, 「三韓社會における辰王と臣智(下)」, 『朝鮮文化研究』 3, 1~4쪽.

　　온조왕조 마한과 목지국을 구분하면서 고고학적 상황을 고려한 접근도 있다. 박대재는『삼국사기』에 언급된 마한의 국읍은 아산만 일대(아산, 예산)에 있었던 반면 목지국 진왕은 전·후한경의 출토나 兩耳附壺의 분포를 통해 금강 중·하류역(공주-익산)의 辰 지역을 다스렸다고 보았다.[30] 박찬규는 3세기 후엽까지 마한이 활동하고 있다는 점과 철기 유적·유물의 분포 양상으로 볼 때 3세기 무렵 유력 정치 세력인 목지국은 금강 유역의 익산에 있었을 가능성을 높게 보았다.[31] 온조왕조의 백제에 병합된 마한은 아산만 일대 세력으로 구분해서 보았다.

　　고고 자료를 중심으로 목지국을 다룬 연구도 이어졌다. 최몽룡은 전남 지역의 마한 관계 유적을 주목하여 백제 세력이 확대되면서 목지국이 이동하여 나주 반남 일대로 내려왔을 가능성이 있다고 하였다.[32] 권오영은 천안 청당동·신사리·화성리 유적 등을 통해 천안 일대가 목지국일 가능성이 높다고 하였다가[33] 이후 고고 발굴의 증가로 아산을 중심으로 한 곡교천 일대가 주구토광묘의 발전이 현저하다는 점에서 천안-아산 일대로 확대하여 보았다.[34] 최욱진은 아산 일대 고고학적 상황을 통해 아산 탕정을 마한 목지국의 국읍으로 보았다.[35] 강유지는 청주 송절동의 대규모 취락지와 청주 일대

30　박대재, 2002, 앞의 논문, 54~71쪽.

31　박찬규, 2010, 「문헌을 통해서 본 馬韓의 始末」, 『백제학보』 3, 12~14쪽.

32　최몽룡, 1990, 「馬韓-目支國 研究의 諸問題」, 『百濟論叢』 2, 275~278쪽.

33　권오영, 1996, 「三韓의 「國」에 대한 研究」, 서울대학교 박사학위논문, 202쪽.

34　권오영, 2010, 「馬韓의 종족성과 공간적 분포에 대한 검토」, 『韓國古代史研究』 60, 24쪽.

35　최욱진, 2018, 「아산지역 2~5세기 고대유적의 현황과 의미」, 『先史와 古代』

에서 주구토광묘 등 많은 마한 고분이 조사되었다는 점에서 이 일대에 목지국의 국읍이 있었을 것으로 보았다.[36]

이상 삼한 전체의 왕으로도 언급된 목지국(월지국)의 국읍은 천안, 아산, 청주, 익산, 금강 유역 등이 주목되었는데, 대체로 천안·아산 일대를 주목하고 있다. 아산, 천안, 청주 일대는 원삼국기에 주구토광묘가 집중 조영된 곳으로, 아산과 청주에 많은 유적이 조사되어 최근 주목을 더하고 있다. 중국과의 교류를 고려하면 내륙인 청주보다 아산만 일대에 있는 아산이 보다 유력시된다. 이에 목지국과 아산의 관계를 중심으로 삼한 시대 아산의 정치적 위상을 검토하고자 한다.

Ⅱ. 목지국의 위치

목지국의 위치를 파악하기 위해서는 관련 기록을 먼저 살펴볼 필요가 있을 것이다. 목지국이 직접적으로 언급된 기록은 『위략』, 『삼국지』, 『후한서』 등이다.

> A-1. 관직은 臣智를 앞세우고, 도읍은 目支라 부른다.〔『魏略』에서 이르렀다. 삼한에는 각기 長師가 있다. 그 官을 둘 때 큰 자를 臣智라 하고 그 다음을 邑借라고 불렀다. 모두 소국 56국으로

55, 144~151쪽.

36 강유지, 2022, 「청주지역 마한계 취락과 조영 세력」, 『韓國古代史研究』 105.

총 10여만 호이다. 辰王은 目支國을 다스린다. 목지국도 官을 두는데 또한 신지라고 불렀다.]37

A-2. 마한은 서쪽에 위치하였다. … 원양국, 모수국, 상외국, 소석색국, 대석색국, 우휴모탁국, 신분고국, 백제국, 속로불사국, 일화국, 고탄자국, 고리국, 노람국, 월지국 … 모두 오십여 국이 있다. 큰 나라는 만여 家이고, 작은 나라는 수천 家로서 총 10여만 호이다. 辰王은 月支國을 다스린다. 臣智에게는 간혹 우대하는 호칭인 臣雲遣支報 安邪踧支濆 臣離兒不例 拘邪秦支廉의 칭호를 더하기도 한다. 그들의 관직에는 위솔선, 읍군, 귀의후, 중랑장, 도위, 백장이 있다. (조선) 후 淮(準王)가 이미 참람하게 왕을 칭하였다. 燕 지역에서 망명해 온 위만에게 공격을 받아 빼앗겼다. 그 주변의 宮人을 거느리고 바다로 들어가 韓 땅에서 거하면서 스스로 韓王이라 하였다. 그 후손이 끊어져 사라졌으나 지금도 韓人 중에는 그를 받들어 제사지내는 자가 있다.38

A-3. 韓은 세 종족이 있으니, 하나는 마한, 둘째는 진한, 셋째는 변진이다. 마한은 서쪽에 있는데, 54국이 있으며, 그 북쪽은 낙

---

37 『翰苑』 三韓, "職標臣智 都號目支〔魏略曰 三韓各有長帥 其置官 大者名巨智 次曰邑借 凡有小國五十六 總十餘萬戶 辰王治目支國 支國置官 亦多曰臣智〕"

38 『三國志』 권30, 烏丸鮮卑東夷傳, 韓, "馬韓在西 … 有爰襄國 牟水國 桑外國 小石索國 大石索國 優休牟涿國 臣濆沽國 伯濟國 速盧不斯國 日華國 古誕者國 古離國 怒藍國 月支國 … 凡五十餘國 大國萬餘家 小國數千家 總十餘萬戶 辰王治月支國 臣智或加優呼臣雲遣支報安邪踧支濆臣離兒不例拘邪秦支廉之號 其官有魏率善邑君歸義侯中郎將都尉伯長 侯准旣僭號稱王 爲燕亡人衛滿所攻奪 將其左右宮人走入海 居韓地 自號韓王 其後絶滅 今韓人猶有奉其祭祀者"

랑, 남쪽은 왜와 접하여 있다. 진한은 동쪽에 있는데, 12국이
있으며, 그 북쪽은 예맥과 접하여 있다. 변진은 진한의 남쪽에
있는데, 역시 12국이 있으며, 그 남쪽은 왜와 접해 있다. 모두
78개 나라가 있으며 백제는 그 중의 한 나라이다. … 마한이
가장 강대하여 그 종족들이 함께 왕을 세워 辰王으로 삼아
目支國에 도읍하여 전체 삼한 지역의 왕으로 군림하는데, 여
러 나라 왕의 선대는 모두 마한 종족의 사람이다. … 처음에
조선왕 準이 위만에게 파괴된 바 있었다. 이에 그 남은 무리
수천 명을 거느리고 바다로 들어갔다가 마한을 공격하여 깨뜨
렸다. 스스로 즉위하여 韓王이 되었다. 준의 후손이 끊어져
사라졌다. 마한인이 다시 자립하여 辰王이 되었다.[39]

A-1 사료는 『한원』에 인용된 『위략』 기록이다. 삼한에는 56개
소국이 있으며 辰王이 목지국을 다스린다고 하였다. A-2 사료는
『삼국지』에 있는 내용으로 마한 소국 중에서 목지국이 14번째에
언급되어 있으며, 진왕이 月支國을 다스린다고 하였다. 또한 고조
선의 준왕이 韓 지역으로 와서 한왕이 되었지만 그 후손이 絕滅하
였음을 전한다. A-3 사료는 『후한서』에 있는 내용으로 삼한 중에
마한이 가장 강대하여 그 종족들이 辰王을 세웠으며 진왕이 목지국

---

39 『後漢書』 권85, 東夷列傳75, 韓, "韓有三種 一曰馬韓 二曰辰韓 三曰弁辰 馬韓
在西 有五十四國 其北與樂浪 南與倭接 辰韓在東 十有二國 其北與濊貊接 弁辰
在辰韓之南 亦十有二國 其南亦與倭接 凡七十八國 伯濟是其一國焉 … 馬韓最
大 共立其種爲辰王 都目支國 盡王三韓之地 其諸國王先皆是馬韓種人焉 … 初
朝鮮王準爲衛滿所破 乃將其餘衆數千人走入海 攻馬韓 破之 自立爲韓王 準後
滅絕 馬韓人復自立爲辰王"

에 도읍하고 삼한 전체 왕으로 군림하였음을 전한다. 진왕은 고조선 준왕의 후손이 절멸한 이후 마한인들이 다시 세웠다고 하였다. 이밖에 『晉書』 등 다른 기록에는 목지국이 나오지 않으며 『삼국사기』에도 보이지 않는다. 한편, 月支國, 目支國 등으로 적혀 있으나 目支國으로 보는 것이 통설이다.[40]

이상에서 얻을 수 있는 목지국에 대한 정보는 첫째 삼한 중에서 마한으로 분류된 국가라는 점이다. 또한 『삼국지』에서 마한 55국 중에서 14번째로 언급된 국가임을 알 수 있다. 둘째 辰王이 다스리는 나라라는 점이다. 진왕은 준왕의 후손이 절멸된 이후 마한인에 의해 辰王이 되었으며 삼한 전체의 왕으로 나온다. 셋째 4세기 이후 목지국의 활동을 알 수 있는 기록이 없다는 것이다.

목지국은 삼한 전체의 왕으로 언급된 점을 보면 어느 정도 정치적·군사적 역량을 지닌 국가일 가능성이 높다. 『삼국지』에서 마한의 대국은 만여 가, 소국은 수천 가로 총 10여만 호라 하였다. 대국이 여럿 있었던 것처럼 언급되어 있으나 대국이 2개국만 되어도 소국들은 평균 호수는 1,600여에 불과하게 된다. 소국이 수천 가라고 했으므로 2~3천여 호인 국가도 있었다는 것이므로 대국이 많기는 어렵다. 목지국은 삼한 전체 왕이기도 한 진왕이 다스리는 나라라고 했으므로 당연히 대국일 것이다. 이는 마한의 일반 국가들보다 6~8배 정도는 된다는 것이다. 즉 목지국은 마한의 다른 국가들보다 넓은 지역을 차지한 국가였음을 유추할 수 있다.

---

40 윤용구, 2019, 「馬韓諸國의 位置再論－漢簡으로 본 朝貢使行과 관련하여」, 『지역과 역사』 45, 12쪽.

14번째 언급된 국가라는 점도 목지국 위치를 논할 때 주목할 부분이다. 다만 대략 북에서 남으로 언급된 것으로 보이나 어디까지나 대략적으로 그렇다는 것이지 엄격하게 그렇다는 것은 아니다. 권역을 어떻게 구분하고 권역 내에서 어떤 순서로 서술했는지에 따라 인천이나 익산이 포함될 수도 있는 애매한 순번이다.

고조선 준왕이 韓王이 되었으며 그 후손이 절멸한 뒤에 목지국 辰王이 다시 섰다는 부분은 『삼국사기』에서 백제의 마한 복속과 관련될 수 있는 것이다. 일단 준왕이 한왕이 되었다가 그 후손이 절멸했다는 기록은 신뢰할만한 것인가를 살필 필요가 있다. 문헌 자료만 놓고 보면 그대로 받아들일 수도 있고 비판적으로 볼 수도 있다. 준왕이 익산으로 내려와서 왕이 되었다는 이야기는 고려 말 이승휴의 『제왕운기』에서 확인되는데,[41] 문헌 사학에서는 준왕이나 고조선계 세력이 익산이나 전주·김제 일대로 왔다는 것을 인정하는 입장이 우세하나[42] 준왕의 남래 사건 자체를 부정하는 입장도 있다.[43]

---

41 『帝王韻紀』卷下, 東國君王開國年代, 後朝鮮紀, "準乃移居金馬郡 立都又復能君人"

42 김정배, 1986, 앞의 책, 252~271쪽; 노중국, 1987, 「馬韓의 成立과 變遷」, 『馬韓·百濟文化』 10, 27~34쪽; 최해룡, 1996, 「辰韓 聯盟의 形成과 變遷」, 『大丘史學』 52, 6~7쪽; 서의식, 2010, 앞의 논문, 267~270쪽; 송호정, 2015, 「기원전 2세기 古朝鮮 準王의 南來와 益山」, 『韓國古代史研究』 78, 31~40쪽; 조법종, 2015, 「준왕조선의 남래와 '일본'명칭의 기원」, 『고조선과 익산』, 익산시·한국고대사학회, 218~221쪽; 박찬규, 2021, 「준왕의 남천과 익산 금마 명칭의 내력」, 『馬韓·百濟文化』 37, 156쪽; 김남중, 2020, 「점토대토기 문화의 확산과 고조선, 고구려, 한의 관계」, 『先史와 古代』 64, 47쪽; 조원진, 2022, 「준왕남래설과 전북지역」, 『고조선단군학』 48, 19~31쪽.

43 박대재, 2011, 「準王南來說에 대한 비판적 검토—조선유민의 마한 유입과 관련하여」, 『先史와 古代』 35, 114~131쪽.

고고학적으로는 전주·익산 일대에 점토대토기 문화 유적이 집중되면서 군집묘가 발전하는 현상에 대해 준왕의 남천 및 마한의 성립과 관련해서 바라보는 시각이 일반적인데, 만경강 일대에서 점토대토기 Ⅲ기(기원전 2세기 후반)의 대형 군집묘의 쇠퇴를 準後絕滅과 辰王 등장 현상과 연관될 수 있다는 지적도 제시되었다.[44] 이후 고고학계에서는 익산·전주 일대 기원전 3~1세기 무렵 주조철기 공반 점토대토기 문화의 발전과 쇠퇴 현상은 준왕계 정치체의 성장 및 멸절과 연관짓는 연구가 이어졌다.[45] 한편, 기원전 1세기에 만경강 유역 문화가 쇠퇴한 것처럼 보이기는 하나 점토대토기 문화와 송국리 문화가 결합된 문화 양상이 원삼국기로 이어지는 현상이 보인다는 연구도 있다.[46] 준왕의 후손이 끊어진 이후에도 여전히 준왕을 제사하는 자들이 있었다고 한 점과 연결될 수 있는 부분이다.

만경강 일대 군집묘 집단이 해체되었다는 것은 이를 해체할 만한 세력이 있었음을 의미한다. A 사료에서는 준왕계 한왕이 절멸된 이후 목지국 진왕이 들어섰다고 하였으므로 이를 해체한 세력은 목지국이 된다. 『후한서』에서는 마한인들이 다시 진왕을 세웠다고 하여 다른 세력이 한왕을 절멸시켰을 여지를 주지 않고 있다.

---

44 김승옥, 2016, 「만경강유역 점토대토기문화의 전개과정과 특징」, 『韓國考古學報』 99, 70~71쪽.

45 박순발, 2016, 「마한사의 전개와 익산」, 『馬韓·百濟文化』 28, 50~53쪽; 김진영, 2018, 「서남해안 철기문화 유입과 정치체의 출현과정」, 『전남지역 고대문화의 양상과 교류』, 학연문화사; 김낙중, 2022, 「호남지역 마한 문화의 이해」, 『호남에서 마한을 탐하다』, 2022년 호남지역 소규모 국비지원 발굴조사 성과 학술대회, 3~4쪽.

46 천선행, 2023, 「만경강유역 韓 문화의 실제와 전개」, 『한국고대사탐구』 45, 29~43쪽.

점토대토기 Ⅳ기에 삼각형 점토대토기가 사용되었던 것을 고려하면 점토대토기를 사용하던 시기의 어느 시점에 한왕 세력은 절멸이라는 상황을 맞이한 것으로 보인다. 목지국 진왕은 3세기 후반 기록에도 나온다는 점에서 원삼국기 마한 문화와 관련된 세력임을 알 수 있다.

원삼국기 익산 북쪽 마한 지역의 고고 문화는 크게 한강 중하류권, 충청 서해안권, 경기남부 충청내륙권, 금강 중하류 만경강 유역권으로 구분할 수 있다.[47] 경기 남부와 충청 내륙은 주구토광묘, 유개대부호, 사주식 주거 등의 공통점이 있기는 하나 토광묘의 경우 경기 남부는 등고선과 직교하는 것이 많은 반면 충청 내륙은 대부분이 등고선과 평행하다는 점에서[48] 차이를 보인다. 만경강 유역을 비롯한 초기철기 시대의 분묘는 등교선과 직교하는 경우가 많다는 점을 고려하면[49] 충청 내륙 세력은 초기철기 시대 만경강 일대 세력과 이질적인 세력일 가능성이 높다. 원삼국기 마한의 대표적인 무기인 鐵矛의 분포 양상을 보면 형유진 기준 Ⅱ-1기(2세기 중엽~3세기 전엽)에는 경기 서해안, 아산·천안권이 집중적으로 보이며 서산권, 경기 남부, 청주권에서도 어느 정도 보인다.[50] Ⅱ-2

---

47   조진선, 2025, 「마한 사회구조의 형성과정과 소국」, 『2025년 마한사 연구 활성화를 위한 공동학술대회』, 119~120쪽.

48   박경신, 2021, 「안성천유역 원삼국~한성백제기 마한 세력의 동향」, 『고고학』 20─3, 44~46쪽.

49   조진선, 2005, 『細形銅劍文化의 研究』, 학연문화사, 156~166쪽; 한수영, 2011, 「만경강유역의 점토대토기문화기 목관묘 연구」, 『湖南考古學報』 39, 9~10쪽; 박경신, 2021, 위의 논문, 45~46쪽.

기(3세기 중엽~3세기 후엽)에는 아산·천안권, 청주권, 세종·대전권이 집중적으로 보이며 경기 남부, 전주권도 조금 보인다. 2~3세기에 충청 내륙에서 무장력이 좋은 세력이 성장하였다는 점은 이 일대 세력이 초기철기 시대 만경강 유역에서 성장하던 세력에 큰 타격을 가한 세력일 가능성을 보여준다. 1만여 호 이상의 목지국이 다른 마한 소국보다 규모가 컸다는 점을 고려하면 주구토광묘(등교선 평행), 유개대부호, 동물형대구, 단경호, 심발형토기 등의 공통성을 보여주는 아산, 천안, 청주, 세종, 공주 일대가 목지국의 범위로 주목된다.

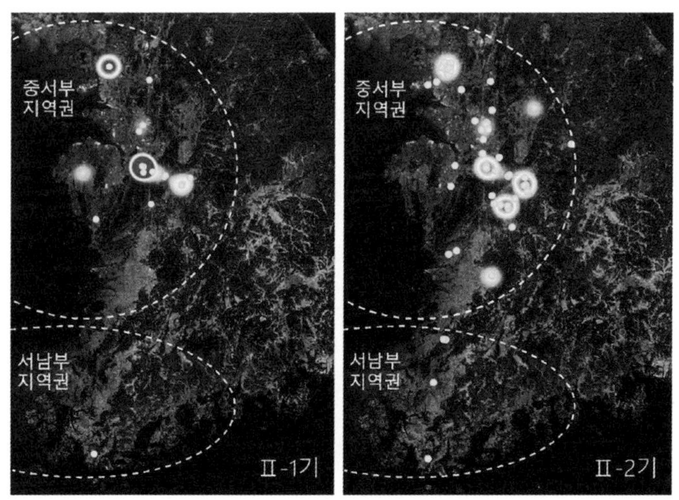

Ⅱ기 철모 분포 및 커널밀도(형유진, 2024)

---

50 형유진, 2024, 「마한·백제지역 철모의 변천과 의미」, 『한국상고사학보』 124, 197~206쪽.

충청 내륙 지역 중에서 원삼국기에 중심지로 주목되는 지역은 아산과 청주이다. 신기철[51]은 충청 내륙을 곡교천 유역권(아산), 신방천 유역권(천안), 미호천 상류권(진천), 미호천 중류권(청주), 미호천 하류권(세종), 남한강 유역권(충주), 정안천 유역권(공주), 갑천 유역권(대전)으로 구분하여 2~4세기 분묘 유적을 검토하였는데, 곡교천과 미호천 중류권이 중심적인 양상을 보였으며 이중에서 곡교천 일대는 3세기대 분묘당 부장량이 가장 많은 곳이라 하였다. 또한 곡교천 일대는 Ⅲ단계(4세기 초반~후반)까지 주구토광묘가 축조되다가 Ⅲ단계 이후 중서부 지역 내에서 위상이 급격히 추락하는 양상을 보이는 반면 미호천 중류 지역은 Ⅲ단계부터 단순토광묘가 주로 축조되고 백제 토기의 영향을 받은 것으로 보이는 평저직구단경호가 등장하는 등 외부 문물을 적극 수용하는 양상을 보인다고 하였다. Ⅱ-3단계 이후 중서부 지역에서 주구토광묘 축조가 축소·중단되는 현상은 백제의 성장과 중국 사서에서 마한이 더 이상 나오지 않는 현상과 관련될 것으로 보았다.

원삼국기에 아산과 청주가 쌍벽을 이루며 중서부 지역의 중심 세력으로 성장을 하다가 한성 백제기에 아산은 쇠퇴하고 청주는 지속적으로 발전하는 양상을 보인다는 점은 청주보다 아산에 목지국이 있었을 가능성을 보여준다.[52] 4세기 이후 목지국에 대한 기록이

---

51 신기철, 2018, 「2~4세기 중서부지역 주구토광묘와 마한 중심세력 연구」, 『湖西考古學』 39.

52 김병남은 청주를 목지국과 연결시키는 것을 비판하며 마한의 유력 세력이 있었던 곳 정도로만 보았으며 천안·아산설을 긍정적으로 보았다(김병남, 2025, 「문헌 기록 속의 마한과 목지국—2~3세기를 중심으로」, 『2025년 마한사 연구 활성화를 위한 공동학술대회』, 42쪽).

나오지 않는다는 것은 목지국이 지속적으로 발전하지 못하고 쇠퇴·해체되었음을 추론케 하기 때문이다.

목지국의 위치는 『삼국사기』의 백제 기사와 관련해서도 논의되었다. 이 경우는 목지국을 백제 왕계나 위례성을 통해 살피는 연구와 온조왕 때 백제가 병합한 마한을 목지국으로 보고 접근한 연구가 있다. 온조왕의 마한 병합 기사는 3~4세기에 백제가 목지국 마한을 병합한 것으로 보는 견해가 다수를 이루며,[53] 백제가 병합한 마한은 목지국과 구분된다는 견해,[54] 기원 무렵에 목지국이 韓王의 마한을 병합했다는 견해[55] 등이 있다.

3~4세기에 백제가 목지국을 병합했다는 입장은 4세기 중엽 근초고왕의 남정 이전에 백제가 목지국을 병합하고 최소한 호서 일대는 확보하였다는 입장을 취한다. 온조왕대의 마한 복속 기사는 이

---

53 이 설은 다시 3세기 중·후반(이병도, 1976, 앞의 책, 473~477쪽; 노중국, 1987, 앞의 논문, 35~38쪽; 유원재, 1994, 「《晋書》의 馬韓과 百濟」, 『韓國上古史學報』 17, 148~149쪽; 이현혜, 1997, 앞의 논문, 23~29쪽; 김수태, 1998, 「3세기 중·후반 백제의 발전과 馬韓」, 『馬韓史 研究』, 충남대학교 출판부, 202쪽; 문창로, 2005, 「『三國志』 韓傳의 馬韓과 伯濟國―마한의 역사적 실체와 백제국의 성장을 중심으로」, 『한국학논총』 27, 국민대학교 한국학연구소, 34~35쪽), 3세기 말 책계왕 때(강봉룡, 1997, 「百濟의 馬韓 倂呑에 대한 新考察」, 『韓國上古史學報』 26, 149쪽), 3세기 말에서 4세기 초 사이(이부오, 2018, 「3세기후반 4세기초 백제의 마한 진출과 熊川 주변 세력」, 『한국고대사탐구』 28, 191~195쪽), 근초고왕 이전의 4세기(문안식, 2003, 「백제의 마한 복속과 지방 지배 방식의 변화」, 『韓國史研究』 120, 40~41쪽; 임기환, 2013, 「『삼국사기』 온조왕본기 영역 획정 기사의 성립 시기」, 『역사문화연구』 47, 29~34쪽) 설로 구분할 수 있다.
54 박대재, 2002, 앞의 논문, 68쪽; 위가야, 2013, 「백제 온조왕대 영역확장에 대한 재검토」, 『韓國史學報』 50, 25~26쪽.
55 김남중, 2022, 「準王系 韓王에서 목지국 辰王으로의 세력 교체 과정」, 『한국고대사탐구』 42.

시기에 일어났다는 입장이다. 즉 무력으로 백제가 목지국을 병합하고 세력을 확대하였다는 입장이다.

한성기 백제 유적을 통해 최소한 백제가 서울 강남 일대에서 성장했음은 인정된다. 또한 백제 건국 이야기를 토대로 백제는 고구려 또는 부여계 이주민이 세운 국가로 본다. 다만 기원전 1세기 무렵에 이주해 왔는지 3~4세기 무렵에 이주해 왔는지에 대해서는 논쟁이 있다. 백제 초기 묘제와 토기 등으로 볼 때 부여에서 나왔다는 설은 비판적이다.[56]

백제가 고구려와 관련이 있다는 점에서 백제의 고고학적 특징으로 적석총(적석분구묘)을 주목한다. 서울 강남 일대는 3세기경까지도 예맥과 관련 있는 중도 유형 문화권에 포함되어 있었다. 물론 마한 문화 요소가 파주, 양주, 남양주 등 한강 북쪽에서도 나오기 때문에 서울 강남 일대는 한과 예가 중첩되는 지역이라 할 수 있다.[57] 『삼국지』에서 백제국이 마한 소국 명단에 들어가 있다는 점에서 백제는 중도 유형 문화권에서 자리를 잡았지만 마한에 포함된 세력이라 할 수 있다.

다만 중도 유형 문화는 마한 지역으로의 확장성이 떨어진다는 문제를 지닌다. 중도 유형 문화권에서 주로 보이는 적석분구묘가 한강 이남에서 나오는 사례는 광주 곤지암리와 용인 마평동 유적뿐이다. 가락동 1·2호분과 같은 형태의 즙석분구묘까지 포함해서 보면 천안 두정동 B-Ⅱ지구 분구묘 정도가 있다. 반면 경기·충청 일대는 원삼국

---

56 권오영, 2018, 「백제와 부여의 계승성 여부에 대한 검토」, 『동북아역사논총』 61, 234~239쪽.

57 김낙중, 2024, 『전북지역 마한·백제의 고고학』, 진인진, 25~29쪽.

기 묘제였던 주구토광묘나 분구묘가 백제 한성기 후반까지도 지속되는 특징을 보인다. 서울 강남 일대 세력의 확대로 새로운 묘제가 유입되거나 기존 문화가 크게 변화하는 현상이 보이지 않고 지속된 것이다. 이에 한성 백제기에 경기·충청 일대는 마한 연맹체의 동류의식이 와해되거나 훼손되지 않는 방향으로 통합이 진행된 것으로 평가된다.[58] 이처럼 3~5세기에 백제가 경기 남부 및 충청 일대 세력을 무력으로 병합한 흔적이 모호하다는 점에서 온조왕조의 마한 공략 기사를 3~4세기 상황으로 보기는 어렵다. 3~5세기 경기·충청 일대 고고학적 상황은 백제가 군사적으로 팽창해나간 것이 아니라 연맹체 소국들에게 정치적 영향력을 확대하여 직접 통치 영역을 확대해나가는 수준으로 봐야 할 것이다. 즉 백제가 3세기 후반 이후 마한을 군사적으로 병합해 나갔다는 견해에는 문제가 있다.

원삼국기 충청 내륙은 등고선과 평행한 주구토광묘와 단순 토광묘, 원저단경호, 심발형토기, 유개대부호, 철제 무기 등을 특징으로 하는 문화 양상을 보인다. 이의 기원과 관련해서 주목되는 유적은 남양주 금남리 유적이다.[59]

금남리 유적에서는 목관(곽)묘 4기가 조사되었는데 2~4호묘에서 주구가 확인되었으며 장축 방향은 모두 북한강과 평행하다. 서쪽의 금남산에서 동쪽의 북한강으로 내려오는 끝부분의 하안충적

---

58 이성준, 2022, 「한성기 지역묘제의 다양성과 백제의 사회통합 방식 연구─우호적 합병의 요인과 사례를 중심으로」, 『한국고고학보』 2022-1.

59 김중엽은 금남리 유적의 부장 조합 양상이나 주구가 부가된 양상을 통해 중서부지역 주구토광묘와 동일 계통일 수 있겠다고 하였다(김중엽, 2022, 「馬韓 墳丘墓 研究」, 원광대학교 박사학위논문, 75쪽).

지에 위치하고 있다. 장축 방향이 북한강과 평행하다는 것은 등고 선과 평행을 이루고 있음을 의미한다. 1호묘에서는 화분형토기, 단 경호, 기대가 출토되었으며, 2호묘에서는 화분형토기, 단경호, 쌍조 형 검파두식, 철제 무기 및 도구 등이, 3호묘에서는 화분형토기, 단 경호, 을자형동기, 장신구 등이, 4호묘에서는 삼각점토대토기옹, 단 경호, 철제 무기 및 공구 등이 출토되었다. 단경호에는 타날문이 시 문되어 있는데 화분형토기+단경호 조합은 서북한 지역 낙랑 유적 에서 확인되며 북한강 유역에서도 가평 달전리·대성리, 춘천 우두 동 등에서 확인된다. 4호묘의 삼각점토대토기옹은 1~3호분의 화 분형토기와 유사한 점이 있다는 점에서 같은 부장 전통을 지닌 사 람들에 의해 부장된 것으로 보기도 한다.[60] 금남리 유적을 비롯하여 가평 대성리 유적의 단경호에는 격자문계[61] 타날문이 보인다는 점 도 특징적이다.[62] 북한강 일대의 이러한 유적은 중도 유형 문화와 구분되는 것으로 기원전 2~1세기대 것으로 보는데,[63] 낙랑군 설치 무렵 서북한계 주민이 일시적으로 체류한 흔적으로 본다.[64]

타날문 단경호와 평저 심발형토기의 조합은 本溪縣 上堡村 석관 묘 유적에서도 보인다.[65] 총 4기의 석관묘가 조사되었는데 타날문

---

60 이나경, 2022, 「북한강유역 원삼국시대 서북한계 분묘_토기」, 『韓國基督敎博 物館誌』 18, 115쪽.

61 보고서의 고찰에서는 굵은 승문으로 표현하였다(박중국, 2022, 「남양주 금남리 유적의 원삼국시대 분묘」, 『남양주 금남리 유적 2권』, 한강문화재연구원, 594쪽.)

62 이나경, 2022, 앞의 논문, 126~127쪽,

63 김상민, 2022, 「북한강유역 서북한계 금속기의 출현과 전개과정」, 『고고학』 21-1; 이나경, 2022, 위의 논문.

64 박중국, 2022, 앞의 논문, 602쪽.

65 이청규, 2000, 「遼寧 本溪縣 上堡村 出土 銅劍과 土器에 대하여」, 『考古歷史學

단경호 4점, 점토대토기 4점, 청동단검, T자형 검병 등이 조사되었다. 점토대토기는 원형 점토대 구연에 평저 심발형이다. 서북한 지역의 단경호+심발형토기 조합의 원류가 될만한 조합이다. 본계현의 張家堡子 토광묘에서는 명도전과 함께 평저호, 점토대토기옹, 두형 토기 등이,[66] 朴堡 석관묘에서는 중원식 동경(蟠螭文鏡), 청동단검, 점토대토기발, 평저호 편 등이 출토된 바 있다.[67] 평저호+발·옹의 조합이 요동 동부 산간 지역에서 일찍부터 유행했음을 보여주는 바다. 금남리 2호묘에서 조사된 쌍조식 검파두식도 吉林과 遼寧 동부 및 평양 일대에서 확인된다.[68] 본계현은 太子河 상류로『삼국사기』고구려본기에 언급된 양맥의 위치로 주목되는 곳이다.[69] 양맥은 소수맥으로 보는데, 소수맥은 고구려의 別種으로 언급되어 있다.[70]

정리하면 요동 동부 일대 초기 철기 문화가 기원전 2~1세기 위만조선·한군현 시기에 서북한으로 확산되었다가 북한강 일대로 유입되었고 다시 경기 남부 및 충청 내륙의 원삼국기 마한 문화로 이

志』16.

66 齊俊, 1994,「本溪地區發現靑銅短劍墓」,『遼海文物學刊』1994-2.

67 梁志龍·魏海波, 2005,「遼寧本溪縣朴堡發現靑銅短劍墓」,『考古』2005-10.

68 박선미·마크 바잉턴, 2012,「동북아시아 雙鳥形 안테나식 검의 성격과 의미」,『嶺南考古學』63, 72~75쪽; 박수진, 2016,「쌍조형 촉각식검의 형식분류와 변천」,『湖南考古學報』52, 5~9쪽.

69 여호규, 2002,「高句麗 初期의 梁貊과 小水貊」,『韓國古代史硏究』25, 93~94; 오강원, 2012,「東洲河 流域~蘇子河 下流域의 支石墓와 梁貊」,『東아시아古代學』28, 225~241쪽; 이종록, 2022,「高句麗 초기 梁貊 관계 기사와 그 실체 검토,『高句麗渤海硏究』72, 36~45쪽.

70 『三國志』권30, 烏丸鮮卑東夷傳30, 高句麗 "又有小水貊 句麗作國 依大水而居 西安平縣北有小水 南流入海 句麗別種依小水作國 因名之爲小水貊",『後漢書』권85, 東夷列傳75, 句驪 "句驪一名貊耳 有別種 依小水爲居 因名曰小水貊"

어졌다고 볼 수 있다. 북쪽에서 내려온 세력이 마한의 일부로 유입되어 성장했다고 볼 수 있는 것이다. 특히 本溪縣 일대는 고구려가 일어난 桓仁·集安에 가까우면서 소수맥(양맥)의 거주지로 비정되는 곳으로, 이 지역과의 고고학적 관계는 고구려 유민에 의한 백제 건립 설화를 연상케 한다. 백제가 고구려에서 나왔다는 설화는 본래 목지국이 지니고 있었을 가능성이 있음을 보여준다.

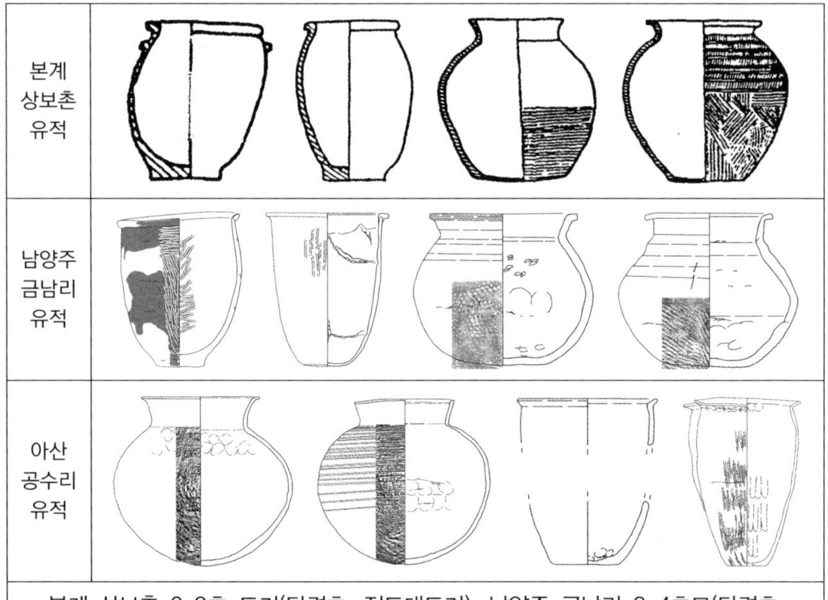

본계 상보촌 2·3호 토기(단경호, 점토대토기), 남양주 금남리 3·4호묘(단경호, 화분형토기, 삼각점토대토기), 아산 공수리 3·8호 주구토광묘(단경호, 심발형토기)

한성기 백제의 문화는 중부 지역의 중도 유형 문화를 직접 계승했는지 명확하지 않다. 풍납토성 문하층을 보면 하층에 중도식 토기가 많이 보이다가 중층 단계에 이르러 현저히 줄어들고 직구광견호, 흑색마연토기 등 백제 토기들이 나타나며, 하층 단계에서 소량으로 출토되던 심발형토기와 장란형토기가 중층 단계에서 성행한다.[71] 강남 일대의 심발형토기와 장란형토기는 낙랑계토기의 영향으로 출현했다는 입장[72]과 장란형토기가 남부 지역에서 먼저 나타나 북상했다는 입장[73]이 있다. 마한 지역에서도 많이 보이는 토기들이다. 중도 유형 문화가 아닌 다른 문화 영향이 확대되다가 한성백제기로 들어선 것이다. 서울 강남 일대에는 적석총(적석분구묘), 즙석분구묘, 토광묘 등 다양한 유형의 고분이 확인되며 즙석분구묘는 마한 지역 분구묘와 통하는 점이 있다.[74] 최근 한강 유역 백제 무덤이 단순히 북방의 무덤을 따른 것이 아니라 한강 유역의 특징적인 무덤이거나 마한 특유의 무덤 양식이라는 점에서 백제 형성을 마한과 관련해서 논의할 필요가 있다는 주장이 제기된 바 있다.[75] 백제국의 남하가 아닌 목지국의 북상을 주목할 필요가 있는 것이다.

『삼국사기』에 보면 백제와 신라의 전쟁은 다루왕 37년 백제가 신라의 와산성·구양성 등을 치면서 고이왕 때까지 꾸준히 일어났다. 와산성은 보은,[76] 구양성은 괴산[77] 또는 옥천[78]으로 비정된다. 초고왕

---

71 신화영, 2016, 「백제 국가성립기 전후의 토기변화상」, 『百濟學報』 18, 97~101쪽.

72 박순발, 2004, 「百濟土器 形成期에 보이는 樂浪土器의 影響」, 『百濟研究』 40, 64~69쪽.

73 김장석, 2012, 「남한지역 장란형토기의 등장과 확산」, 『고고학』 11-3, 38~44쪽.

74 임영진, 2005, 「백제 한성기 묘제의 다양성과 그 의미」, 『고고학』 4-1, 6~7쪽.

75 김기섭, 2018, 「백제 국가형성사 연구 동향과 과제」, 『동북아역사논총』 61, 200~204쪽.

76 천관우, 1976, 「三韓의 成立過程」, 『史學研究』 26, 45~47쪽.

77 천관우, 1976, 위의 논문, 45~47쪽.

78 이병도, 1977, 『國譯 三國史記』, 乙酉文化社, 361쪽.

때에도 와산성과 구양성에서 충돌이 있었으며,[79] 고이왕 때에는 괴곡에서 충돌하였다.[80] 괴곡은 괴산으로 추정된다.[81] 초고왕 39년에는 백제가 신라 요거성을 친 기사가 보인다. 요거성은 상주로 비정한다.[82] 충북 동부 산간 및 경북 일대에서 충돌한 셈인데, 원삼국기에 충추, 청주 일대는 주구토광묘권에 포함되어 있었다. 한강 중류에 있는 세력이 신라와 직접 충돌할 수 없는 상황인 것이다. 백제와 신라의 접촉은 다루왕 36년 백제가 낭자곡성까지 영토를 확장한 뒤 신라왕에게 회동을 요청하면서 시작된 것으로 나온다.[83] 낭자곡성은 청주로 본다. 1~3세기에 청주까지 세력을 확대해서 괴산, 옥천 일대에서 전쟁을 벌일 수 있는 세력은 한강 중류의 백제국이 아니라 충청 내륙을 장악하고 있던 목지국으로 보는 것이 타당하다.

　백제본기에서 신라와 충돌 과정에서 신라 아찬 길선의 망명을 받아들인다거나[84] 신라인을 포로로 잡기도 하였다.[85] 이는 영남 일대 문물이 마한 지역으로 유입될 수 있는 배경이 된다. 실제 진천 송두리 유적, 청주 테크노폴리스 V-2지구 2호 토광묘, 오창 학소리 Ⅰ유적 1호 주거지, 아산 공수리 10호 토광묘 등에서는 영남 지역에서 출토되는 조합식우각형파수부호, 주머니호 등이 출토되었다.[86] 또한 상주 지역 3~4세기 토광묘의 토기 양상은 영남 남부보

79　『三國史記』 권23, 百濟本紀1, 초고왕 24년 7월, 25년 8월.

80　『三國史記』 권24, 百濟本紀2, 고이왕 22년 9월, 45년 10월.

81　이병도, 1977, 앞의 책, 368쪽.

82　이병도, 1977, 위의 책, 356쪽.

83　『三國史記』 권23, 百濟本紀1, 다루왕 36년 10월.

84　『三國史記』 권23, 百濟本紀1, 개루왕 28년 10월.

85　『三國史記』 권23, 百濟本紀1, 초고왕 2년 7월.

다 중서부 지역과 유사한 특징을 보인다.[87] 원삼국기 유개대부호[88] 나 동물형대구[89]의 분포도 보면 경기 남부 및 충청 내륙과 영남 지역에 치우쳐 있다. 양 지역은 원삼국기에 긴밀한 관계를 가졌던 것으로 이런 점에서 삼국 초기 신라와 전쟁을 벌인 주체는 백제가 아닌 목지국이었다고 하겠다. 즉 백제본기에는 목지국의 역사가 일부 포함되어 있는 것이다. 이런 관점에서 온조왕조 기사 중 다음 기사가 목지국과 관련하여 주목된다.

B-1. 27년 여름 4월 두 성(원산, 금현)이 항복하니 그 백성을 漢山의 북쪽으로 옮겼다. 마한이 드디어 멸망하였다. 가을 7월 大豆山城을 축조하였다.[90]

B-2. 36년 가을 7월 湯井城을 쌓고 大豆城의 民戶를 나누어 거하게 하였다. 8월 圓山·錦峴 두 성을 수리하고 古沙夫里城을 축조하였다.[91]

B-3. 43년 가을 8월 왕이 牙山의 들에서 5일간 사냥하였다.[92]

---

86 김낙중, 2016, 「분묘 출토 토기로 살펴본 마한의 성장과 지역성」, 『문화재』 49-4, 141~143쪽; 이명희 외, 2020, 『아산 공수리 유적』, 기호문화재연구원.

87 홍지윤, 1999, 「尙州地域 土壙墓의 性格」, 『湖西考古學』 2, 78~81쪽.

88 원혜선, 2024, 「유개대부토기를 통해 본 마한과 진·변한의 교류관계」, 『한국상고사학보』 126, 92~94쪽.

89 김중엽, 2021, 「원삼국시대 마형대구(馬形帶鉤)의 의미에 관한 고찰」, 『馬韓·百濟文化』 37, 123~124쪽.

90 『三國史記』 권23, 백제본기1, 온조왕, "二十七年夏四月 二城降 移其民於漢山之北 馬韓遂滅 秋七月 築大豆山城"

91 『三國史記』 권23, 백제본기1, 온조왕, "三十六年秋七月 築湯井城 分大豆城民戶 居之 八月 修葺圓山錦峴二城 築古沙夫里城"

92 『三國史記』 권23, 백제본기1, 온조왕, "四十三年秋八月 王田牙山之原五日"

세 기록은 백제 온조왕이 마한을 복속한 뒤 취한 내용을 다루고 있다. 27년 마한을 멸망시킨 지 4개월만에 대두산성을 쌓았으며, 36년 7월에 다시 탕정성을 쌓은 다음 대두산성의 백성을 나누어 거하게 하였다. 탕정성 축조 1개월 뒤에는 원산·금현 두 성을 수리하고 고사부리성을 축조하였다. 대두산성은 문주왕 2년에 漢水 북쪽 주민을 이주시켰다는 내용과 삼근왕 2년에 좌평 해구와 은솔 연신의 반란이 일으켰다는 내용을 통해 천안 직산 이남에서 구한다. 대략 아산 일대에서 찾고 있다.[93] 탕정성은 백제에 탕정군이 있었다는 점에서 아산으로 보며, 고사부리성은 백제에 고사부리군이 있었다는 점에서 전북 정읍 고부로 본다. 마한 복속 직후에 아산과 고부에 새로운 성을 쌓았다는 점을 기록하고 있는 것이다. 이러한 대두성, 탕정성 건립 후 얼마 안 되어 왕이 아산의 들에서 5일간 사냥을 하고 있다.

원산·금현 두 성을 수리한 것은 옛 마한 세력을 견제하기 위한 것으로 볼 수 있다. 고사부리성도 위치로 볼 때 호남 일대 마한 세력을 통제하기 위한 정책으로 보인다. 그렇다면 아산 일대에 쌓은 대두성과 탕정성은 무엇일까.

삼한 시대에 마한 지역에서 한자 사용 흔적이 조사되지는 않았다는 점을 고려하면 한자식 표현인 大豆의 본래 이름은 달랐을 것

---

93 아산 음봉면 수한(물앙)산성(이기백, 1978, 「熊津時代의 百濟의 貴族勢力」, 『百濟研究』 9, 12~13쪽), 영인면 영인산성(유원재, 1992, 「百濟 湯井城 硏究」, 『百濟論叢』 3, 98~100쪽)과 승계산성(지원구, 2024, 「백제의 아산지역 진출 시기 재검토」, 『百濟學報』 49, 73~78쪽), 아산시 부근(양기석, 2008, 「475년 위례성 함락 직후 고구려와 백제의 국경선」, 『한국 고대 사국 국경선』, 서경문 화사, 81쪽) 설 등이 있다.

이다. 대두의 豆는 본래 굽이 있는 제기 그릇을 의미하며 콩이라는 의미가 더해졌다. 豆는 중량의 단위로도 사용되어 斗와도 통한다.[94] 머리를 의미하는 頭와도 발음이 비슷하다. 大斗는 큰 말을 의미하며 大頭는 큰 머리를 의미한다. 한편, 마을은 말, 멀로 줄여 말하기도 하므로 大斗, 大頭는 큰 마을과 연결되는 부분이 있다.

문주왕 이후 백제 수도였던 熊津은 곰나루라는 의미인데, 『일본서기』에서 久麻那利라고 하였으며,[95] 『양서』 등에서는 固麻라고 하였다.[96] 구마나리는 곰나루와 발음이 비슷하다는 점에서 우리말 표현임을 알 수 있고, 고마는 이를 줄여 쓴 것임을 알 수 있다. 이를 통해 『삼국사기』에는 순 우리말 표현이 한자식 표현으로 바뀌어 있음을 확인할 수 있다. 대두산성도 본래 큰마을, 큰말, 큰멀, 큰머리 등으로 불렸을 것이다.

『양서』에서는 신라에서 성을 健牟羅라고 했다고 하였으며,[97] 『신당서』에서는 왕이 거주하는 金城을 侵牟羅라고도 불렸다고 하였다.[98] 『양서』에서 건모라를 탁평, 읍륵과 구별하여 적었고 『신당서』의 침모라 사례로 볼 때 단순한 성이 아니라 도성을 건모라라 불렀던 것으로 보인다. 이러한 건모라는 큰 몰(큰 마을)을 寫흡한 것으로

---

94 『康熙字典』豆部, "玉篇量名 周禮 冬官考工記 梓人 食一豆肉 飮一豆酒 註豆 當爲斗 毛居正曰 豆 古斗字"

95 『日本書紀』권14, 雄略紀 21년.

96 『梁書』권54, 列傳48, 百濟, "號所治城曰固麻"

97 『梁書』권54, 列傳48, 新羅, "其俗呼城曰健牟羅 其邑在內曰啄評 在外曰邑勒 亦中國之言郡縣也 國有六啄評 五十二邑勒"

98 『新唐書』권220, 列傳145, 新羅, "而王居金城 環八里所 衛兵三千人 謂城爲侵牟羅"

본다.[99] 큰 말을 도성의 의미로 사용했음을 알 수 있다. 백제의 경우 도읍을 漢城 또는 漢山城이라 하였다. 漢은 한나라를 의미하는데 한나라는 큰 나라라는 점에서 큰 성이라는 의미로 풀 수 있다. 『수서』에서 백제 도읍을 居拔城이라 하였는데,[100] 거발도 '커블'의 한자 표기로 큰 성을 의미하는 것으로 볼 수 있다.[101] 이와 비교할 때 '큰 말'의 의미를 지닌 대두성도 도성이었기 때문에 붙여진 이름으로 보인다.

『신증동국여지승람』에서는 온양군의 동쪽 10리에 木村部曲이 있었다고 전한다.[102] 조선 시대 온양군의 치소는 지금의 읍내동 부근에 있었으므로 목촌부곡은 배방읍 일대에 있었음을 알 수 있다. 백제의 伐音支縣[103]이 伐音村[104]으로도 불렸던 점을 고려하면 목지가 목촌으로 바뀌었을 가능성도 충분히 있다. 백제어 己·只는 城의 의미를 지닌 것으로 본다.[105] 목촌부곡을 통해 아산을 목지국 치소로 보기도 한다. 배방읍 일대가 목지국 치소일 가능성이 있는 것이다.

배방읍에는 북수리, 공수리, 갈매리 등에서 원삼국기 유적이 많이 조사되고 있다. 특히 갈매리에서는 갈매리 유적, 갈매리 목책 유적 등 원삼국 시대 유적이 조사되었으며[106] 백제 토광묘가 조사된

---

99 이병도, 1976, 「古代南堂考」, 『韓國古代史研究』, 朴英社, 619~621쪽.

100 『隋書』 권81, 列傳46 百濟, "其都曰居拔城"

101 안재홍, 1947, 『朝鮮上古史鑑 下卷』, 民友社. 206~210쪽.

102 『新增東國輿地勝覽』 권19, 忠淸道, 溫陽郡, "(古跡) 木村部曲 在郡東十里"

103 『三國史記』 권36, 雜志5, 地理3, 熊州, "淸音縣 本百濟伐音支縣 景德王改名 今新豐縣"

104 『三國史記』 권37, 雜志6, 地理 4, "東明州 四縣 … 富林縣 本伐音村"

105 도수희, 2007, 「百濟語의 「己」에 대하여」, 『백제언어 연구 2』, 제이엔씨, 88~ 95쪽.

갈매리 산54-3번지 유적, 원삼국 시대 토기편이 조사된 유물 산포지 등[107]도 있다. 갈매리는 곡교천과 회룡천 사이의 낮은 구릉에 위치하며 태화산으로 이어진다. 목책 유적은 주로 원삼국기 유물이 조사되었으며 한성 백제기 유물이 출토되지 않아 원삼국 시대에 주로 사용된 성책임을 알 수 있다. 2004~2005년에 조사된 갈매리 유적에서는 68기의 지상 건물지와 580여 기의 수혈유구, 우물상 유구 등이 조사되었다. 대규모 주거 및 목책 유적이 조사되었다는 점에서 원삼국 시대에 마을이 있었음을 알 수 있다.

갈매리라고 하는 지명은 지형이 거머리와 같다 해서 붙여진 이름이라 하는데, 갈매2리는 그머리라고 불린다.[108] 그머리는 큰머리라는 말과도 유사하다. 큰머리를 한자로 적으면 大頭로, 大豆山城의 大豆와 음이 비슷하다. 이와 함께 목촌부곡, 원삼국기 유물·유적 등을 종합해 볼 때 배방읍 갈매리에 목지국의 도성이었던 대두산성이 있었던 것으로 보인다.

특히 산성이라는 표현으로 볼 때 2004~2005년에 조사된 갈매리 북쪽의 곡교천 인근 평지 지역보다 목책 유구가 확인된 산56-1번지 일대(아래 지도의 ③)에 궁성이 있었을 것으로 보인다. 아직 조사가 이루어지지 않은 산59-4번지 일대(아래 지도의 ②)에도 청동기~백제 시대 유물 산포지가 확인된 점을 고려하면 왕성의 규모는

---

106 공주대학교박물관, 2007, 『아산 갈매리(Ⅰ지역) 유적』; 충청남도역사문화원, 2007, 『아산 갈매리(Ⅱ구역) 유적』, 고려대학교 고고환경연구소, 2007, 『아산 갈매리(Ⅲ지역) 유적』; 금강문화유산연구원, 2017, 『아산 갈매리 목책 유적』.

107 고운문화유산연구원, 2025, 『아산 갈매리(산54-3번지 일원) 골프연습장 조성 부지 내 아산 갈매리 유적』.

108 한국향토문화전자대전(http://www.grandculture.net), 갈매리(葛梅里).

보다 확대해서 살펴볼 여지가 있다. 목책 유구의 북·서쪽의 평야
지역도 원삼국기 유적이 많이 조사되었던 점을 고려할 때 왕성의
범위에 포함할 만하다. 대두산성은 낮은 산을 활용하여 곡교천과
회룡천의 두 강을 해자처럼 두룬, 산과 평지로 구성된 성이었다고
하겠다.

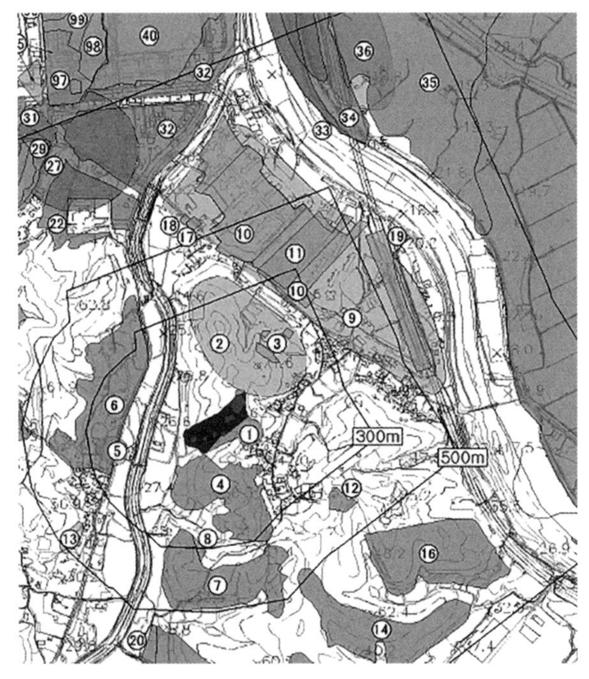

갈매리 일대 유적 조사 지도
(2025, 『아산 갈매리 유적』, 고운문화유산연구원, 34쪽)

한편, 『삼국사기』에서는 대두산성의 일부 백성을 탕정성으로 옮
겼다고 전한다(B-2 사료). 이를 통해 탕정성은 대두산성 주민과 같
은 계통의 사람들이 살았음을 알 수 있다. 湯井은 우리말로 '끓는

우물'이라는 의미이다. 탕정이라는 한자어로 바뀌기 전 탕정성의 본래 이름은 이와 비슷했을 가능성이 있다. 끓는 우물을 두 글자 정도로 줄이면 끓물 정도가 될 수 있다. 물은 마을을 줄인 말과 음이 비슷하고, 끓은 끝, 끈 등과 음이 비슷하다. 끈은 물건을 매거나 꿰멜 때 사용하는 긴 물건을 지칭한다는 점에서 끈말은 '묶여 있는 마을' 정도로 풀이할 수 있다. 대두산성과 묶여 있는 마을이라는 의미에서 사용될 여지가 있다. 이런 점에서 대두산성의 백성이 일부 옮겨진 탕정성은 대두산성과 아주 별개로 존재하는 성이 아니라 긴밀한 관계를 지닌 성으로 보인다. 배방읍 북쪽의 탕정면 일대에서도 원삼국기 유적이 다수 확인된다는 점에서 목지국의 국읍으로 주목되는 곳이다. 대두산성과 탕정성이 곡교천 남과 북으로 있으면서 목지국의 국읍을 이루었던 것이 아닐까 한다. 백제 개로왕 때 함성 함락 과정에서 남성과 북성이 나오는데, 풍납토성을 북성, 몽촌토성을 남성으로 보고 양자를 합하여 한성으로 불렸다고 본다.[109] 이처럼 목지국의 도성도 대두산성(배방읍 갈매리)과 탕정성(탕정면 일대) 兩城으로 구성되었으며, 갈매리 목책 유구가 조사된 산56-1 일대에 궁성이 있었던 것으로 보인다.

Ⅲ. 목지국의 정치적 위상

『후한서』에서 진왕이 삼한의 총왕으로 묘사된 것에 대해 5세기

---

109 김기섭, 1990, 「百濟前期 都城에 關한 一考察」, 『清溪史學』 7, 59쪽.

경 범엽의 백제에 대한 인식이 투영된 것에 불과하다는 견해도 있지만[110] 『후한서』에는 엽사읍군 소마시 등 『삼국지』에 없던 내용이 포함되어 있다는 점에서 새로운 기록에 근거하여 진왕을 서술했을 가능성도 있다. 『삼국지』에서 예, 동옥저, 읍루에 대해서는 대군장이 없다고 한 반면 삼한에는 그러한 말이 없다. 고구려, 부여처럼 왕이 있는 나라에는 대군장이 없다는 표현이 없다. 30여 국가에 영향력을 끼치고 있던 여왕국 邪馬壹國이 있던 왜인전에서도 대군장이 없다는 표현은 없다. 이를 통해 『삼국지』 저자가 삼한은 대군장이 없는 나라로 인식하지 않았음을 알 수 있다. 즉 목지국 진왕을 삼한 전체의 왕으로 보았다고 하겠다.

왜인전에는 야마일(대)국이 7만 호이고, 대마국에서 투마국까지 7국가에 8만 호 정도 있음을 제시하고 있다. 이밖에 사마국 등 21개 국가가 더 있어 야마일국에 소속되어 있다고 하였다. 호수가 언급된 것만 15만호이다. 이 정도 규모가 하나의 세력의 통제 아래에 있었다는 것이다. 반면 狗奴國은 여왕국에 속해 있지 않다고 하였다.[111] 마한과 변·진한의 호수를 합하며 14·5만호 정도이다. 3세기에 이미 일본 열도에는 15만 이상의 세력을 총괄하는 세력이 존재하였는데, 남한 지역에 그만한 규모를 총괄하는 왕이 있었다는 것

---

110 윤용구, 2019, 「『삼국지』와 『후한서』 韓傳의 '辰王' 이해−出土文獻과 傳存文獻의 字句변화를 중심으로」, 『역사와 담론』 92, 101~106쪽.

111 『三國志』 권30, 烏丸鮮卑東夷傳30, 倭, "始度一海 千餘里至對馬國 … 東南陸行五百里 到伊都國 官曰爾支 副曰泄謨觚柄渠觚 有千餘戸 世有王 皆統屬女王國 郡使往來常所駐 … 南至邪馬壹國 女王之所都 … 女王國以北 其戸數道里可得略載 其餘旁國遠絶 不可得詳 次有斯馬國 … 次有奴國 此女王境界所盡 其南有狗奴國 男子爲王 其官有狗古智卑狗 不屬女王"

이 국가 발전 과정에서 불가능한 일이라 하기는 어렵다.

3세기 중엽 정시 연간에 韓과 중국 위나라는 기리영 전투에서 시작된 큰 전투를 벌여 대방태수가 죽을 정도였다.『삼국지』에서는 전쟁의 결과 韓을 멸했다고 했지만 위가 이 전쟁 이후 한에 어떤 정치적 영향력을 행사했다거나 한의 항복을 받았다는 내용이 없다. 오히려 현토태수로 있으면서 관구검의 고구려 침공 과정에서 공을 세운 王頎를 대방태수로 임명하여 한과 왜에 대한 일을 담당케 하였다. 이것은 전후 한이 새로운 위협 세력이 되었음을 의미한다. 이후 왕기는 왜에 여러 차례 사신을 보내며 왕래한 반면 한과는 어떤 접촉을 했는지 나오지 않는다. 전쟁 직후라 한과 위의 관계가 악화되어 있었음을 보여주는 것이다.『삼국지』 한전에는 마한에 대해 『위략』에 없는 새로운 내용들이 많이 포함되어 있는데, 마한 사회는 정치적으로 낙후되어 있고 경제적으로 특별할 것이 없는 사회로 묘사되어 있다. 이것은 한이 중국에 위협이 되지 않는 지역임을 나타내기 위한 낙랑·대방군측 문서에 근거했을 가능성이 있는데, 두 군이 독자적으로 한에 군사적 위협을 하기 어려운 상황에서 韓 문제를 조용히 넘어가고자 했던 두 군 관리의 의도가 반영된 것이었다.[112]

『삼국지』에 진왕에 대한 내용이 소략한 것은 전쟁 이후 목지국과의 관계가 좋지 않아 정보 습득에 어려움이 있었고 韓 문제를 확대하고 싶지 않았던 두 군 관리의 의도 때문이라 할 수 있다.『후한서』 한전은 이로 인해 축약된『삼국지』 내용을 보충했다고 보는 것

---

112 이상의 내용은 김남중, 2021,「韓-曹魏 전쟁과 韓 사회의 재편」,『한국고대사 탐구』 37, 176~185쪽에 제시되어 있다.

이 옳다.

충청 내륙 원삼국기 이른 시기 유적은 유개대부호, 원저소용(원저심발형토기, U자형토기), 원저단경호 조합이 특징적이며 후대로 갈수록 주구토광묘, 원저단경호, 발형토기 조합이 확산된다.[113] 전자는 단순토광묘에서 주로 출토되며 청주 오송 유적에서는 주구토광묘에서도 출토되었다.[114] 중서부 지역에서 유개대부호는 경기 남부의 오산천·진위천 일대와 아산, 천안, 청주, 세종에서 출토되었다. 주구토광묘는 이보다 넓게 확인되는데, 안성, 용인, 여주, 진천, 충주, 대전 지역에서도 확인된다.[115] 오산천·진위천 일대 토광묘의 경우는 등고선과 직교하는 것과 일치하는 것이 섞여 있는데 오산 수청동이나 용인 기흥구 신갈동·공세동 유적 등 한성 백제기 유적에서는 직교하는 것이 많이 보인다.[116] 반면 충청 일대는 등교선과 평행한 것이 일반적이며, 안성, 용인 서부, 여주 일대 토광묘도 평행한 경우가 많다. 이로 보면 목지국계 세력이 남쪽으로는 대전, 동북쪽으로는 충북 북부 및 경기 동남부 일대로 확대되어 갔음을 알 수 있다. 분구묘가 많은 경기 서부 및 충청 서해안 일대를 제외한 한강 이남의 경기 및 충청 일대에 세력을 떨쳤다고 하겠다. 오산천·진위

---

113 서현주, 2016, 「湖西地域 原三國時代 墳墓遺物의 變遷과 周邊地域과의 關係」, 『湖西考古學』 35, 137~143쪽; 김낙중, 2024, 앞의 책, 38~47쪽.

114 전자와 후자 조합은 시간차가 아닌 계통이나 집단의 차와 관련 있다는 의견도 있다(김장석, 2014, 「중부지역 격자문타날토기와 U자형토기의 등장」, 『韓國考古學報』 90, 89~92쪽).

115 김중엽, 2021, 「마한 분구묘와 주구토광묘의 비교로 본 개념과 계통성」, 『馬韓·百濟文化』 38, 14쪽.

116 박경신, 2021, 앞의 논문, 44~45쪽; 한양문화유산연구원, 2025, 「V. 고찰」, 『龍仁 高林洞 305-2番地 遺蹟』, 109~114쪽.

천 일대에 원삼국기 이른 시기부터 등교선 직교 토광묘가 많은 것은 한왕계 마한 복속 후 일부 주민을 한산 북쪽으로 이주시킨 것(B-1 사료)과 관련지어 검토해볼 여지가 있다.

한편, 마한 여러 지역에서 확인되는 4주식 주거지는 천안 일대에서 출현하였다는 견해[117]와 호남 지역에서 출현하였다는 견해[118]가 있는데, 천안·세종·청주 일대와 정읍·부안·고창·영광 일대 마한계 취락에서 4주식 주거지의 비율이 높게 나타난다.[119] 분구묘와 주구토광묘권을 구분하지 않고 마한 전역에서 확인되는데, 경기 서부의 인천·김포·시흥 및 파주 일대에서도 4주식 주거가 확인되었다.[120] 마한 전체적으로 토기는 타날문토기가 주류를 이루는데 지역별 특정적인 요소도 있지만 어느 정도 공통된 부분도 있다.[121]

특히 마한 복속 이후 탕정성과 함께 고사부리성을 축조했다는 기사(B-2 사료)는 4주식 주거지 집중 분포지와 관련해서 주목되는 바이다. 고사부리성은 『삼국사기』 지리지에 고사부리군이 보인다는 점에서 정읍 고부로 본다. 그런데 익산·전주권의 4주식 주거 비율이 15.4%에 불과한 반면 정읍~영광권은 48.4%로 확연히 차이를 보이고 있다.[122] 4주식 주거와 마한의 또다른 특징인 분구묘의

---

117 김승옥, 2004, 「全北地域 1~7世紀 聚落의 分布와 性格」, 『韓國上古史學報』 44; 2007, 「금강 유역 원삼국~삼국시대 취락의 전개과정 연구」, 『韓國考古學報』 65.

118 허진아, 2018, 「호서-호남지역 사주식주거지 등장 과정과 확산 배경」, 『韓國考古學報』 108.

119 허진아, 2018, 위의 논문, 20~22쪽 표1.

120 서현주, 2021, 「中部地域 原三國~百濟 漢城期 土器의 地域別 接點」, 『湖西考古學』 48, 83~91쪽.

121 서현주, 2016, 「마한 토기의 지역성과 그 의미」, 『先史와 古代』 50, 55~56쪽.

출현에 대해 청동기 시대 토착 문화인 송국리 문화 요소가 유입되었을 가능성이 있다고 본다.[123] 이로 보면 목지국 진왕이 익산·전주 일대의 준왕계 한왕 세력을 제압한 후 토착 세력인 송국리 문화 세력과 손을 잡았을 가능성을 고려할 수 있다. 진왕이 초기 철기 시대 韓의 맹주였던 韓王 세력을 제압한 뒤 정읍·부안 일대 세력을 자신의 세력으로 흡수하여 韓王의 잔여 세력을 비롯한 호남 서부 일대를 견제하기 위해 고사부리성을 축조했다고 볼 수 있다. 원삼국기 이른 시기 유적이 부안 백산성과 부곡리 일대에서 조사되었는데, 경질무문토기와 함께 원저단경호, 심발형토기 등 타날문토기도 함께 조사되었다.[124] 원삼국기에 경기 남부, 호서, 호남 일대가 비슷한 문화 양상을 보이게 된 것은 이 지역에 대한 목지국의 영향력이 어느 정도 있었기 때문이 아닐까 한다.

분구묘권에서 원삼국기에 철제 무기가 많이 나오는 곳은 인천·김포 일대와 서산·당진 일대이다. 이 지역은 臨淮 해적과 염사착 사건을 계기로 목지국과는 구별되는 세력이 존재한 곳으로, 1~2세기에 후한과 주로 교류하였던 염사국은 서산·당진 일대에, 임회 해적이 주를 이룬 신리국은 인천·김포에 있었다.[125] 특히 후한과 긴밀한 관계에 있던 염사국은 2세기 후반 韓(목지국 진왕 세력)에 흡수되어 염로국, 사로국 등으로 재편되었으며,[126] 신리국(신분고국) 역시

---

122 허진아, 2018, 앞의 논문, 20~22쪽.

123 서현주, 2019, 「마한 문화의 전개와 변화 양상」, 『湖南考古學報』 61, 86~87쪽.

124 김은정, 2016, 「전북지역 원삼국시대 문화적 공백기에 대한 재검토」, 『중앙고고연구』 19, 46~48쪽.

125 김남중, 2024, 「삼한~후한의교류와 염사국의 역할」, 『한국고대사탐구』 46, 306~336쪽.

한에 흡수되어 마한의 일원이 되었다.[127] 경기 일부 및 호서·호남은 무덤으로 보면 주구토광묘와 분구묘권으로 구분됨에도 불구하고 『삼국지』 한전에서 동일한 마한으로 묶여 있는 것은 목지국에 의해 정치적으로 통합되어 있었기 때문이다.

이 정도 힘을 발휘하고 있었다면 『후한서』의 기록처럼 목지국 진왕이 삼한의 총왕이라는 인식이 과장되었다고 보기 어렵다. 영남 지역도 중서부 지역과 마찬가지로 유개대부호, 동물형대구가 출토되어 목지국 진왕과 지속적으로 관계를 가졌을 가능성이 있다.[128] 또한 경주 덕천리와 모량리의 원삼국기 유적에서는 서북한 고조선계 이주민과 관련된 심발형토기+단경소호를 부장하는 목관묘가 조사되는데, 일부 유적에서는 주구도 확인된다.[129] 목지국 진왕은 경기 남부 및 충청 중·동부 일대의 주구토광묘권을 주도하면서 한의 다른 소국들에도 어느 정도 정치적 권위를 인정받는 위치로 보인다.

정리하면 목지국 진왕은 삼한 전체의 왕으로 인정된 자로, 목지국의 직접적인 범위는 아산, 천안, 청주, 세종, 공주 일대였다. 도성은 아산 배방읍과 탕정면 일대로 대두산성과 탕정성 양성 형태로 이루어졌으며, 궁성은 아산 배방읍 갈매리에 위치하였다. 결국 아산 배방읍 갈매리 일대는 1~3세기 무렵 삼한의 중심 중에 중심이었다고 하겠다.

---

126 김남중, 2024, 위의 논문, 317~318·335~336쪽.

127 김남중, 2025, 「유토피아를 찾아 김포로 온 이주민이 세운 나라 신리국」, 『김포문화』 19, 17~23쪽.

128 조진선, 2023, 「진·변한의 형성과 분립 과정」, 『韓國古代史硏究』 111, 100쪽.

129 최병현, 2018, 「원삼국시기 경주지역의 목관묘·목곽묘의 전개와 사로국」, 『중앙고고연구』 27, 42~56쪽.

유개대부호 분포(원혜선, 2024)

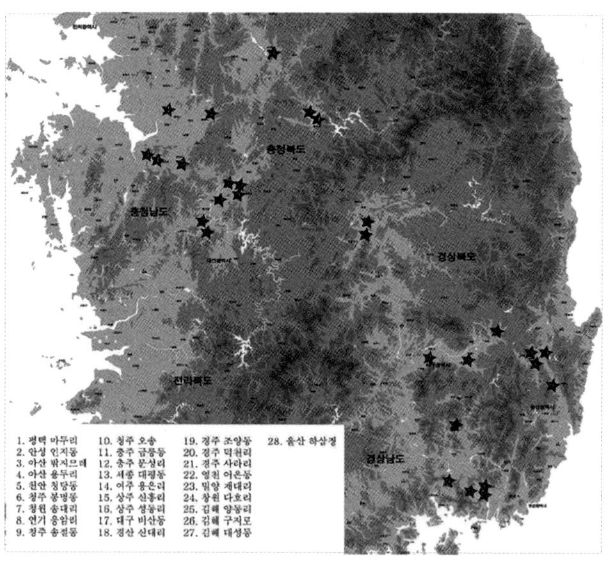

동물형 대구 분포(김중엽, 2021)

Ⅳ. 목지국에서 백제로의 전환

주구토광묘의 확장을 보면 목지국은 3세기 후반, 4세기에도 계속 성장한 것처럼 보인다. 그러나 3세기 후반 이후 기록에서 목지국은 더 이상 보이지 않고 백제가 점차 나타난다. 다만 서울 강남 일대 백제의 분묘(적석분구묘, 적석총)가 마한 지역으로 확대되는 현상은 보이지 않는다. 최근에는 백제의 마한 지역으로의 확산을 우호적 합병이란 시각[130]에서 보기도 한다.

『삼국사기』 백제본기에 보면 백제의 복속 방식은 두 가지 형태가 보인다. 첫째는 무력을 통해 마한의 국읍을 공격하고 원산·금현성을 함락시킨 것이고, 둘째는 미추홀 비류 집단의 자발적 투항을 받은 것이다. 원삼국기에 인천·김포 일대는 분구묘와 백색토기옹, 타날문토기, 방형계 주거(4주식) 등이 확인되는 곳으로 여타 마한 지역 문화와 통하는 지역이라는 점에서 경기 동부 지역과 구별된다.[131] 이 지역 역시 백제의 성장 과정에서 흡수된 곳임은 분명한데 백제본기에는 건국 무렵에 자발적으로 백제에 흡수된 것으로 나오는 것이다. 그러나 고고학적으로 3세기 말까지도 한강 하류 세력이 중류 지역을 포함한 한강 유역 연맹체의 주도적 위치에 있었다고 봐야한다고 평가된다는 점에서[132] 정치적으로 인천 일대 세력이 백제의 아래에 놓이게 된 시기는 3세기 후반 이전으로 올려보기에는

---

130 이성준, 2022, 앞의 논문.

131 서현주, 2021, 앞의 논문.

132 송만영, 2021, 「한강 하류 분구묘 분포권 지역정치체의 동향과 성격」, 『崇實史學』 47, 57~64쪽.

한계가 있다.

한은 正始 연간에 魏와 전쟁을 벌였는데, 『삼국지』 한전에서는 246~247년 무렵에 일어난 기리영 전투에서 시작된 전쟁에서 위가 韓을 멸하였다고 서술하였다.[133] 이후 위는 현토태수 왕기를 대방태수로 임명하는 등 한에 대한 후속 조치를 취하였다. 이것은 기리영 전투 이후 위가 한을 주시했음을 의미한다. 한 번의 전투로 위와 한의 대립이 종결되었다고 볼 수 없는 부분이다. 대방태수가 죽을 정도의 피해를 입은 위가 한의 위협을 제거하기 위해 추가적인 공격을 추진할 가능성은 충분히 있는 것이다. 『삼국사기』에 보면 3세기 후반에서 4세기 초에 백제와 중국 세력 간에 긴장 관계를 엿볼 수 있다. 즉 책계왕 13년(298)에 漢이 맥과 함께 백제를 침공해와 왕을 죽인 사건이 있었으며,[134] 분서왕 7년(304)에는 백제가 낙랑 서쪽을 침공한 사건과 분서왕이 낙랑태수가 보낸 자객에 살해된 사건이 있었다.[135] 중국 세력과 한의 긴장 관계가 오랫동안 이어졌음을 추론케 하는 부분이다.

여기에 대응해서 한이 취할 수 있는 것은 중국 세력(낙랑·대방군)의 침공에 대비하는 것으로, 즉 국경 부근의 방비를 강화하는 것이다. 백제가 위치한 강남 일대는 한강 남쪽에 있다는 점에서 중국 세력의 남하를 저지하기에 좋은 곳이다. 3세기 중·후반에서 4세기

---

133 『三國志』 권30, 烏丸鮮卑東夷傳30, 韓, "部從事吳林 以樂浪本統韓國 分割辰韓八國 以與樂浪 吏譯轉有異同 臣智激韓忿 攻帶方郡崎離營 時太守弓遵樂浪太守劉茂 興兵伐之 遵戰死 二郡遂滅韓".

134 『三國史記』 권24, 百濟本紀2, 책계왕 13년 9월.

135 『三國史記』 권24, 百濟本紀2, 분서왕 7년 2·10월.

전반에 이곳으로 한의 군사력이 집중될 상황이 있었던 것이다. 백제 한성기 강남 일대에는 적석총, 즙석봉토분, 토광묘 등 여러 무덤이 확인된다. 한과 濊의 여러 지역 세력이 집결했을 가능성을 보여주는 것이다. 관구검 침공 이전 예는 고구려에 복속되어 있었던 점을 고려하면 예 지역 통치를 위해 파견되었던 고구려 군인 중 일부도 마한으로 유입되었을 수 있다. 『수서』 신라전에는 관구검 침공 때 옥저로 도망한 고구려인 중에 고국으로 돌아가지 않고 머물렀던 자들이 신라가 되었다는 내용이 있는데,[136] 당시 고구려로 돌아가지 못했던 자들이 있었음을 알 수 있다.

여러 소국의 연합군이 장기간 주둔하면서 이를 지휘하는 세력의 영향력은 커져 갔을 것이다. 전시 상황에서는 군대를 직접 거느리는 자의 위상이 높아지기 마련이다. 秦 멸망 무렵 초의 군대를 지휘한 항우가 초 희왕(의제)보다 막강한 권력을 행사했던 사례를 살필 수 있다. 마한 여러 국가의 연합군이 수십년간 적의 침공에 대비하여 집결해 있었다면 이를 지휘한 인물의 위상이 높아졌을 것이다. 『삼국사기』 상으로는 백제 고이왕(234~286) 무렵이다. 백제본기에서는 고이왕이 관구검의 고구려 침공 때 낙랑 변경을 쳐서 주민을 노략했다가 돌려준 내용이 있어[137] 고이왕이 군사적으로 탁월한 역량을 지녔음을 보여준다.

고이왕은 왕위 계승 과정이 석연치 않은 인물이다. 『삼국사기』에서는 구수왕이 죽자 그 아들 사반이 왕위를 계승하였지만 나이가

---

136 『隋書』 권81, 列傳46, 新羅國, "魏將毌丘儉討高麗 破之 奔沃沮 其後復歸故國 留者遂爲新羅焉".

137 『三國史記』 권24, 百濟本紀2, 고이왕 13년 8월.

어려 정치를 잘 할 수 없어 초고왕(166~214)의 母弟 고이가 왕이 되었다고 하였다.[138] 『삼국유사』 왕력 편에서는 사반왕이 즉위하자마자 폐위되고 고이가 즉위하였다고 했으며[139] 기이 편에서는 사반왕이 폐위되고 고이가 왕이 되었다는 내용과 함께 사반왕이 죽자 고이가 왕이 되었다는 내용도 함께 전한다.[140] 사반왕은 개루왕, 초고왕, 구수왕의 적통을 계승한 인물이고 고이왕은 개루왕에서 갈라진 왕족이었던 셈이다. 비류왕(304~344)의 경우도 분서왕이 죽은 뒤 왕자들이 있음에도 불구하고 왕위에 올랐는데 구수왕(214~234)의 둘째 아들로 소개되어 있다. 구수왕이 죽을 때 쯤에 태어났어도 즉위할 때 나이가 80이 넘는다. 이런 점에서 백제 초기에 왕실 교대가 이루어졌다고 보기도 한다. 즉 천관우는 우태-비류-고이계와 주몽-온조-초고계 두 집단이 왕위를 교대하였으며 전자는 목지국과 관련된 것으로 보았다.[141] 노중국은 초고왕 때 비류계-해씨 집단에서 온조계-부여씨 집단으로의 왕실 교체가 이루어졌다고 하였으며,[142] 강종원은 백제 초기 왕계는 온조-초고계 부여씨와 고이계 우씨 두 계통으로 구성된 것으로 보았다.[143] 3~4세기 백제 왕위 계승의 복잡한 양상은 목지국에서 백제로 진왕의 왕권이 넘어가는 과정

---

138 『三國史記』 권24, 百濟本紀2, 고이왕, "古尒王 蓋婁王之第二子也 仇首王在位二十一年薨 長子沙伴嗣位 而幼少不能爲政 肖古王母弟古尒卽位".

139 『三國遺事』 권1, 王曆, "第七 沙泮王〔一作沙〕 仇首之子立 卽廢".

140 『三國遺事』 권2, 紀異2, 南扶餘 前百濟, "又沙沸王〔一作沙伊王〕 仇首崩 嗣位 而幼少不能政 卽癈而立古爾王 或云至樂初二年己未乃崩 古爾方立".

141 천관우, 1989, 앞의 책, 361~372쪽.

142 노중국, 1988, 『百濟政治史硏究』, 一潮閣, 65~78쪽.

143 강종원, 2002, 『4세기 백제사 연구』, 서경, 33~40쪽.

을 담고 있는 것이 아닐까 한다. 특히 고령에 즉위한 비류왕은 계보 조작의 가능성을 열어준다. 백제는 근초고왕 이후에는 고이왕계가 아닌 초고왕계가 왕위를 이어갔다. 근초고왕은 비류왕의 둘째 아들로 계왕을 이어 왕이 되었다.

천안 직산은 백제 온조왕이 처음 도읍으로 삼은 위례성이라는 전승이 전한다. 『삼국유사』에서는 王曆 편에서는 온조가 蛇川(社山)의 禮城에 도읍하였다가 廣州의 漢山으로 도읍을 옮겼다고 하였으며 南扶餘 前百濟 조에서는 慰禮를 稷山이라고 하였다.[144] 『고려사』 지리지에서도 직산은 온조왕이 처음 도읍한 위례성, 광주는 위례성에 있다가 천도한 한산으로 소개하고 있다.[145] 위례성 직산설은 정약용의 비판[146] 이후 대체로 부정적이다. 즉 백제의 임시 별도설,[147] 아신왕[148]이나 문주왕[149] 때 잠시 이용했다는 설, 문주왕 때 한강 북쪽의 주민을 사민한 것과 관련 있다는 설[150] 등이 제기되었다.

---

144 『三國遺事』 王曆 권1, "百濟 第一 溫祚王 東明王 三子 圭第二 癸卯 在位四十五 都禮城 一云蛇川 今社山 丙辰 移都漢山 今廣州"; 『三國遺事』 紀異 권2, 南扶餘 前百濟, "史本記云 百濟始祖溫祚 … 後至聖王 移都於泗沘 今扶餘郡 〔彌雛忽 仁州 慰禮 今稷山〕".

145 『高麗史』 권56, 志10, 地理1, 楊廣道 廣州牧, "初 百濟始祖溫祖王 以漢成帝鴻嘉三年 建國 都于慰禮城 至十三年 就漢山下 立柵 移慰禮城民戶 遂建宮闕 居之 明年 遷都 號南漢山城"; 『高麗史』 권56, 志10, 地理1, 楊廣道 天安府 稷山縣, "本慰禮城 百濟始祖溫祚王 開國建都".

146 정약용은 『我邦疆域考』 慰禮考에서 위례성은 옛 廣州읍이라며 직산 위례성설을 비판하였으며, 직산은 문주왕이 웅진으로 천도하는 과정에 잠시 머물렀던 곳으로 보았다.

147 권태원, 1986, 「蛇山城一圓의 歷史的 背景」, 『百濟研究』 17, 291~292쪽.

148 신채호, 1998, 앞의 책, 189~190쪽.

149 홍재선, 1987, 「天安, 稷山 慰禮城考」, 『考古美術』 174, 11~12쪽.

150 강종원, 2003, 「天安 慰禮城에 대한 文獻史學的 檢討」, 『위례산성』, 충남대학

물론 근초고왕 때인 371년에 직산에서 한산으로 천도했다는 설[151]
도 있다.

직산은 고구려 때 蛇山으로 불렸으며,[152] 한성기 백제 도읍에는
蛇城이 있었다.[153] 蛇山, 蛇城은 우리말로 '뱀＋재'로 풀 수 있다. 재
는 산의 고개나 마루를 의미한다. 뱀재는 백제와 발음이 비슷하다.
이런 점에서도 직산은 백제와 관련될 가능성이 높다.

직산에서 가까운 천안 서북구 두정동 B-Ⅱ지구 정상부에서 조사
된 분구묘 유적은 강남 일대 즙석분구묘와 유사하다.[154] 보고서에서
는 분구묘에 사람 머리만한 할석들이 적지 않게 남아 있었다는 점
에서 즙석분구묘로 분류하였으며 3세기 후반 말엽에서 4세기 전반
이른 시기 축조된 것으로 보았다.[155] 분구 안에서 토광 2기, 土葬 2
기, 석곽 1기, 옹관 4기 등이 조사된 다장묘로 주구토광묘와 구별된
다. 같은 B-Ⅱ지구 안에서는 단순 토광묘도 17기 조사되었는데, 묘
광이 등고선과 직교하는 것과 평행하는 것이 혼재한다. 토광묘도
분구묘와 비슷한 시기로 본다. 중서부 지역에서는 원삼국기와 달리
한성기에는 주구토광묘가 줄고 단순토광묘가 증가하는데 원삼국기

교 백제연구소, 120～121쪽.

151 김재붕, 1974, 「百濟舊都 稷山考」, 『朝鮮學報』 70.

152 『三國史記』 권35, 雜誌4, 地理2, 白城郡, "蛇山縣 本高句麗縣 景德王因之 今
稷山縣".

153 『三國史記』 권25, 百濟本紀3, 개로왕 21년 9월, "於是 盡發國人 烝土築城 卽
於其內作宮室樓閣臺榭 無不壯麗 又取大石於郁里河 作槨以葬父骨 緣河樹堰
自蛇城之東 至崇山之北".

154 임영진, 2005, 앞의 논문, 6～7쪽.

155 이남석·서정석, 2000, 『斗井洞遺蹟』, 公州大學校博物館·天安市經濟開發事業
所, 303～314쪽.

아산·천안 일대 유적과 차이를 보이고 있다. 용인 기흥구 신갈동, 공세동, 상갈동, 수지구 대덕골 등에서는 등교선 직교하는 주구토광묘·단순토광묘 등이 조사되는데, 기흥구에서 탄천을 따라 올라가면 송파·강남구 일대가 나온다. 두정동 유적은 탄천 일대 유적과 연결될 수 있음을 의미한다. 이러한 점에서도 천안 직산 일대 세력과 서울 강남 일대 세력이 밀접했을 가능성이 있다.

천안 북부도 목지국에 포함될 수 있다는 점을 고려하면 백제국을 이룬 세력은 본래 목지국의 屬邑이 아니었을까 한다. 대략 2세기 후반에서 3세기 전반에 목지국 진왕이 북쪽으로 세력을 확대하여 한강 중류 지역을 차지하고 국경 부근으로 속읍 세력의 일부를 옮겼는데, 국경 지역으로 이주하는 대가로 읍에서 국으로 승격시켜 준 것이다. 이 과정에서 본래 사용하던 뱀재라는 이름이 옮겨졌고, 직산에 위례성 전승이 남게 된 것이다. 풍납토성 하층에서 심발형토기, 장란형토기 등이 증가하는 현상은 이와 관련하여 생각해볼 수 있겠다.

백제가 한성기에 경기 남부 및 충청 일대를 우호적 합병 형태로 영향력을 확대하기 위해서는 목지국계 세력과의 군사적 충돌이 없어야 한다. 백제 스스로가 목지국에서 파생한 국가라면 그러한 충돌을 피할 수 있다. 특히 백제국 왕이 진왕의 가계에서 나왔다면 목지국의 역사가 백제 초기 역사에 편입되는 것도 자연스럽다. 앞서 살펴본 대로 주구토광묘에서 많이 보이는 원저단경호+발형토기 조합은 본계현 일대 유적, 남양주 금남리 유적 등과 통한다는 점에서 목지국은 고구려와 연결될 수 있다. 기원전 1세기 후반 고구려 동명성왕 무렵에 온조와 비류가 고구려에서 나왔다는 전승은 목지국과 관련될 수 있는 것이다. 강남 일대의 적석총 축조는 3세기 중엽 한강 유역으로 집결한 예 지역 세력 중 고구려인과 연결지을 수 있다. 고구려는 1~3세기에 중국 세력과 여러 차례 전쟁을 벌일 정도로 군사력이 좋았던 나라였기 때문에 한강 유역에 집결한 여러 세력 중에서 두각을 나타냈을 만하다.

정리하면 목지국에서 백제로 중심 세력이 변화한 것은 백제에 의해 목지국이 무너졌기 때문이 아니었다. 기리영 전투 이후 중국 세력의 침략을 막기 위해 한강 유역으로 마한의 여러 소국과 예의 일부 세력이 군사적 집결을 하면서 중심의 변화가 일어났을 따름이다. 이 과정에서 목지국 辰王家와도 관련이 있던 백제국 수장이 연맹의 대표로 부상한 것이다. 계속해서 백제국 수장은 군사적으로 탁월한 역량을 지닌 고구려 출신을 중용하여 적석총 축조도 늘어난 것이다. 이러한 군사 집결 과정에서 목지국 국읍 주민도 많이 참여하면서 본래 국읍이었던 아산 일대가 위축된 것이다. 즉 목지국은 군사적으로 백제에 병합된 것이 아니라 삼한 전체의 왕인 진왕의 국읍이 바뀌면서 쇠퇴한 것이다. 다만 목지국과 백제국은 같은 진왕가 일원이었기 때문에 백제본기에서는 한 세력의 역사로 녹아들어갔다. 고이왕과 비류왕의 비정상적인 왕위 계승에 목지국에서 백제국으로의 진왕 교체가 반영되었을 것으로 보인다.

V. 맺음말

이 글은 목지국을 통해 삼한 시대 아산의 정치적 위상 등을 살핀 것이다. 목지국 진왕은 『후한서』에서 삼한 전체의 왕으로 소개되어 있으며, 『삼국지』에는 진왕이 목지국을 다스린다고 하였다. 『삼국지』 등에서 삼한은 韓國으로도 표현된다. 목지국의 위치는 인천, 천안, 아산, 청주, 예산, 공주 인근, 금강 유역, 익산 등 여러 지역이 언급되는데, 최근에는 아산이 주목되고 있다. 이 글에서는 아산이 목지국일 수밖에 없는 이유를 살펴보았다.

『삼국지』, 『후한서』 등에서 고조선 준왕과 관련 있는 韓王의 후손이 절멸하였다고 전하는데, 익산을 포함한 만경강 일대가 초기 철기 시대에 군집묘를 이루는 등 발전하다가 쇠퇴한다는 점에서 준왕계 세력이 있던 곳으로 본다. 이러한 세력이 무너진 뒤 목지국 진왕이 들어섰다고 전하므로, 준왕의 후손을 절멸시킨 것은 목지국이 된다. 그런데 목지국 관련 기록의 핵심 시대라 할 수 있는 2~3세기경 대표적인 무기인 鐵矛의 분포와 밀집도를 통해 목지국은 충청 내륙 세력이었음을 파악할 수 있다. 대략 주구토광묘(등교선과 평행한 매장 주체부), 유개대부호, 동물형대구, 단경호, 심발형토기 등의 공통성을 보여주는 아산, 천안, 청주, 세종, 공주 일대가 목지국의 범위로 주목된다. 이 지역 중에서 아산 일대가 원삼국기 분묘의 유물 부장량이 우수했다가 한성 백제기에 위상이 추락하는 모습을 보이고 있어 목지국의 정황에 가장 맞아떨어진다. 이런 점에서 목지국의 국읍은 아산에 있었다고 보는 것이 타당하다.

목지국의 국읍은 백제 온조왕의 마한 복속과도 관련해서 논의된다. 이 사건은 3세기 후반 이후에 백제가 목지국을 복속한 내용을 담은 것이 아니라 3세기 이전에 목지국이 준왕계 한왕 세력을 복속한 사건으로 보아야 한다. 고고학적으로 3~5세기에 백제가 경기 남부 및 충청 일대로 군사적으로 팽창해나갔다고 보기 어려운 부분이 있기 때문이다. 특히 목지국은 고구려와 관련될 수 있는 부분이 있다. 목지국 지역에서 보이는 주구, 원저단경호, 심발형토기(화분형토기) 조합은 기원전 2~1세기 유적으로 보는 남양주 금남리 유적에서도 보인다. 여기서는 삼각점토대토기가 화분형토기로 대체되는 양상을 보인다. 그런데 더 올라가서 요동 동부의 本溪縣 일대 초기 철기 유적에서는 단경호와 점토대토기(발) 조합이 보인다. 이 지역은 고구려의 별종인 소수맥(양맥)이 있던 곳으로 본다. 목지국이 고구려에서 나왔을 가능성이 높다는 것은 백제 시조 온조가 고구려에서 나왔다는 전승과 연관될 수 있다. 즉 백제본기에 목지국의 역사가 포함될 수 있음을 의미한다. 『삼국사기』 백제본기에서 온조왕이 마한 복속 이후 대두산성과 탕정성을 쌓고 아산에서 사냥한 기사도 목지국의 역사로 보인다.

大豆山城의 大豆는 큰 마을과 연관지을 수 있는 大斗, 大頭와 관련이 있다는 점에서 본래 큰마을(큰말)로 불렸을 것이다. 큰마을은 한 나라의 수도를 의미한다. 신라의 건모라나 백제의 한성도 큰 마을의 의미를 지니고 있다. 이런 점에서 대두산성이 목지국의 도성이라 하겠다. 대두산성은 아산 일대로 비정되는데, 배방읍 일대가 주목된다. 배방읍 지역은 木村部曲이 있었던 곳으로 목지국과 관련되기도 한다. 특히 배방읍 갈매리 일대에서는 원삼국기 목책 유적이나 지상 건물지 등이 조사되었다. 갈매리라는 지명도 그머리에서 유래하는데, 그머리는 큰머리와 유사하여 大頭, 大豆로 연결시킬 수 있다.

또한 대두산성의 백성을 옮겨 탕정성을 쌓았다는 점에서 탕정성

역시 대두산성과 함께 목지국의 국읍을 이루었던 것으로 보인다. 백제 한성에 남성과 북성이 있었던 것처럼 목지국의 도성도 대두산성(배방읍 갈매리)과 탕정성(탕정면 일대) 兩城으로 구성되었던 것이며, 宮城은 배방읍 갈매리 목책 유구가 조사된 산56-1 일대에 있었던 것으로 보인다.

『후한서』, 『삼국지』 등의 기록으로 보아 목지국 진왕을 삼한 전체의 왕으로 보는 것은 큰 무리가 없다. 특히 충청 내륙 세력은 주구토광묘의 분포로 볼 때 원삼국기에 점차 세력을 확대하여 용인, 여주 등 경기 남부와 대전 지역으로 세력을 넓혀갔다. 또한 마한 지역 전체적으로 4주식 주거지나 타날문토기가 확산된다는 점 등을 통해 주구토광묘권 이외의 마한 지역에도 목지국의 영향력이 어느 정도 있었던 것으로 보인다. 인천·김포 일대의 신리국(신분고국), 서산·당진 일대의 염사국도 목지국이 마한으로 흡수하여 재편하였다. 변·진한이 있었던 영남 지역도 유개대부호, 동물형대구 등을 통해 목지국 진왕과 어느 정도 관계를 지녔음을 알 수 있다. 즉 목지국 진왕은 경기 남부 및 충청 중·동부 일대의 주구토광묘권을 주도하면서 한의 다른 소국들에도 어느 정도 정치적 권위를 인정받는 위치에 있었던 삼한 전체의 왕이었다. 이런 점에서 아산 배방읍 갈매리 일대는 삼한(한국)의 중심 중에 중심이었다고 하겠다.

이렇게 큰 세력을 떨치던 목지국이 4세기 이후 기록에서 사라진 이유는 무엇인가. 이는 백제의 성장과 관련이 있다는 것은 주지의 사실이다. 다만 고고학적으로 3~4세기에 백제가 경기 남부 및 충청 일대를 무력으로 복속해 나갔다고 보기 어려운 점이 있다. 최근 고고학에서 백제의 마한 지역으로의 확산을 우호적 합병의 관점에서 보기 시작하였다. 군사적 대립이 아닌 방식으로 백제가 목지국과 관련 있는 주구토광묘권을 넘어 확산된 양상을 보이는 것이다. 이런 변화의 계기는 246~247년 무렵에 일어난 한과 魏의 전쟁이 컸다. 이 전쟁 이후 한은 중국 세력의 재침에 대비해야 하였고 이 과정에서 한강 중류 일대로 한과 濊의 여러 세력의 군사적 결집이 이루어졌다. 그런데 주둔 기간이 길어지면서 여러 소국의 연합군을 지휘하는 세력의 영향력이 확대되었고 이 과정에서 목지국에서 백제국으로의 중심 이동이 이루어진 것이다.

다만 백제국은 목지국과 무관한 세력이 아니었고 천안 직산 일대에 있던 목지국 屬邑 세력 중 하나였다. 2세기 후반에서 3세기 무렵 목지국이 북쪽으로 세력을 확대하는 과정에서 국경 방비를 위해 직산 일대의 속읍을 한강 중류 지역으로 이주를 시켰고 국경 방비의 역할을 수행하도록 국으로 승격시킨 것이 백제국이다. 그런데 중국 세력과의 장기간에 걸친 군사적 긴장으로 목지국 辰王家의 일원이었던 백제국 수장이 연맹의 대표로 부상하여 韓의 국읍이 옮겨지면서 목지국이 위축된 것이다. 즉 목지국은 군사적으로 백제에 병합된 것이 아니라 삼한(한국) 전체의 왕인 진왕의 국읍이 바뀌면서 쇠퇴한 것이다. 다만 목지국과 백제국은 같은 진왕가 일원이었기 때문에 백제본기에서는 한 세력의 역사로 녹아들어간 것이다.

고고자료로 본
고대 아산지역 정치체의 성장과 변동 과정

: 백제와의 관계를 중심으로

최영주

Ⅰ. 머리말

아산시는 호서 북부지역으로 아산만과 인접해 있으며, 아산시 북쪽으로는 평택시, 서쪽으로는 당진시와 예산군, 동쪽으로는 천안시, 남쪽으로는 공주시와 접하고 있다. 아산만으로 유입되는 곡교천과 지류 하천을 따라 개석지와 충적지가 발달하였다. 아산시는 남고북저의 지형으로 중앙이 낮고 평평한 충적평야로 이루어졌다. 아산지역은 곡교천을 중심으로 형성된 곳으로 주요한 유적도 하천을 중심으로 분포하고 있다. 이에 본 발표에서는 곡교천유역의 주요한 유적을 포함하여 논지를 전개하고자 한다.

고대 아산지역은 곡교천 상류 인근의 천안 청당동유적에서 3~4세기대 분묘군이 여러 차례 발굴되어[1] 원삼국시대의 무덤 양상을 알 수 있었다. 이후 2000년부터 개발로 여러 유적이 발굴되어 목지

---

[1] 국립중앙박물관, 1990, 『천안 청당동유적 발굴조사보고』; 국립중앙박물관, 1991, 『천안 청당동(2차)』; 국립중앙박물관, 1992, 『천안 청당동(3차)』; 국립중앙박물관, 1993, 『淸堂洞』; 국립중앙박물관, 1995, 『淸堂洞』.

국으로 비정되기도 하였다[2]. 대표적인 유적으로는 아산 용두리 진터유적[3], 명암리 밖지므레유적[4], 명암리유적[5], 갈산리유적[6], 갈매리유적[7], 공수리유적[8], 북수리유적[9] 등이 있다. 이외에 5세기대 백제와 관련된 유적[10] 등이 확인되기도 하였다. 이러한 발굴 성과를 바탕으로 아산지역의 마한과 백제 유적을 종합한 총서가 발간되었다[11].

이렇듯 새로운 발굴 성과를 토대로 아산지역을 포함한 곡교천유역 정치체의 성격을 밝히는 연구가 집중적으로 이루어졌다. 대체로 묘제[12]와 출토 유물[13]을 중심으로 축조 집단의 성격과 지역간 교류

---

2 아산시·고려대학교 한국사연구소, 2022, 『아산의 마한·백제』(아산시 자료총서 3); 이상엽, 2008, 「아산지역 마한시기 유적의 현황과 성격-아산 밖지므레유적을 중심으로」, 『충청학과 충청문화』 7; 충청남도 아산시청, 2017, 『牙山市誌 Ⅰ』; 최욱진, 2018, 「아산지역 2~5세기 고대유적의 현황과 의미」, 『先史와 古代』 55, 한국고대학회.

3 忠淸文化財硏究院, 2011, 『牙山 龍頭里 진터遺蹟(Ⅱ)』.

4 충청남도역사문화연구원, 2011, 『牙山 鳴岩里 밖지므레遺蹟』.

5 忠淸文化財硏究院, 2011, 『牙山 鳴岩里遺蹟(12지점)』.

6 백제문화재연구원, 2014, 『아산 갈산리 유적-초등학교 건설 부지 내』.

7 國立公州大學校博物館, 2007, 『아산 갈매리유적(Ⅰ지역)』; 충청남도역사문화연구원, 2007, 『아산 갈매리유적(Ⅱ지역)』; 고려대학교 고고환경연구소, 2007, 『아산 갈매리유적(Ⅲ지역)』; 금강문화유산연구원, 2017, 『아산 갈매리 목책유적』.

8 기호문화재연구원, 2020, 『아산 공수리유적』.

9 中部考古學硏究所, 2018, 『牙山 北水里遺蹟』; 동아세아문화재연구원, 2018, 『아산 북수리유적』; 호남문화재연구원, 2018, 『아산 북수리유적 Ⅰ·Ⅱ』.

10 國立公州大學校博物館, 2000, 『용원리 고분군』; 國立公州大學校博物館, 2000, 『두정동유적』; 충청남도역사문화연구원, 2007, 『牙山 草沙洞遺蹟』; 한얼문화유산연구원, 2022, 『아산 갈산리 437-7번지 유적』.

11 아산시·고려대학교 한국사연구소, 2022, 『아산의 마한·백제』(아산시 자료총서 3).

12 강지원, 2012, 「원삼국기 중서부지역 토광묘 연구: 궐동유적·진터유적·마두리

양상과 의의를 논의하였다. 이러한 연구 성과를 바탕으로 아산지역을 포함한 곡교천유역 정치체의 성격과 추이 분석이 되었지만, 백제와의 관계나 편입 시기는 검토가 미진하다. 이는 관련된 연구가 일부 진행되었지만, 발굴자료가 매우 부족한 점에 기인한다.

이에 본 발표에서는 묘제를 중심으로 아산지역 정치체의 성장과 변동 과정을 검토하고자 한다. 먼저 기존의 연구 성과를 바탕으로 단계를 구분하고 각 단계의 특징을 파악한 다음에 정치체의 성격을 검토하고자 한다. 다음으로는 아산지역 정치체의 성장과 변동 과정을 백제와의 관계라는 측면에서 곡교천유역 정치체가 언제 백제에 편입되고 그 이후의 지배 방식은 어떠했는지를 종합적으로 살펴보겠다.

유적·용호리유적을 중심으로」, 공주대학교 대학원 석사학위논문; 박중균, 2010, 「周構土壙墓의 時·空間的 分布와 樣相」, 『충북사학』 24, 충북대학교 사학회; 신기철, 2018, 「2~4세기 중서부지역 주구토광묘와 마한 중심세력 연구」, 『호서고고학』 39, 호서고고학회; 이상엽, 2008, 「아산지역 마한시기 유적의 현황과 성격-아산 밖지므레유적을 중심으로」, 『충청학과 충청문화』 7; 이현숙, 2018, 「곡교천유역의 원삼국시대 유적현황과 의미」, 『곡교천 역사시대로 흐른다』(천안박물관 10주년 기념 특별전), 천안박물관; 최욱진, 2018, 「아산지역 2~5세기 고대유적의 현황과 의미」, 『先史와 古代』 55, 한국고대학회; 조성윤, 2019, 「2~4세기 곡교천유역 묘제 변천과 집단의 동향」, 『백제문화』 61, 공주대학교 백제문화연구소.

13 박형열, 2015, 「원삼국시대 유개대부호의 편년」, 『호남고고학보』 50, 호남고고학회; 신민철, 2014, 「곡교천유역 원삼국시대 원통형토기의 성격과 의미」, 『호남고고학보』 46, 호남고고학회; 이상엽, 2018, 「원통형토기를 통해 본 3세기 중반 이후 곡교천유역의 사회상 검토」, 『先史와 古代』 55, 한국고대학회; 서현주, 2018, 「곡교천유역의 원삼국시대 유물과 주변지역과의 관계」, 『곡교천 역사시대로 흐른다』(천안박물관 10주년 기념 특별전), 천안박물관; 원해선, 2024, 「유개대부토기를 통해 본 마한과 진·변한과의 교류관계」, 『한국상고사학보』 126, 한국상고사학회.

Ⅱ. 아산지역 고분의 특징

1. 아산지역 고분의 단계 설정

아산지역 묘제의 단계 설정은 매장시설의 특징과 출토 유물을 통해 구분할 수 있다[표 1]. 단계는 기존 성과를 바탕으로[14], 크게 3시기로 구분이 가능하다. Ⅰ기는 2세기 중엽~3세기 전엽으로, 매장시설은 주구토광묘(중소형)가 주류인데, 주구가 없는 단순토광묘도 확인된다. 대표적인 유적은 용두리 진터유적 가-5호·17호·20호 토광묘, 진터유적 3호·8호·16호 주구토광묘, 명암리 밖지므레유적 2-1지점 7·10호 주구토광묘, 2-2지점 1호~4호 주구토광묘 등이 있다.

출토 유물로는 토기류와 금속류가 확인된다. 토기류는 경질무문토기(심발형토기·옹형토기·시루·완형토기), 타날문토기(심발형토기·장란형토기·시루·원저호·양이부호·유개대부호)가 확인된다. 그중에서도 원저단경호와 원저심발형토기는 원저단경호와 평저심발형토기로 변화하고, 유개대부호가 특징적으로 확인된다. 이는 경기 남부와 호서 북부, 영남 동부지역에서 확인된 기종으로 이 지역을 연결하는 교역 루트[15]가 있었던 것으로 보인다. 금속류는 무기류(철검·철촉·철모), 공구류(철겸·철부), 마형대구 등이 출토되었다.

---

14 이현숙, 2018, 「곡교천유역의 원삼국시대 유적현황과 의미」, 『곡교천 역사시대로 흐른다』(천안박물관 10주년 기념 특별전), 천안박물관; 조성윤, 2019, 「2~4세기 곡교천유역 묘제 변천과 집단의 동향」, 『백제문화』 61, 공주대학교 백제문화연구소.

15 서현주, 2016, 「湖西地域 原三國時代 墳墓遺物의 變遷과 周邊地域과의 關係」, 『호서고고학』 35, 호서고고학회; 서현주, 2018, 「곡교천유역의 원삼국시대 유물과 주변지역과의 관계」, 『곡교천 역사시대로 흐른다』(천안박물관 10주년 기념 특별전), 천안박물관.

〔표 1〕 아산지역 묘제의 단계 설정

시기 특징		Ⅰ기 2세기 중엽~3세기 전엽	Ⅱ기 3세기 중엽~4세기 중엽	Ⅲ기 4세기 후엽~5세기 중엽
매장 시설		단순토광묘 주구토광묘(중소형)	주구토광묘(중대형)	목관·목곽 토광묘 석곽묘, 석실묘
대표 고분		용두리 진터유적-가지점 5호·17호·20호 토광묘, 진터유적 3호·8호·16호 주구토광묘, 밖지므레유적 2-1지점 7·10호 주구토광묘, 2-2 지점 1~4호 주구토광묘, 청당동유적	밖지므레유적 2-2지점 23호·26호 주구토광묘, 3지점 1호 토광묘, 1호 주구토광묘, 갈산리유적(초등부지) 1호 주구토광묘, 청당동유적 22호 주구토광묘	명암리 12지점 1호~5호 주구토광묘, 12-2지점 석곽묘, 북수리유적, 초사동유적, 갈산리 437-7번지유적, 천안 두정동유적
대표유물	토기류	마한토기 경질무문토기(심발형토기·옹형토기·시루·완형토기), 타날문토기(심발형토기·장란형토기·시루·원저호·양이부호) **원저단경호+원저심발형토기→원저단경호+평저심발형토기, 유개대부호**	마한토기 원저단경호, 원저소호, 발형토기, 유공소호, 조형토기, 이중구연호, 광구평저호, 직구평저호 원저단경호+평저심발형토기, **원통형토기**	백제토기 광구장경호, 평저호, 고배, 삼족토기, 심발형토기, 유개직구호, 직구단경호, 흑색마연토기
	금속류	무기류(철검·철촉·철모), 공구류(철겸·철부), **마형대구**	무기류(**환두도**·철촉·철모), 공구류(철부·철도자), 마구류(재갈·청동마탁), 단야구(철착), **양단환봉철기, 곡봉형대구**	장신구류(금동관모편·이식), 마구류(재갈:표비·판비)
기타		방형 주거지(4주식)	금박유리구슬	제철유적-제철로, 슬래그 육각형 주거지

　Ⅱ기는 3세기 중엽~4세기 중엽으로, 매장시설은 중대형의 주구
토광묘가 주류이고 일부 단순토광묘가 확인된다. 대표적인 유적은
명암리 밖지므레유적 2-2지점 23호·26호 주구토광묘, 3지점 1호
토광묘, 1호 주구토광묘, 갈산리유적 1호 주구토광묘, 청당동유적
22호 주구토광묘 등이 있다.

[그림 1] 곡교천유역 유적 분포도

주요유적: 1. 아산리 용두리 진터유적, 2. 아산 명암리 밖지므레유적, 3. 아산 명암리유적(12지점), 4. 아산 갈산리유적(초등학교 건설부지), 5. 아산 갈산리 437-7번지유적, 6. 아산 공수리유적, 7. 아산 북수리유적, 8. 아산 갈매리유적, 9. 아산 갈매리 목책유적, 10. 아산 초사동유적, 11. 천안 청당동유적, 12. 천안 용원리유적, 13. 천안 운전리유적, 14. 천안 화성리유적, 15. 천안 신풍리유적, 16. 천안 구도리유적, 17. 천안 두정동유적, 18. 천안 도림리유적; 기타유적: 19. 아산 남성리유적, 20. 아산 남성리 584-15번지유적, 21. 아산 대흥리유적, 22. 아산 구성리유적, 23. 아산 와우리·신법리유적, 24. 아산 신양리유적

출토 유물로는 토기류의 원저단경호, 원저소호, 발형토기, 유공소호, 조형토기, 이중구연호, 광구평저호, 직구평저호, 원통형토기 등이 확인된다. 이 시기에는 원통형토기가 출토되는데 앞 시기의 유개대부호를 대체한 것[16]으로 이해된다. 금속류는 무기류(환두도·

---

16 서현주, 2016, 「湖西地域 原三國時代 墳墓遺物의 變遷과 周邊地域과의 關係」, 『호서고고학』 35, 호서고고학회.

철촉·철모), 공구류(철부·철도자), 마구류(재갈·청동마탁), 단야구(철착), 양단환봉철기, 곡봉형대구 등이 출토되었다. 이외에 금박유리구슬의 확인이 주목된다.

Ⅲ기는 4세기 후엽~5세기 중엽으로 매장시설은 목관·목곽의 토광묘, 석곽묘, 석실묘 등이 확인된다. 대표적인 유적으로는 명암리 12지점 1호~5호묘, 12-2지점 석곽묘, 북수리유적, 초사동유적 석곽묘, 갈산리 437-7번지유적 석실묘, 천안 두정동유적 석실묘 등이 해당한다.

출토 유물로는 토기류의 광구장경호, 평저호, 고배, 삼족토기, 심발형토기, 유개직구호, 직구단경호, 흑색마연토기 등의 백제토기가 주로 확인된다. 금속류는 장신구류(금동관모편·이식), 마구류(표비·판비) 등이 출토되며, 제철유적에서 제철로, 슬래그 등이 확인된다. 일부 지역에서는 백제 주거지인 육각형 주거지가 확인되기도 하였다.

2. 단계별 고분의 특징

1) Ⅰ기(2세기 중엽~3세기 전엽)

이 시기 고분은 아산 탕정면 중심으로 분포하는데, 매장시설은 주구토광묘와 단순토광묘이다. 대표적인 유적은 용두리 진터유적과 명암리 밖지므레유적(2지점), 공수리유적을 들 수 있다. 주구토광묘는 등고선과 나란하게 토광묘가 위치하며 등고선 위쪽에 '눈썹형'과 '⊓'형태로 주구가 돌아간다. 무덤은 매장시설을 안치하고 성토한 봉토분으로 이해된다. 모두 봉토 안에는 1개의 매장시설만 설치하는 단장이 기본이고 일정 거리를 두면서 선상으로 단독 조성되었고, 규모는 중소형에 해당한다〔그림 2〕.

단순토광묘는 장축방향이 일정하지만, 규칙적인 배열없이 군집하고 있다. 모두 일정한 간격을 두고 분포하므로 단독 봉분으로 추정되며 규모가 주구토광묘보다 작았을 것이다. 일부 무덤에서는 토광묘 바닥에 나뭇가지를 깐 것이 특징이다.

부장품으로는 토기류와 금속류가 확인된다. 토기류의 가장 큰 특징은 유개대부호와 원저단경호+원저심발형토기(세트) 등이 출토된다는 점이다. 유개대부호는 니질계 태토로 만들었는데, 뚜껑과 대부호의 세트로 구성되어 있다. 유개대부호는 대부호 동체의 형태, 뚜껑의 동체의 형태, 동체 높이와 토기의 높이 비율에 따라 구분된다. 이른 시기의 형식(대부호가 호형이면서 뚜껑이 삿갓형)이 안성천유역에 보이며, 이후 곡교천유역에 집중 분포한다. 그중 아산 공수리유적에서 2세기 중엽경 유개대부호+원저단경호+원저심발형토기 세트가 의례용기로 정착된다. 2세기 후엽에는 아산 용두리 진터유적을 중심으로 다양한 형식의 유개대부호가 출현하고 철제 무기의 부장이 증가한다[17].

원저심발형토기는 원저단경호와 세트를 이루면서 주구토광묘에서 출토된다. 이 기종은 이른 시기부터 부장되다가 3세기 중엽경부터 타날문 심발형토기로 변화한다. 용두리 진터유적 출토품은 제작기법과 기형으로 볼 때 토착계 경질무문토기 요소가 짙게 남아 있

---

17 원해선, 2024, 「유개대부토기를 통해 본 마한과 진·변한과의 교류관계」, 『한국상고사학보』 126, 한국상고사학회.

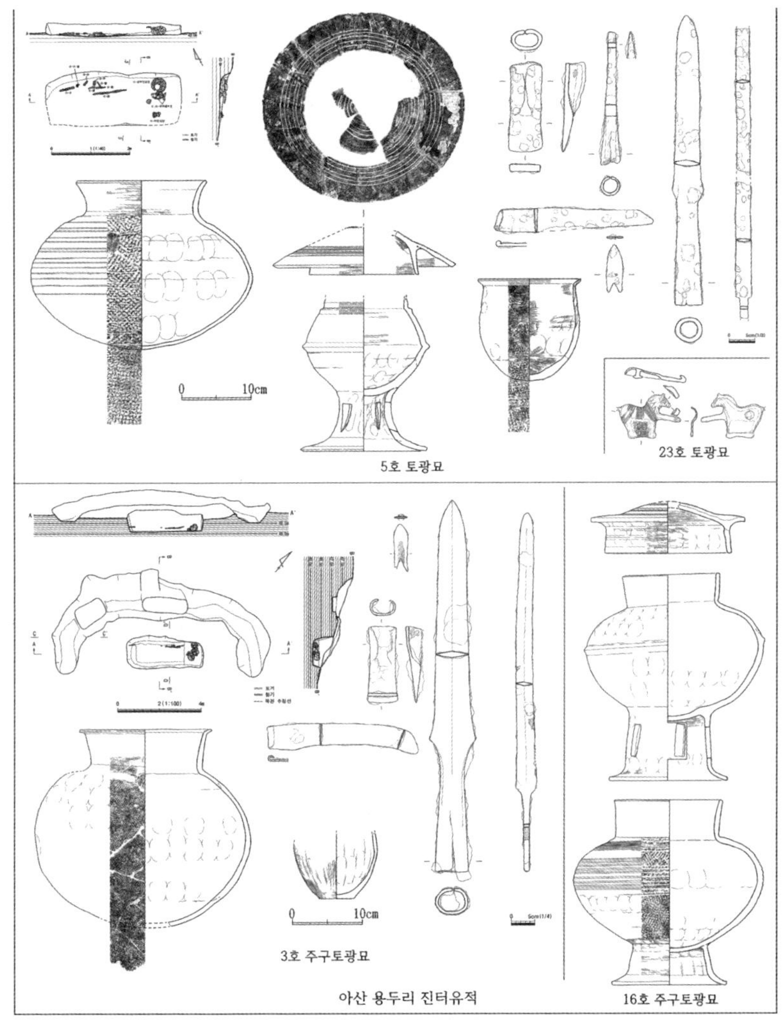

[그림 2] Ⅰ기 고분의 특징

다. 기형은 원저에서 평저로 변화하면서 동체를 타날해 제작하였다.

금속류는 공구류 이외에 철검, 철모, 마형대구의 부장이 특징이

다. 철검은 슴베가 긴 장경식으로 몸체와 슴베 사이의 관부가 직각

이다. 철모는 직기형으로 신부 단면 렌즈형과 마름모형 중에서 몸체와 슴베 사이의 관부가 직각에 가까운 것이 용두리 진터유적에서 철검과 함께 공반되고 있다[18]. 마형대구는 용두리 진터유적에서 출토되었는데, 다리 외곽이 굴곡지게 표현되고 다리 사이에 교차집선문이 시문된 것이 이른 단계, 다리 사이의 문양이 무문이거나 다리 외곽이 직선적인 것이 늦은 단계로 보인다. 이러한 유물의 특징은 평택 마두리유적 1호와 2호 토광묘, 세종 용호리유적, 청주 정중리유적 등과 유사하다.

2) Ⅱ기(3세기 중엽~4세기 중엽)

이 시기 고분은 아산 탕정면 일대와 곡교천 상류인 천안 청당동유적을 중심으로 분포하는데 매장시설은 중대형의 주구토광묘가 대다수이고 단순토광묘는 일부 확인된다. 대표적인 유적은 명암리 밖지므레유적(2지점·3지점), 갈산리유적, 천안 청당동유적이다. 주구토광묘는 대체로 Ⅰ기의 특징과 크게 다르지는 않지만, 규모가 중대형[19]으로 커졌고, 유개대부호를 대신해 원통형토기가 의례용으로 사용되기 시작하며, 환두도와 마구류, 단야구, 곡봉형대구 등의 부장이 특징이다. 주구토광묘는 단순토광묘에 비해 대형화되었다〔그림 3〕.

---

18 김새봄, 2011, 「原三國後期 嶺南地域과 京畿·忠淸地域 鐵矛의 交流樣相」, 『한국고고학보』 81, 한국고고학회.

19 주구토광묘 묘광의 규모는 소형(3.7㎡미만), 중형(3.76~7.25㎡), 중대형(7.26~10.25㎡), 대형(10.26㎡ 이상)으로 구분된다. 중소형은 대체로 7.25㎡ 미만에 해당하고, 중대형은 7.26㎡ 이상에 해당한다(조성윤, 2019, 「2~4세기 곡교천 유역 묘제 변천과 집단의 동향」, 『백제문화』 61, 공주대학교 백제문화연구소).

2-1지점 16호 주구토광묘
2-2지점 23호 주구토광묘
1. 아산 명암리 밖지므레유적
1호 주구토광묘
2. 아산 갈산리유적(초등학교 건설 부지 내)

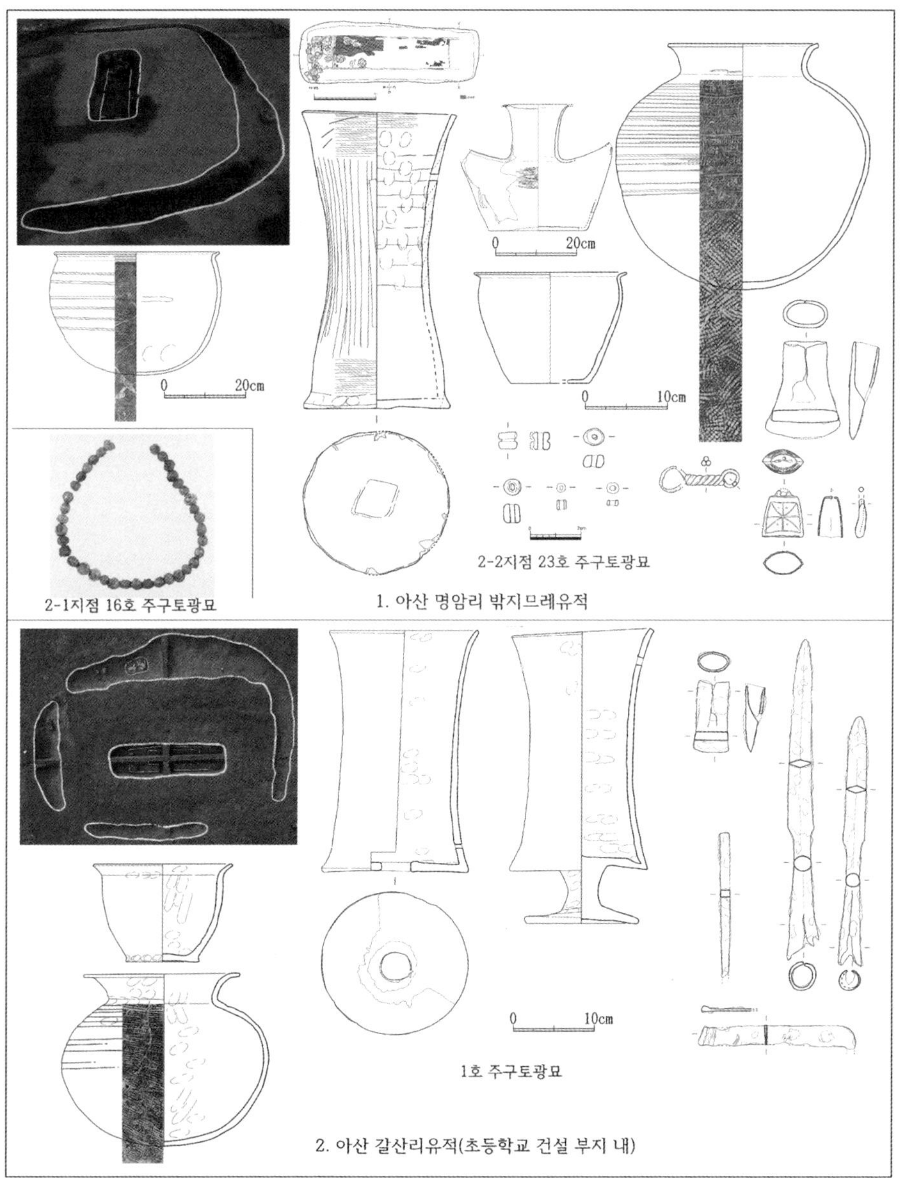

[그림 3] Ⅱ기 고분의 특징

매장시설인 토광묘는 대체로 장방형과 세장방형 목관의 형태를 보이며, 관과 토광 사이에 유물이 부장되는데, 한쪽에 치우친 편단 부장과 양단 부장, 장벽 부장 등으로 구분된다. 대체로 유물 부장 양상은 편단에서 양단으로, 다시 장벽 부장으로 변화한다[20].

부장품 중 토기류는 타날문계 토기가 주류를 이루면서 원저단경호와 평저발형토기가 세트로 출토되었다. 기존의 유개대부호는 원통형토기로 대체되어 의례용으로 부장되기 시작한다. 원저단경호는 동체부 타날 문양에 집선문이 추가되며, 동체부는 구형화, 구연부는 짧게 직구화되는 방향으로 변화한다.

원통형토기는 명암리 밖지므레유적, 갈산리유적, 갈매리유적, 청당동유적 등에서 출토되었다. 토기는 니질계로 기고는 20~40㎝ 정도이며, 동체부 중앙에서 상하단부로 외반된 장고모양을 하고 있다. 저부는 평저와 평저에 대부가 부착된 경우가 있으며, 동체 상하단과 저부는 투공되기도 하였다. 원통형토기의 기원과 기능과 관련된 다양한 견해[21]들을 따르면 분묘 의례에서 사용된 것으로 보이며, 유개대부호 소멸 이후에 출현하고 있다.

---

20 조성윤, 2019, 「2~4세기 곡교천유역 묘제 변천과 집단의 동향」, 『백제문화』 61, 공주대학교 백제문화연구소.

21 신민철, 2014, 「곡교천유역 원삼국시대 원통형토기의 성격과 의미」, 『호남고고학보』 46, 호남고고학회; 이상엽, 2009, 「중서부지역 출토 원통형토기의 성격 검토」, 『선사와 고대』 31; 이상엽, 2018, 「원통형토기를 통해 본 3세기 중반 이후 곡교천유역의 사회상 검토」, 『先史와 古代』 55, 한국고대학회; 임영진, 2003, 「한국 분주토기의 기원과 변천」, 『호남고고학보』 17, 호남고고학회; 임영진, 2015, 「한국 분주토기의 발생과정과 확산배경」, 『호남고고학보』 49, 호남고고학회; 최영주, 2018, 「韓國 墳周土器 研究 - 분포 양상과 변천과정, 고분 의례과정을 통해」, 『湖西考古學』 40, 호서고고학회.

금속류는 기존의 공구류와 함께 환두도가 부장되기 시작하며 곡봉형대구, 양단환봉철기 이외에 마구류(재갈·청동마탁), 단야구(철착) 등이 출토된다. 철모는 관부가 호형인 직기형과 연미형이 주류를 이룬다. 금박유리구슬은 명암리 밖지므레 2-1지점 16호 주구토광묘, 2-2지점 23호 토광묘, 4호·13호·27호 주구토광묘에서 출토되었다. 이 유물은 한반도에서 제작된 것이 아닌 대외교섭의 산물로 곡교천 일대에 집중 분포하고 있다.

3) Ⅲ기(4세기 후엽~5세기 중엽)

이 시기 고분은 기존 중심지인 곡교천 북안의 탕정면 일대와 곡교천 남안의 배방읍 일대, 곡교천 남안의 지천인 오목천 일대, 천안천 상류와 병천천 일대를 중심으로 분포하는데 매장시설은 토광의 목관묘·목곽묘, 석곽묘, 석실묘가 확인된다. 대표적인 유적은 명암리 12지점 1호~5호 주구토광묘, 12-2지점 석곽묘, 북수리유적 토광묘, 초사동유적 석곽묘, 갈산리 437-7번지유적의 토광묘와 석실묘를 들 수 있으며 인근의 천안 두정동과 용원리, 도림리유적과 구도리유적에서는 석곽묘가 확인된다[그림 4].

토광묘는 내부의 목관이나 목곽의 흔적이 명확하게 확인된다. 목관의 밖에서는 한성기 백제 토기가 부장되며, 일부에서는 금제이식 등이 출토되었다. 석곽묘는 장축방향이 등고선과 직교하고 내부에서 한성기 백제 토기가 출토되었다. 석실묘는 한성기의 특징(방형+궁륭형?+우편재+개구식+뉘어쌓기)을 보이며, 인근의 두정동유적의 석실묘 축조 방법과 출토 유물이 비슷하다.

기존의 묘제인 주구토광묘에 백제 토기가 부장되는 양상과 백제 수혈식석곽묘가 조성되면서 백제 토기가 부장되는 양상, 횡혈식석실묘가 조성되고 마구류가 부장되는 양상은 이 지역이 점차 백제의 간접적인 지배력이 미치는 결과로 이해된다. 이외에 천안 구도리와 도림리유적의 석곽묘에서는 왜계 자료가 출토되어 백제와 왜의 교류와 루트를 이해하는 데 매우 중요한 자료로 평가된다.

출토 유물 중 토기류는 광구장경호, 고배, 삼족토기, 직구단경호, 흑색마연토기 등의 백제토기가 확인된다. 이는 기존의 토기 조합인 원저단경호＋원저심발형토기＋유개대부호에서 원저단경호＋평저심발형토기＋원통형토기로 변화하다가 평저(원저)단경호＋심발형토기＋한성기 백제토기의 조합으로 변화하는 부장 양상이다[22]. 광구장경호는 경부가 길어지고 외반도가 커지며 경부의 문양은 무문에서 돌대나 파상문이 시문되는데 한성 2기에 성행한 특징이다. 직구(광견·단경)호는 견부에 문양이 없는 것과 있는 것(횡침선＋사격자문, 횡침선＋파상문, 파상문)이 함께 출토된다. 이러한 유물은 명암리유적과 갈산리 437-7번지유적, 북수리유적과 인근의 천안 용원리, 화성리유적 등에서 출토되었다.

금속류는 장신구류인 금동관모편이 천안 용원리 9호 석곽묘에서 출토되었다. 백제 이식은 소량이지만 북수리유적 토광묘에서 출토되는데, 이식만 확인된 경우는 한강-안성천유역권[23]에서 주로 확인된다. 갈산리 437-7번지유적 5호·15호·16호 토광묘에서는 재갈류

---

22 최욱진, 2018, 「아산지역 2~5세기 고대유적의 현황과 의미」, 『先史와 古代』 55, 한국고대학회.

23 이현숙, 2011, 『4~5세기대 백제의 지역상 연구』, 고려대학교대학원 박사학위 논문.

1호 주구토광묘
1. 아산 명암리유적
4호묘
5호묘
2호 석곽묘
2. 아산 초사동유적
5호 토광묘
1호 횡혈식석실묘
3. 아산 갈산리 437-7번지유적

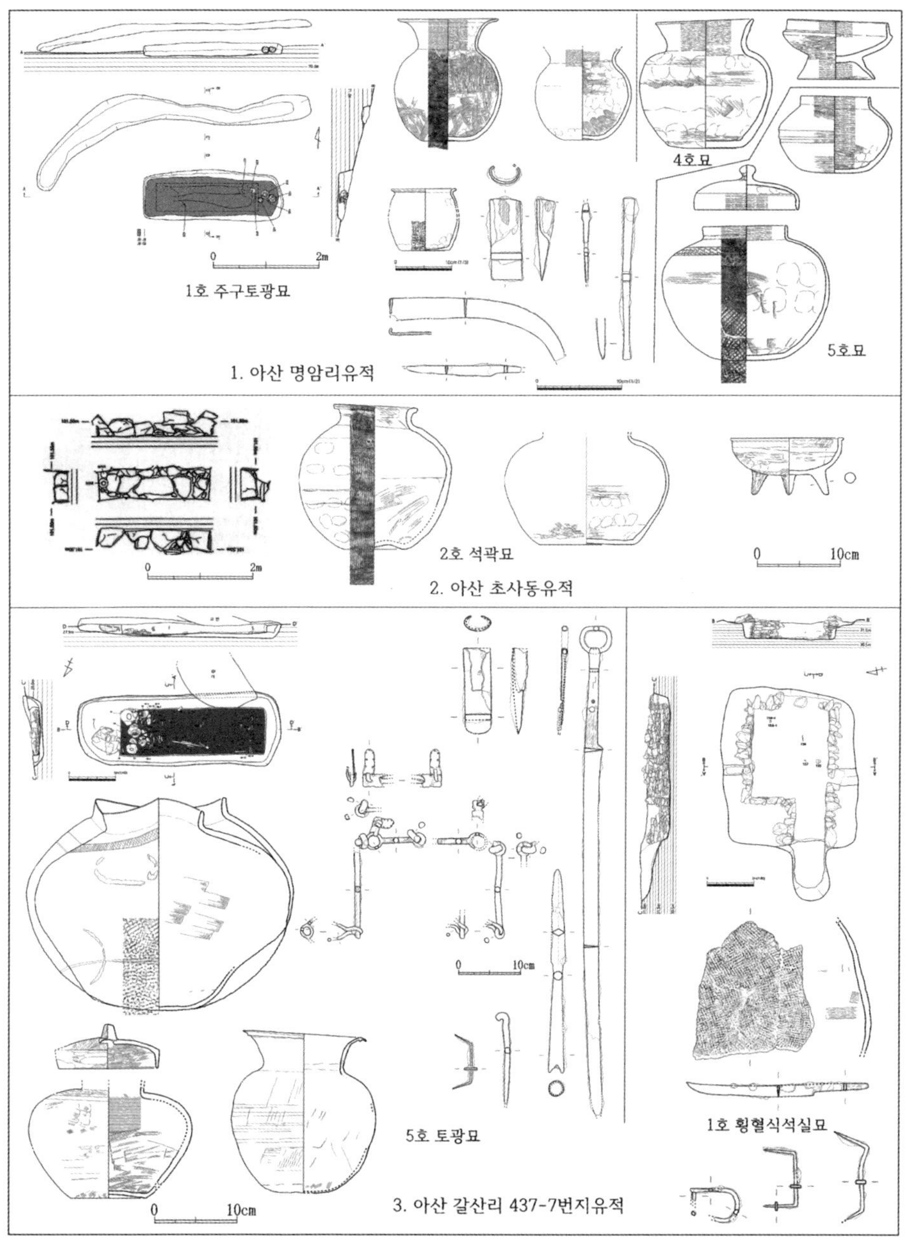

〔그림 4〕 Ⅲ기 고분의 특징

인 표비와 판비 등이 출토되었다. 이외에 두정동유적에서 출토된 마구류(표비·판비)는 중국 동북지역의 선비계 마구류가 백제 중앙을 거쳐 유입[24]된 것으로 이해된다. 인근의 천안 화성리유적의 토광묘에서는 금은상감의 환두대도가 출토되었다[25]. 이외에 아산 갈매리유적에서 백제의 육각형 주거지가 확인되기도 하였다.

Ⅲ. 정치체의 성장과 변동 과정

1. 정치체의 출현

곡교천 북안의 탕정면 일대 용두리 진터유적과 남안의 공수리유적에서 단순토광묘가 2세기 중엽경에 등장하기 시작한다[26]. 토광묘에서 원저단경호＋원저심발형토기, 유개대부호가 세트로 확인되며 매장 의례와 관련된 것으로 이해된다. 3세기 전후에 용두리 진터유적과 명암리 밖지므레유적에서 기존 토광묘에 주구가 부가되는 주구토광묘가 등장하기 시작한다. 주구토광묘는 주구 안쪽까지 봉분을 조성하여 기존 토광묘의 봉분보다는 크게 조성된 것으로 보인

---

24 이현숙, 2018, 「곡교천유역의 원삼국시대 유적현황과 의미」, 『곡교천 역사시대로 흐른다』(천안박물관 10주년 기념 특별전), 천안박물관

25 國立公州博物館, 1991, 『천안 화성리백제묘』.

26 2세기 중엽 이후 곡교천유역 일대를 비롯한 오산, 평택, 천안 등 중서부 각지에서 집단 묘역이 형성되고 유사한 분묘가 축조되는 일련의 문화 변동을 『삼국지』 위서 동이전 한전의 기록을 통해 이해하기도 하였다. 이는 2세기 중후엽을 전후하여 서북한지역의 유이민이 남한지역으로 유입됨에 따라 묘제 문화가 중서부지역 각지에 파급된 것으로 이해하였다(조성윤, 2019, 「2~4세기 곡교천유역 묘제 변천과 집단의 동향」, 『백제문화』 61, 공주대학교 백제문화연구소).

다. 기존 토광묘의 부장 유물과 큰 차이가 없으므로 앞 시기의 전통을 그대로 이어받은 것으로 보인다.

곡교천유역 일대를 포함한 호서 북부지역은 경기 남부지역과 문화적 양상이 매우 비슷하다. 매장시설은 단순토광묘가 출현하고 이후 주구토광묘가 등장하면서 공존하는 양상이다. 부장 유물은 대체로 원저단경호와 원저심발형토기, 유개대부호, 철검, 관부직각이나 돌출(이단 포함) 직기형철모, 철착, 철촉, 판상철부형 철기, 마형대구이다. 대표적인 유적은 경기 남부지역의 평택 마두리유적, 오산 궐동유적, 호서 북부지역의 세종 용호리유적, 천안 신풍리·대화리유적, 청주 오송유적, 송절동유적 등이다[27]. 이러한 문화 양상은 영남 동부까지 이어진다[28]. 이렇듯 경기 남부와 호서 북부지역을 거쳐 영남 동부지역까지 비슷한 문화 양상이 이어지는데, 이는 전반적인 철기 문화의 변화 속에서 교역 루트가 있었던 것으로 이해된다.

이렇듯 경기 남부와 호서 북부지역은 2세기 중·후엽 이후부터 마한의 특징이 뚜렷하다. 이 시기는 유적이나 유구가 늘어나면서 새로운 요소가 추가되어 유적의 입지가 달라지고 군집화가 본격적으로 시작되는데, 그중에서도 주구를 갖춘 주구토광묘가 새롭게 출

---

27   서현주, 2019, 「마한 문화의 전개와 변화 양상」, 『호남고고학보』 61, 호남고고학회.

28   경주 덕천리 4구역의 124호묘와 조양동 60호묘의 마형대구, 대구신서혁신도시유적 1호 목곽묘의 대부장경호와 원저심발형토기, 철검, 단조철부, 밀양 전사포리 13호·14호 목곽묘, 경주 황성동 575번지유적 13호와 59호 목곽묘의 유개대부호 등은 호서 북부지역과 매우 유사하다(서현주, 2018, 「곡교천유역의 원삼국시대 유물과 주변지역과의 관계」, 『곡교천 역사시대로 흐른다』(천안박물관 10주년 기념 특별전), 천안박물관).

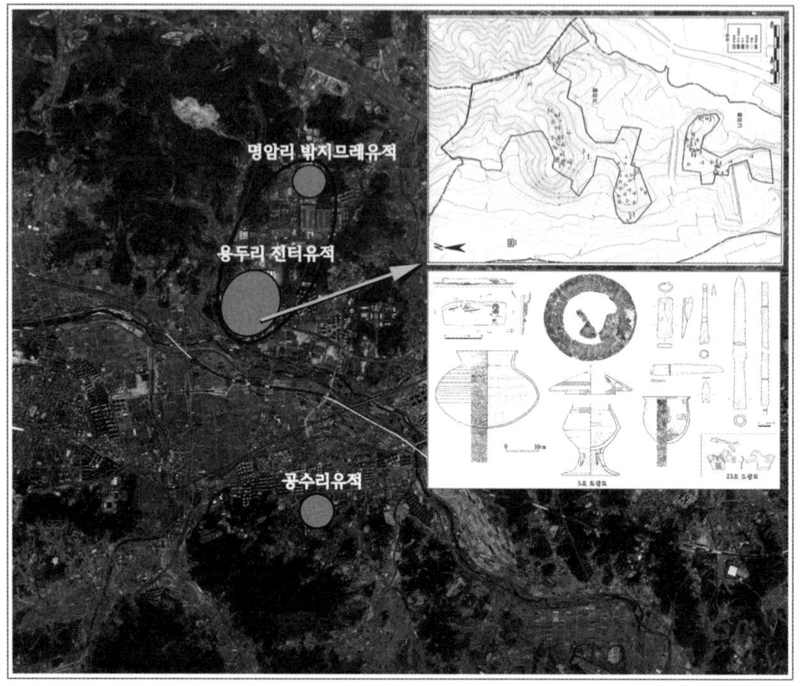

〔그림 5〕 곡교천유역 정치체의 출현

현한다[29]. 이러한 문화 양상은 마한의 정체성이 확립되고 표출된 것
으로 이해된다. 새로운 문물의 등장 배경에 『삼국지』 위서 동이전
한전의 桓靈之末(2세기 중·후엽)이라는 역사적 사건과 관련짓는 경
향이 많다.

이러한 문화 양상을 고려하면, 〔그림 5〕처럼 곡교천유역 중류의
북안 용두리 진터유적과 명암리 밝지므레유적에서 단순토광묘 이

---

29 서현주, 2019, 「마한 문화의 전개와 변화 양상」, 『호남고고학보』 61, 호남고고
    학회.

후 주구토광묘가 조성되고, 부장 유물의 정연성과 순차적인 변화 양상이 나타나므로 이 일대를 중심으로 지역 정치체가 등장한 것으로 보아야 할 것이다.

2. 정치체의 성장 과정

3세기 중엽 이후 명암리 밖지므레유적이 중심 집단으로 성장하는 모습을 보인다. 주구토광묘의 규모가 커지고 부장 유물이 증가하고 새로운 문물이 증가하고 있기 때문이다. 토광묘에서는 원저단경호＋평저심발형토기(타날문), 원통형토기가 세트로 확인된다. 밖지므레유적에서는 주변의 다른 분묘보다 압도적인 유물의 부장이 확인되고 중대형 분묘가 능선의 정상부에 조영되어 탁월한 입지를 가지는 양상이 관찰된다. 이는 분묘의 탁월한 입지-대규모 매장시설-탁월한 부장품의 상관관계를 통해 다른 분묘군보다 밖지므레유적 피장자의 사회적 위치가 높았음[30]을 알 수 있다.

이러한 문화 특징은 천안지역의 청당동, 운전리, 신풍리유적 등에서도 일반적인 것으로 보이며, 당시 호서 북부지역의 3세기대 이후 소국의 모습이 반영된 고분이라고 생각된다〔그림 6〕.

이렇듯 3세기대 중엽 이후의 상황은 중국 사서인 『삼국지』나 『후한서』 동이전의 마한 소국들의 모습을 어느 정도 보여주는 것으로 이해된다. 이는 2세기 중엽 이후 진한과 구별되는 마한이라는

---

30 조성윤, 2019, 「2~4세기 곡교천유역 묘제 변천과 집단의 동향」, 『백제문화』 61, 공주대학교 백제문화연구소.

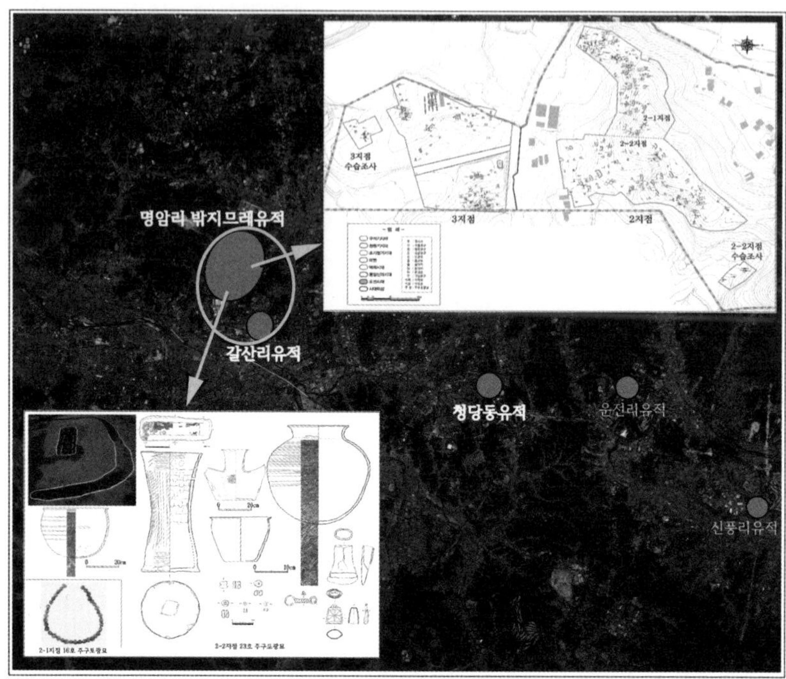

[그림 6] 곡교천유역 정치체의 성장

공동체의 정체성이 성립되고, 3세기 중엽 이후 마한의 정체성이 좀
더 뚜렷해지고 더 넓은 지역으로 확산된다[31]. 다수의 소국이 공존하
는 점에서 세부적인 지역 차이가 드러난다. 다수의 소국 중에서도
탕정면 일대의 명암리 밖지므레유적의 중심지로서의 위상은 앞에
서 언급한 것처럼 다른 여타 유적보다 두드러지는 모습이다.

명암리 밖지므레유적에서는 기존의 마한 토기에 더해 평저호 계
통의 백제 토기류와 마구류, 금박유리구슬, 원통형토기 등이 확인

---

31 서현주, 2019, 「마한 문화의 전개와 변화 양상」, 『호남고고학보』 61, 호남고고
학회.

된다. 이 시기부터 다른 정치체와의 관계가 시작되는 것으로 이해된다. 먼저 백제 토기류와 마구류는 백제와의 교류 및 교섭의 결과로 이해된다. 금박유리구슬은 중국 남조를 통해 유입된 것으로 보이며[32], 원통형토기는 대부장경호를 대신하여 의례용으로 새롭게 등장하기 시작하는데 이는 중국의 의례용 청동기를 모방하여 만든 것[33]으로 이해되기에 대체로 중국과의 관계 속에서 등장하였다.

이처럼 탕정면 일대 집단은 백제를 통해 금박유리구슬과 원통형토기를 들여온 것으로 이해되며 주변지역으로 확산시켜 문화적 정체성을 공유하였다. 이는 백제의 영향력이 이 시기부터 커졌음을 알 수 있었고, 다음 단계(4세기 후엽 이후)에 이르러서는 간접적인 지배를 받는 형태로 나아간 것으로 보인다.

이렇듯 마한의 문화적 정체성이 공유되면서 마한 소국들간의 차이도 백제와의 관계 속에서 나타난 것으로 추정되는데, 마한 소국들의 의지나 전략도 어느 정도는 작용된 것으로 이해된다.

3. 정치체의 변동 과정

4세기 후엽 이후 기존의 중심지인 곡교천 중류 북안의 명암리유적과 갈산리 437-7번지유적에서는 백제의 영향으로 기존 묘제에

32　권오영, 2011, 「한반도 출토 외래유물에 대한 시각과 연구방법론」, 『한국출토 외래유물1』, 한국문화재조사연구기관협회; 최영주, 2025, 「삼국시대 외래계 유물」, 『계간 한국의 고고학』 69, 주류성출판사.

33　임영진, 2003, 「한국 분주토기의 기원과 변천」, 『호남고고학보』 17, 호남고고학회.

한성기 백제 토기와 마구류 등이 급증하는 양상과 함께 새로운 묘제인 석곽묘와 석실묘가 축조되었다. 이러한 양상은 곡교천 상류와 주변의 지천 일대에서도 동시다발로 확인된다. 이는 백제의 영향력이 곡교천 일대에 증가하는 모습과 함께 이 지역이 백제의 간접적인 통제에 들어간 것으로 이해된다.

기존의 연구자들은 곡교천 중류 북안 일대의 중심지가 남안의 북수리 일대와 곡교천 상류의 천안지역 두정동[34], 용원리 일대 등으로 이동한 것으로 보았다. 하지만 최근 갈산리 437-7번지유적의 한성기 석실묘와 토광묘에서 마구류가 출토된 점은 지역 정치체의 중심지가 여전히 어느 정도의 세력을 유지하고 있음을 알 수 있다. 그러므로 곡교천 남안지역의 중심지가 이동한 것으로 보기는 어렵고 백제와의 관계 속에서 다양한 중소 세력들이 백제의 영향을 받으면서 등장한 것으로 이해된다.

백제계 위세품을 통해 천안지역 일대로 중심지가 이동하는 것을 알 수 있는데, 용원리 9호분의 금동관모편과 화성리유적의 장식대도 등이 확인되기 때문이다. 이는 지역 정치체가 백제와의 관계 속에서 위세품인 금동관모를 사여 받고 지역의 중심지로 위상이 높아지는 것은 백제의 전략적인 선택이라고 할 수 있다.

이는 근래에 조사된 천안천 북부의 도림리유적과 병천천의 구도

---

[34] 천안 두정동유적은 토광묘에서 분구묘로 변화하고 횡혈식석실의 도입과 직구단경호와 마구류의 부장 등은 새로운 문물의 수용으로 이는 두정동유적 집단의 정치 사회적 영역 확장을 나타내는 중요한 지표이다(이현숙, 2018, 「곡교천유역의 원삼국시대 유적현황과 의미」, 『곡교천 역사시대로 흐른다』(천안박물관 10주년 기념 특별전), 천안박물관).

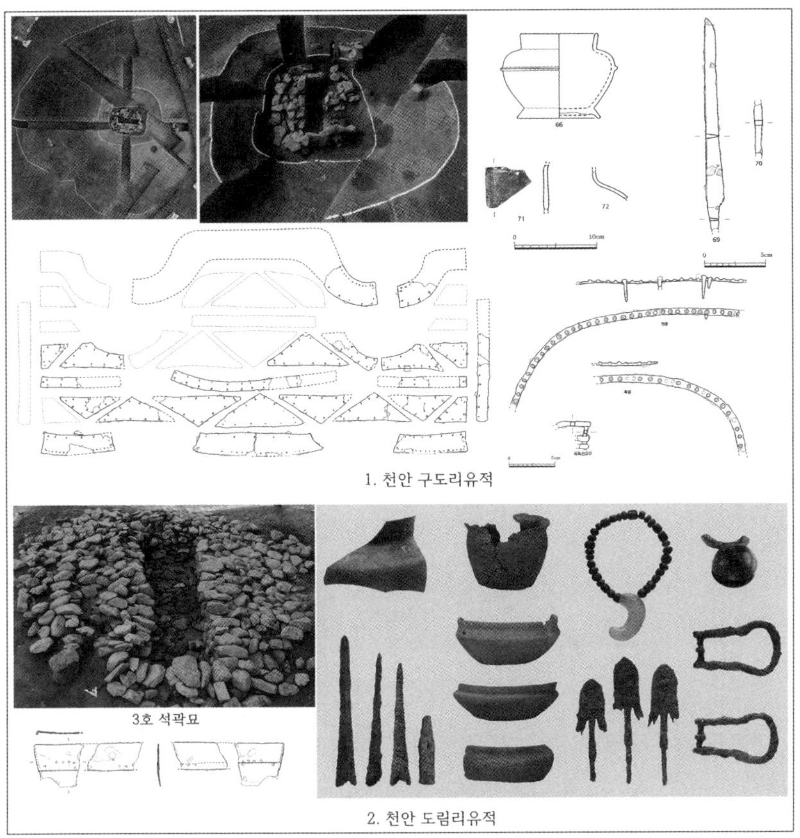

〔그림 7〕 곡교천유역의 왜계고분

리유적을 통해서도 알 수 있다. 구도리유적의 석곽묘는 왜계고분으로 대부직구호(흑색마연토기), 대금식판갑(삼각판혁), 안장(내연금구) 등이 출토되었다. 도림리유적에서는 석곽묘 5기와 석실분 3기가 확인되었다. 석곽묘 3호와 5호는 왜계고분으로 추정된다. 3호에서는 유견호, 배, 철검, 철모, 철준, 철촉(역자형), 대금식판갑편, 운주, 청동환령, 관정, 꺾쇠 등이 출토되었다〔그림 7〕. 두 유적의 석곽묘는

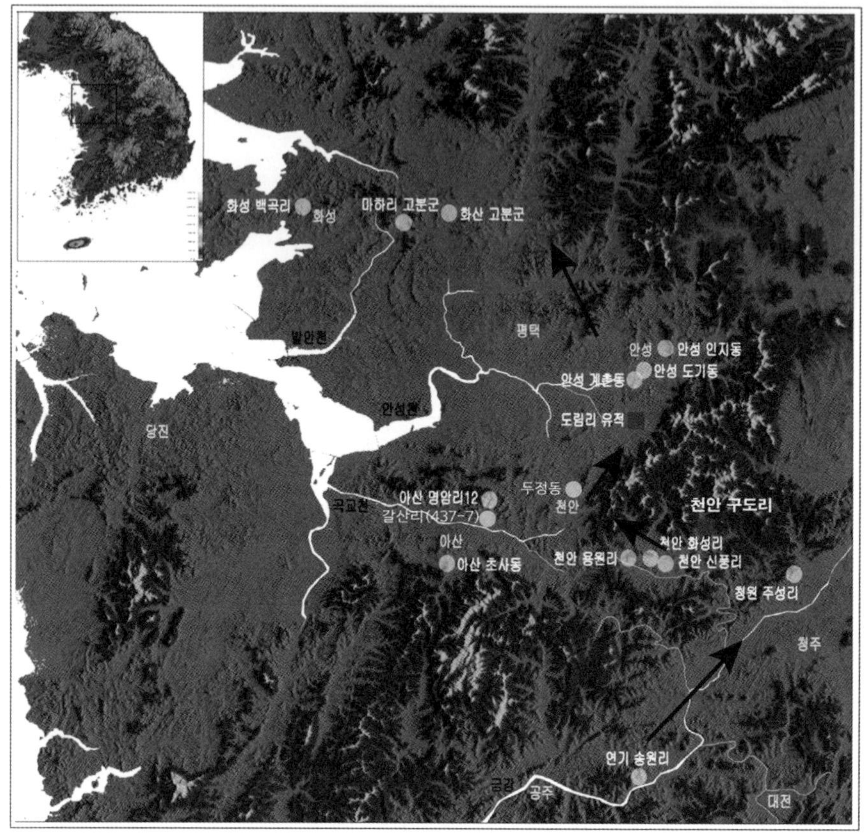

〔그림 8〕 백제와 왜의 교역 루트(忠淸文化財硏究院, 2011 일부 편집)

일본열도의 수혈식석곽묘와 유사하고 내부에서 백제계 유물과 함께 왜계 유물이 함께 출토되고 있다. 이는 기존에 조사된 남서부지역에서 확인된 왜계고분과 매우 흡사한 모습이다[35].

이러한 왜계고분은 백제와 왜의 교류와 교섭 관계가 작용하면서

---

35 김낙중, 2013, 「5~6세기 남해안지역 倭系古墳의 특성과 의미」, 『호남고고학보』 45, 호남고고학회.

나타난 것으로 양 고분이 확인된 지점이 양 지역간의 교역 루트에 해당한다[36]. 〔그림 8〕처럼 왜는 경남 남부 해안에서 남서부 연안지역으로, 중서부지역[37]의 금강을 타고 상류로 올라가서 미호천에서 병천천 일대로, 천안지역에서 한성지역으로 가는 루트를 통해 백제 중앙으로 접근하였다.

4세기 후엽 이후 백제는 왜와의 상호작용이 매우 중요했기에 그들이 이동하는 루트 주변에 앞서 살펴본 왜계고분이 조영된 것으로 이해된다[38]. 이에 백제는 이 지역 중심 정치체를 기존의 탕정면 일대를 벗어나 천안지역 일대로 옮겼음을 새롭게 부각시킬 필요가 있었다. 이에 금동관모와 장식대도 등의 위세품을 이 지역에 사여한 것이다.

백제 금동관모가 천안 용원리 9호분에서 출토된 점은 앞에서 언급한 내용처럼 백제가 지역의 토착세력에게 통치의 일환으로 사여한 것이며, 이는 이 지역의 토착세력을 통한 간접지배 방식으로 이해된다. 이로써 백제가 복속시킨 소국이나 읍락집단에 대한 통제력

---

36 최영주, 2017, 「고분 부장품을 통해 본 영산강유역 마한세력의 대외교류」, 『백제학보』 20, 백제학회.

37 당시 배로 연안항로를 이용하는 것은 안전하고 빠르고 쉬운 운송 수단이었다. 왜는 중서부지역 태안의 연안항로를 이용하지 않고 금강을 이용한 것은 당시 태안반도는 매우 위험한 연안항로이었기 때문이다(김낙중, 2025, 「충남의 뱃길과 서산 부장리고분군」, 『서산 부장리고분의 역사적 가치 확장』(발굴20주년 기념 및 사적지정 범위 확장을 위한 국제학술대회), 충남역사문화원·호서고고학회). 이에 안전한 금강을 이용하여 미호천→병천천 루트로 백제 한성지역으로 이동하였다.

38 최영주, 2017, 「고분 부장품을 통해 본 영산강유역 마한세력의 대외교류」, 『백제학보』 20, 백제학회.

을 한층 더 강화[39]하였던 것으로 이해된다.

곡교천유역을 포함한 호서 북부지역은 2세기 중엽 이후 정치체가 성립되고 3세기 중엽 이후부터 4세기 중엽까지 백제와의 관계를 통한 마구류와 토기, 금박구슬류 등의 새로운 문물을 받아들이면서 성장을 도모하였다. 4세기 후엽 이후 백제의 영향력이 강화되고 왜와의 교류와 교섭 관계가 중요해지면서 지역의 중심지는 천안지역으로 이동하는 모습을 보인다. 이는 천안지역의 주요한 고분을 통해 확인되며, 백제의 전략적인 선택의 결과로 이해된다.

IV. 맺음말

본 글에서는 묘제를 중심으로 아산지역 정치체의 성장과 변동 과정을 살펴보았는데 시기별로 구분하고 백제와의 관계를 중심으로 변동 과정을 검토하였다. 먼저 시기는 3기로 구분이 가능하다. I기는 2세기 중엽~3세기 전엽경으로 매장시설은 단순토광묘와 주구토광묘(중소형)가 확인된다. 출토 유물은 경질무문토기에 타날문토기가 성행하는데, 그중에서도 원저단경호＋원저심발형토기는 원저단경호＋평저심발형토기로 변화하고, 유개대부호가 특징적으로 확인되며, 무기류(철검·철촉·철모), 공구류(철겸·철부), 마형대구 등이 출토되었다.

---

39 전덕재, 2018, 「4~7세기 백제의 경계와 그 변화—경기와 충청지역을 중심으로」, 『백제문화』 58, 공주대학교 백제문화연구소.

Ⅱ기는 3세기 중엽~4세기 중엽경으로 매장시설은 주구토광묘(중대형)와 단순토광묘가 확인된다. 출토 유물은 기존의 타날문토기에 더해 평저호가 확인되고 대부직구호 대신에 원통형토기 등이 확인되며, 무기류(환두도), 마구류(재갈·청동마탁), 단야구(철착), 양단환봉철기, 곡봉형대구, 금박유리구슬 등이 출토되었다.

Ⅲ기는 4세기 후엽~5세기 중엽경으로 매장시설은 목관·목곽의 토광묘, 석곽묘, 석실묘 등이 확인된다. 출토 유물은 백제 토기류(광구장경호·평저호·고배·삼족토기·유개직구호·직구단경호·흑색마연토기)가 확인되며, 장신구류(금동관모편·이식), 마구류(표비·판비) 등이 출토되었다.

다음으로는 시기별 아산지역 정치체의 성장과 변동 과정을 살펴보았다. 2세기 중엽 이후에 곡교천 북안의 탕정면 일대 용두리 진터유적과 남안의 공수리유적에서 단순토광묘가 등장하기 시작하였고, 3세기 전후에 용두리 진터유적과 명암리 밖지므레유적에서 주구가 부가되는 주구토광묘가 등장하였다. 토광묘에서는 원저단경호+원저심발형토기, 유개대부호가 매장 의례와 관련되었다. 이러한 문화 양상은 경기 남부와 호서 북부지역을 거쳐 영남 동부지역까지 비슷하게 확인되는데, 이는 전반적인 철기 문화의 변화 속에서 교역 루트가 있었던 것으로 이해된다. 이렇듯 호서 북부지역에서 2세기 중·후엽 이후에는 유적이나 유구가 늘어나 새로운 요소가 추가되어 유적의 입지가 달라지면서 군집화가 본격적으로 시작되었고, 주구토광묘가 새롭게 출현하는 등의 마한의 정체성이 확립되고 표출된 것으로 이해된다.

3세기 중엽 이후 명암리 밖지므레유적이 주변의 다른 분묘보다 압도적인 유물의 부장 수량과 주요 분묘가 능선의 정상부에 입지하고 중대형 규모로 조성되는 양상을 통해 중심 집단으로 성장하는 모습을 보인다. 토광묘에서는 원저단경호＋평저심발형토기(타날문), 원통형토기가 세트로 확인된다. 이러한 문화적 양상은 천안의 청당동, 운전리, 신풍리유적 등에서도 나타나는데, 3세기대 이후 소국의 모습이 반영된 것으로 이해된다. 3세기 중엽 이후 마한의 정체성이 뚜렷해지고 더 넓은 지역으로 확산된다. 다수의 소국 중에서도 탕정면 일대의 명암리 밖지므레유적이 지역의 중심지로서의 위상은 다른 여타 유적보다 두드러지는 모습이다.

이 시기부터 다른 정치체와의 관계가 시작되는 것으로 이해된다. 탕정면 일대 집단은 백제를 통해 중국과의 상호작용을 하여 금박유리구슬과 원통형토기를 들여왔으며 주변지역으로 확산시켜 문화적 정체성을 공유하였다. 이렇듯 마한의 문화적 정체성이 공유되면서 마한 소국들간의 차이도 생기는 것은 백제와의 관계 속에서 나타난 것으로 추정되는데, 마한 소국들의 의지나 전략도 어느 정도는 작용하였다.

4세기 후엽 이후 천안지역으로 중심지가 이동하기는 하지만, 기존의 중심지인 곡교천 중류 탕정면 일대는 어느 정도의 세력을 유지하였다. 이 시기에는 곡교천을 포함한 경기 남부와 호서 북부지역에 백제계 묘제와 유물이 급증하는 양상이 동시다발적으로 확인된다. 이는 백제의 영향력이 증대해지면서 백제의 간접적인 통제에 들어간 것으로 이해된다.

천안지역 일대로 중심지가 이동하는 것은 백제계 위세품으로 확인이 가능한데 이는 백제의 전략적인 선택으로 보인다. 최근에 천안천의 도림리유적과 병천천의 구도리유적에서 왜계고분이 확인되었다. 기존의 알려진 남서부지역에서 확인된 왜계고분과 매우 흡사하다. 이러한 왜계고분은 백제와 왜의 교류와 교섭 관계가 작용하면서 나타난 것으로 이해된다. 왜는 경남 남부 해안에서 남서부 연안지역으로. 중서부지역의 금강을 타고 상류로 올라가서 미호천에서 병천천 일대로, 천안지역에서 한성지역으로 가는 루트를 통해 백제 중앙으로 이동하였다.

이처럼 4세기 후엽 이후 백제는 왜와의 상호작용이 매우 중요했기에 그들이 이동하는 루트에 왜계고분을 축조하였다. 이에 백세는 기존의 탕정면 일대 중심지를 벗어난 천안지역 일대로 중심지를 옮기고서 새롭게 부각시킬 필요가 있었고, 금동관모와 장식대도 등의 위세품을 사여하였다. 백제가 지역의 토착세력에게 금동관모를 사여한 것은 통치의 일환으로, 토착세력을 통한 간접지배 방식으로 이해되며, 이는 백제가 지역에 대한 통제력을 한층 더 강화하였던 것으로 이해된다.

이렇듯 곡교천유역을 포함한 호서북부지역은 2세기 중엽 이후 정치체가 성립되고 3세기 중엽 이후부터 4세기 중엽까지 백제와의 관계를 통한 마구류와 백제 토기, 금박구슬류 등의 새로운 문물을 받아들이면서 성장을 도모하였다. 4세기 후엽 이후 백제의 영향력이 강화되고 왜와의 상호작용이 중요해지면서 지역의 중심지는 천안지역으로 이동하였는데, 이는 백제의 전략적인 선택의 결과로 나타난 것이다.

백제의 아산지역 진출 시기 재검토

지원구

I. 머리말

아산이라는 지명은 『삼국사기』 백제본기 온조왕조에서 처음이
자 마지막으로 확인된다. 아산에서 田獵했다는 기록이 그것이다.
이후 아산이라는 지명은 아니지만 온조왕조에서 대두산성과 탕정
성이라는 지명이 확인되는데, 대체로 학계에서는 이를 아산지역에
비정하고 있다. 백제는 주지하듯이 지금의 한강유역 즉, 서울 송파
구 일원을 중심으로 건국되었다. 때문에 온조왕조의 기록에서 확인
되는 아산 관련 지명은 백제의 남부지역의 진출과정 혹은 마한의
병합과정을 이해하는데 있어 중요한 요소가 분명하다.

그러나 문제는 단편적인 기록만 있고 더구나 온조왕조의 초기기
록을 어떻게 이해하느냐에 따라 백제의 아산지역 진출과정은 다양
한 관점에서 접근이 가능해진다. 즉, 온조왕조의 초기기록을 그대
로 취신하면 백제는 매우 이른 시기부터 아산지역을 점령하여 축성
을 하고 사민을 하는 등 적극적으로 경영한 것으로 이해된다. 아울
러 온조왕조에 기록된 마한의 멸망 또한 연계해서 이해한다면 아산

지역의 진출은 마한의 멸망을 전제할 수도 있다. 물론 이러한 마한은 마한연맹체 전체가 아닌 맹주국인 목지국의 멸망으로 이해할 수 있다. 대체로 마한의 목지국이 아산지역에 위치한다는 점을 근거로 한다. 그렇지만 이를 온조왕조가 아닌 후대의 기록이 소급·적용된 것으로 이해하면 다르게 해석될 수밖에 없다. 즉, 온조왕이 아닌 이후 다른 왕대의 사실이라면 마한멸망에 대한 기록, 강역에 대한 기록, 아산진출과 경영에 대한 기록 모두 시점이 늦어지게 되는 것이다. 그동안 조정하여 고이왕, 근초고왕, 비유왕 등 다양하게 이해하여 적용하였다. 그러나 구체적인 기록이 없어 이러한 조정은 방만하다는 비판을 면할 수 없었다. 더구나 이는 단순히 아산지역의 진출 문제가 아닌 백제 초기사를 이해하는데 있어 중요한 문제와도 연관되게 된다.

따라서 이 글에서는 이러한 아산지역의 진출과정에 대한 이해를 시도해보고자 한다. 다만, 이와 관련된 기록은 영성하여 이를 구체화하기가 어려운 실정이다. 이러한 기록의 사실성을 부정하지는 않지만, 기록의 시점에 대해서도 논란이 있는 만큼 이를 보완할 수 있는 자료가 필요하다. 최근 아산지역의 고고학적 발굴결과는 이러한 문제점을 보완할 수 있는 가장 유효한 자료이다. 특히 최근 아산지역에서 한성시기에 축성된 것이 분명한 승계산성이 새롭게 조사되면서 아산지역의 진출시기를 이해할 수 있는 새로운 계기를 마련하였다. 이하에서는 이러한 승계산성을 새롭게 소개하고 이를 중심으로 백제의 아산지역 진출시기를 다시 검토해보고자 한다.

Ⅱ. 『삼국사기』 온조왕조의 아산

『삼국사기』에서 아산과 관련된 지명이 확인되는 것은 지리지를 제외하면 총 6회이다. 이중 웅진시기인 문주왕대 1회, 삼근왕대 2회 나오는 것을 제외한 3회는 모두 온조왕대에만 기록되어 있다. 즉, 온조왕대에만 집중적으로 아산 관련 지명이 기록되어 있는 것이다. 이를 구체적으로 적기하면 아래와 같다.

> 가-1. (27년) 가을 7월에 大豆山城을 쌓았다.[1]
> 가-2. 36년 가을 7월에 湯井城을 쌓고, 大豆城의 민가들을 나누어 살게 하였다.[2]
> 가-3. 43년 가을 8월에 왕이 牙山 벌판에서 5일 동안 田獵하였다[3].

온조왕조의 기록에 나오는 대두(산)성, 탕정성, 아산은 모두 지금의 아산지역으로 보는 점에는 이론이 없다. 물론 지명의 상이로 인하여 구체적인 위치는 다르겠지만, 현재 아산의 범위 내에 위치하고 있는 것은 분명하다. 아산 관련 기록은 온조왕 27년(9)에 대두산성을 축조하고 뒤이어 동왕 36년(18) 탕정성을 새롭게 축조하여 대두산성의 백성을 탕정성으로 사민하고, 동왕 43년 아산지역에서 온

---

1 "秋七月, 築大豆山城."(『三國史記』 권 23 백제본기 1 온조왕 27년조)
2 "三十六年, 秋七月, 築湯井城, 分大豆城民戶居之."(『三國史記』 권 23 백제본기 1 온조왕 36년조)
3 "四十三年, 秋八月, 王田牙山之原五日."(『三國史記』 권 23 백제본기 1 온조왕 43년조)

조왕이 전렵한 내용으로 구성되어 있다. 내용상으로 보면 이를 순차적인 사건으로 이해하는 데에는 큰 무리가 없다. 고대사회에서 왕의 전렵행위는 단순한 사냥이 아니라 다분히 정치적 의도가 있는 행위[4]로써 당연히 전렵을 행한 지역은 백제의 영토라는 점을 천명하는 의식과 같은 것이다. 따라서 전렵을 시행하려면 당연히 그 지역이 안정적으로 통치되어야 하고 이를 위해서는 통치거점인 축성이 이루어져야 하는 것을 전제로 하는 것은 물론이다.

그렇다면 왜 아산 관련 지명이 유독 온조왕조에 집중적으로 기록되어 있을까가 의문이다. 물론『삼국시기』가 갖고 있는 사서로서의 불완전성을 그 주된 이유로 생각할 수 있다. 그러나 이러한 원인은 아산지역으로만 국한되는 현상은 아니다. 더구나 온조왕조에 집중적으로 기록되었다면 당연히 그 이후에도 그 중요성이 이어졌다고 보는 것이 한층 자연스럽다. 특히 온조왕조의 기록 이후인 웅진 천도 후 대두산성을 수리[5]하고 또한 그곳에서 해구와 연신이 반란[6]을 일으킨 것을 볼 때 적어도 웅진기까지는 산성으로서의 기능을 지속적으로 유지하고 있었다고 이해할 수 있다면 더욱 그렇다. 다만 아산지역이 온조왕대에만 중요하게 부각되다가 이후에는 중요성이 쇠퇴하여 관련 기록이 없다가 이후 웅진기에 다시 기록된 것

---

4   金瑛河, 2002,『韓國古代社會의 軍事와 政治』, 高麗大學校 民族文化研究院, 50~54쪽.

5   "二年, 春二月, 修葺大豆山城, 移漢北民戶."(『三國史記』 권 26 백제본기 4 문주왕 2년조)

6   "二年, 春, 佐平解仇與恩率燕信聚衆, 據大豆城叛. 王命佐平真男, 以兵二千討之, 不克. 更命德率真老, 帥精兵五百, 擊殺解仇. 燕信奔高勾麗, 收其妻子, 斬於熊津市."(『三國史記』 권 26 백제본기 4 삼근왕 2년조)

으로 이해해 볼 수 있지만, 그렇게 이해하는 것도 어딘가 궁색하다. 그렇다면 아산지역 관련 지명이 백제에서 초기에만 돌출적으로 기록되다가 이후 기록에서 나타나지 않는 이유가 무엇일까?

이와 관련하여 우선 백제 온조왕조의 다른 기록을 함께 검토해 볼 필요가 있다. 왜냐하면 워낙 아산 관련 기록이 단편적이기 때문에 전체적인 시각 속에서 상호 관련성을 살펴 이해하는 것이 유용하기 때문이다. 온조왕은 비류설화가 동시에 존재하기는 하지만, 백제의 건국주임이 분명하다. 이 때문인지 온조왕조의 기록에는 건국과정과 함께 백제의 성장과정이 다른 왕대보다 폭넓게 서술되어 있는 특징이 있다. 건국설화에 대한 문제는 차치하더라도 동명왕묘 건립, 우보의 임명, 낙랑과의 교섭, 말갈과의 전투, 백제의 천도, 마한의 멸망, 농업의 권장 등 매우 다양한 사건들이 기록되어 있다. 물론 온조왕의 재위기간이 46년이라는 점을 고려한다면 다른 왕대보다 내용이 풍성할 수 있다. 그러나 백제에서도 가장 오래된 시기인 온조왕대의 내용이 가장 풍부하다는 사실은 쉽게 납득되지 않는 부분이다.

더구나 앞서 언급한 온조왕조의 내용은 백제가 건국한 이후 짧은 시점임에도 불구하고 도성의 정비, 마한의 멸망, 영토의 확정, 5부제의 완성, 관제의 신설 등 매우 고대국가적인 모습을 표출하고 있다. 더구나 온조왕조의 고사부리성의 축성기사를 지금의 고부지역으로 이해한다면, 이미 온조왕대부터 전북 일원까지 영역으로 확보하고 있었다는 것으로 이러한 역사상은 이후 근초고왕대에 고사지역으로 진출하였다는 것과도 배치된다. 또한 마한을 멸망시켰다고 하지만, 이미 같은 사서인『삼국사기』의 고구려본기와 신라본기에 멸망된 마한이 이후에도 언급되고 있다는 사실에서도 모순된다. 더구나 주지하듯이 백제의 초기기록은 중국의 『삼국지』 동이전의 내용과도 어긋나고 있다. 그러므로 온조왕조의 기록을 그대로 취신하기에는 주저되는 점이 많다. 결국 이처럼 다양한 이유로 백제본기 온조왕조 기록의 기년을 그대로 신빙하는 경우는 거의 없다.[7] 그러나 그렇다고 하여 이러한 내용을 사실이 아니라고 치부하기도 어렵다. 기년상의 문제가 분명히 존재하고 게다가 온조왕조의 기록은 적어도 그 시점을 분명히 하기는 어렵다 해도 백제 당시의 인식이 반영되어 있다고 보는 것이 합리적이다. 결국 내용의 사실성은 인정하며 기년의 조정을 통해 이를 파악하는 것이 현실적으로 가장 좋은 방안이 될 수밖에 없다.

　　그럼 온조왕조의 기록 중 영역 관련 기사를 중심으로 다시 살펴보자. 그런데 영역확보와 관련된 기록을 살펴보면 유독 이상한 점이 확인된다. 즉, 아산지역을 제외하면, 대다수 남쪽이 아닌 북쪽과 관련되어 있다는 점이다. 즉, 온조왕 2년의 기록에서 "靺鞨은 우리의 북쪽 경계와 잇대고 있는데, 그 사람들이 용감하고 속임수가 많아 마땅히 병장기를 수선하고 양곡을 쌓아두어 막아 지킬 계획을 세워야 한다."[8]라고 언급하고 있다는 점에서 알 수 있듯이 대부분 말갈과의 전투 기사이다.[9] 또한 그 성격을 하나로 간주하기 어렵지

7　온조왕조의 기년을 그대로 취신하는 경우도 없지는 않지만(이종욱, 1976, 「백제의 국가형성」, 『대구사학』 11, 8쪽; 이종욱, 1986, 「백제 초기사 연구사료의 성격」, 『백제연구』 17, 27쪽), 대부분의 연구자는 기년을 조정하여 이해하려고 한다.

8　"二年, 春正月, 王謂羣臣曰, "靺鞨連我北境, 其人勇而多詐, 宜繕兵積穀, 爲拒守之計."(『三國史記』 권 23 백제본기 1 온조왕 2년조)

만, 낙랑과 관련하여 확인되는 기록도 모두 북쪽과 관련되어 있다. 이외에도 아산지역의 축성기록을 제외하면 거의 북쪽을 방어하는 목적으로 축성되고 있다. 이러한 사실은 시기적인 문제를 논외로 한다면 백제의 초기 전쟁 상대는 말갈과 낙랑이었다는 사실을 알려주는 것으로 이해된다. 즉, 한강유역에 정착하여 성장하고 있었던 백제의 주요 관심은 남쪽이 아닌 북쪽이었다는 점이다. 그것은 마한의 50여 개국 중 하나였던 백제가 마한과는 우호적인 관계였기 때문에 자연스러운 부분이다.

그러나 이러한 북쪽지역의 전쟁과 축성 등의 상황과는 다르게 돌연 아산지역에 대두산성과 탕정성을 축조하고 아산에서 전렵을 시행한다. 온조왕조의 남부지역 축성기사는 아산지역의 축성이 거의 유일하다. 문제는 북쪽 중심으로 전개되었던 지역이 급작스럽게 아산지역으로 전환된 것은 다소 자연스럽지 않다. 특히 한강 유역 100리의 땅을 마한으로부터 받아 건국한 백제가 아산과 중간지점인 경기 남부지역에 대한 진출과정을 생략한 채 아산지역에 축성하였다는 사실은 다른 기록의 부재를 상정해 볼 수 있다. 그렇지만 그러한 기록은 어디에서도 확인할 수 없다. 다만, 현재 남아있는 기록상에서 남부지역으로의 진출과정을 살펴볼 때 아산지역과 연관되어 생각되는 것은 자연스럽게 마한일 수밖에 없다. 백제 온조왕조의 마한과의 관련 기록을 뽑아보면 아래와 같다.

---

9 말갈과의 전투관련 기사는 온조왕 3년, 온조왕 8년, 온조왕 10년, 온조왕 11년, 온조왕 18년, 온조왕 22년 등에서 확인할 수 있다.

나-1.   10년(B.C. 9) 가을 9월에 왕이 사냥을 나가서 신비로운 사슴을 잡아 馬韓에 보냈다.[10]

나-2.   8월 馬韓에 사신을 보내 遷都한다는 것을 알리고 마침내 강역을 구획하여 확정하였다. 북쪽으로는 浿河에 이르고, 남쪽은 熊川을 경계로 삼으며, 서쪽으로는 큰 바다에 닿고, 동쪽으로는 走壤에 이르렀다.[11]

나-3.   18년(B.C. 1) 겨울 10월에 말갈이 갑작스레 습격해 왔다. 왕이 군사를 거느리고 七重河에서 맞서 싸워서 추장 素牟를 사로잡아 馬韓에 보내고, 나머지 적들은 모두 구덩이에 묻어버렸다.[12]

나-4.   24년(6) 가을 7월에 왕이 熊川柵을 세우자 마한왕이 사신을 보내 나무라며 다음과 같이 말하였다. "왕이 처음 강을 건너왔을 때 발을 디딜 만한 곳도 없었는데, 내가 동북쪽 100리의 땅을 떼어 주어 편히 살게 하였으니 왕을 대우함이 후하지 않았다고 할 수 없다. 마땅히 이에 보답할 생각을 해야 할 터인데, 이제 나라가 완성되고 백성들이 모여들자 '나와 대적할 자가 없다.'고 하면서 성과 연못을 크게 설치하여 우리의 강역을 침범하니, 어찌 의리에 합당하다고 할 수 있는가?" 왕이 부끄러워하여 마침내 목책을 헐어버렸다.[13]

---

10   "十年, 秋九月, 王出獵, 獲神鹿, 以送馬韓."(『三國史記』 권 23 백제본기 1 온조왕 10년조)

11   "八月, 遣使馬韓, 告遷都, 遂畫定疆場. 北至浿河, 南限熊川, 西窮大海, 東極走壤."(『三國史記』 권 23 백제본기 1 온조왕 13년조)

12   "十八年, 冬十月, 靺鞨掩至. 王帥兵逆戰於七重河, 虜獲酋長素牟, 送馬韓, 其餘賊盡坑之."(『三國史記』 권 23 백제본기 1 온조왕 18년조)

나-5. 25년(7) 봄 2월에 왕궁의 우물물이 갑자기 넘치고, 漢城의
민가에서 말이 소를 낳았는데, 머리 하나에 몸은 둘이었다.
日者가 말하기를, "우물물이 갑자기 넘친 것은 대왕께서 우
뚝 일어날 조짐이요, 소가 머리 하나에 몸이 둘인 것은 대왕
께서 이웃 나라를 병합할 징조입니다."라고 하였다. 왕이 이
말을 듣고 기뻐하여, 마침내 辰韓과 馬韓을 병탄할 마음을
가졌다.

나-6. 26년(8) 가을 7월에 왕이 말하였다. 마한이 점점 약해지고
윗사람과 아랫사람의 마음이 갈리어 그 형세가 오래 갈 수
없을 것 같다. 만일 (마한이) 남에게 병합된다면 입술이 없으
면 脣亡齒寒이 될 것이니, 후회하더라도 이미 늦을 것이다.
차라리 남보다 먼저 손에 넣어 훗날의 어려움을 면하는 편이
더 나을 것이다.[14]

나-7. (26년(8)) 겨울 10월에 왕이 군사를 내어 겉으로는 사냥을
간다고 말하면서 몰래 마한을 습격하여 마침내 그 國邑을 병
합하였다. 오직 圓山城과 錦峴城 두 성만은 굳게 지켜 항복
하지 않았다.[15]

---

13 "二十四年, 秋七月, 王作熊川柵, 馬韓王遣使責讓曰, "王初渡河, 無所容足, 吾
割東北一百里之地安之, 其待王不爲不厚. 宜思有以報之, 今以國完民聚, 謂莫
與我敵, 大設城池, 侵犯我封疆, 其如義何." 王慙, 遂壞其柵."(『三國史記』권 23
백제본기 1 온조왕 24년조)

14 "二十六年, 秋七月, 王曰, '馬韓漸弱, 上下離心, 其勢不能, 又儻爲他所并, 則脣
亡齒寒, 悔不可及. 不如先人而取之, 以免後艱.'"(『三國史記』권 23 백제본기
1 온조왕 26년조)

15 "冬十月, 王出師, 陽言田獵, 潛襲馬韓. 遂并其國邑. 唯圓山·錦峴二城, 固守不
下."(『三國史記』권 23 백제본기 1 온조왕 26년조)

나-8.　27년(9) 여름 4월에 두 성(圓山城과 錦峴城)이 항복하였다. 그 백성들을 漢山 북쪽으로 옮기니, 마한이 드디어 멸망하였다.[16]

나-9.　34년(16) 겨울 10월에 마한의 옛 장수 周勤이 牛谷城을 근거로 삼아 반란을 일으켰다. 왕이 친히 군사 5,000명을 거느리고 이를 토벌하였다. 주근이 스스로 목매어 죽자 그 시체의 허리를 베고 그의 처자도 아울러 죽였다.[17]

나-10. (36년(18)) 8월에 圓山城과 錦峴城의 두 성을 수리하고, 古沙夫里城을 쌓았다.[18]

온조왕조의 백제와 마한의 관계를 살펴보면 초기에는 神鹿을 보내거나 천도의 사실을 알리거나 사로잡은 酋長을 헌상하는 등 마한에 마치 복속되어 있거나 부용된 형태를 보이고 있다. 그런데 그 이후에는 마한의 강역에 웅천책을 세웠다가 철거하는 과도기를 거쳐 마한 병탄의 뜻을 세우고 실행에 옮겨 드디어 마한을 병합한 것으로 나온다. 전체적으로 기록의 흐름은 매우 단계적이고 점진적으로 백제와 마한의 관계가 변화되고 종국적으로는 백제의 성장과 마한의 멸망으로 이해될 수 있는 부분이다. 물론 앞서 언급한 바와 같이 이러한 시점을 온조왕대로 볼 수 없음은 당연하다.

아무튼 이러한 온조왕조의 기록 중 아산지역 관련 기록과 함께

16　“二十七年, 夏四月, 二城降. 移其民於漢山之北, 馬韓遂滅.”(『三國史記』 권 23 백제본기 1 온조왕 27년조)

17　“三十四年, 冬十月, 馬韓舊將周勤, 據牛谷城叛. 王躬帥兵五千討之. 周勤自經, 腰斬其尸, 并誅其妻子.”(『三國史記』 권 23 백제본기 1 온조왕 34년조)

18　“八月, 修葺圓山·錦峴二城, 築古沙夫里城.”(『三國史記』 권 23 백제본기 1 온조왕 36년조)

반드시 연계해서 살펴봐야 하는 부분은 나-2의 기록이다. 이 기록은 백제의 영역확장을 이해하는데 있어 구체적인 공간을 이해할 수 있다는 점에서 중요하기 때문이다. 문제는 이러한 강역을 곧 백제의 영토로 이해하여야 할지 아니면 사방 경계 정도로만 이해하여야 하는지이다. 이 부분을 살펴볼 때 나-4의 기록에서 백제가 웅천책을 설치하자 마한왕이 자국의 강역에 설치했다고 사신을 보내 항의했다는 점을 상기할 필요가 있다. 앞서 나-2에서 백제가 웅천까지 강역을 구획하고 확정했음에도 불구하고 마한왕이 어떠한 조치를 시행하지 않은 점과는 사뭇 형태가 다르다. 결국 나-2의 백제 사방의 강역에 대한 구획은 곧 백제의 실제적인 영역이 아니라 관념상이거나[19] 변경의 경계 정도로 이해[20]하는 것이 좀 더 합리적이다. 이처럼 이러한 실상을 다르게 접근할 수 있지만, 중요한 부분은 당시 백제가 사방에 대해 구체적인 경계의식과 영역의식을 가지고 구분하고 있었다는 점은 분명하다고 하겠다. 사방 경계의 위치의 경우 서쪽의 큰 바다는 이론이 있을 수 없으며, 다른 삼면도 패하는 예성강, 웅천은 안성천, 주양은 춘천 일원으로 보는 것이 일반적인 상황이다.

그럼에도 불구하고 이러한 기록은 백제의 아산지역 진출과정을 이해할 때 중요한 요소임은 분명하다. 특히 가장 중요한 지점은 남쪽의 경계인 웅천을 어디로 비정할 것인가의 문제이다. 아산은 위치상 백제의 남방경영과 관계된 지역이 분명하기 때문이다. 지금까

---

19 李基東, 1990,「百濟國의 成長과 馬韓併合」,『百濟論叢』2, 5쪽.

20 박대재, 2022,「백제 초기의 영역과 마한」,『한국사연구』202; 2024,『한국 초기사 연구－고대의 조선과 한국』, 세창출판사, 547~548쪽.

지 웅천에 대한 위치 비정을 대별하면 안성천으로 보는 설[21]과 금강으로 보는 설[22]로 구분된다. 물론 안성천에서 금강으로 이동했다고 보는 경우[23]도 있다. 전통적으로 웅천이라는 지명은 이후의 기록과의 합치성을 고려할 때 지금의 금강으로 보는 것이 한결 자연스럽다. 그러나 온조왕조의 기록에서 웅천을 경계로 설정한 이후 지금의 아산이 분명한 지역에 대두산성과 탕정성을 축성하는 것을 통해 볼 때 온조왕조의 웅천은 안성천으로 이해하는 것이 합리적이다. 더구나 안성천 지역의 熊橋 즉, 고마다리가 웅진의 고마나루와 동일하다는 것[24]도 지명 상 상관성이 충분히 인정된다.

　웅천의 공간적 위치를 지금의 안성천으로 볼 때 그다음의 문제는 온조왕조의 강역 확정 시점을 언제로 볼 것이냐이다. 앞서 언급한 바와 같이 온조왕대로 이해하는 것은 어렵다. 이러한 공감대가 형성되어 있다 해도 구체적인 시간적 위치를 확보하는 것은 쉬운 문제가 아니다. 이와 관련된 다른 기록으로 보정되면 모르겠지만, 그러한 기록의 부재는 이를 구체화하는 장애물이다. 기록의 시점이 온조왕이 아니라면 당연히 후대의 사실이 소급된 상황으로 하향하여 이해하는 것이 맞다. 그럼에도 하향하는 시점은 연구자에 따라 매우 다양하게 설정되고 있다. 즉, 고이왕대[25], 책계왕대[26], 비류왕

21　이병도, 1976, 『한국고대사연구』, 박영사, 248쪽.

22　전영래, 1985, 「백제남방경역의 변천」, 『千寬宇先生還歷紀念 韓國史學論叢』, 正音文化社, 138쪽.

23　임기환, 2013, 「〈삼국사기〉 온조왕본기 영역 획정 기사의 성립 시기」, 『역사문화연구 』 47, 33쪽.

24　권태원, 1986, 「蛇山城 일원의 역사적 배경」, 『백제연구』 17, 289쪽.

25　이병도, 1976, 앞의 책, 481쪽; 盧重國, 1988, 『百濟政治史研究 ─國家形成과

대[27], 근초고왕대[28] 등으로 제시되고 있는 실정이다. 『삼국사기』의 정보와 그리고 중국과 일본의 기록을 정합적으로 고려하여 당시 정황을 통해 기년의 조정을 합리화하여 역사적 흐름을 설명하려는 것이다. 그러나 문제는 명확한 기년이 없는 상황에서 이러한 방법론은 매우 방만할 수밖에 없다는 한계를 가진다. 즉, 주갑을 주관적으로 조정하여 의미 부여를 하다 보면 어느 것 하나 중요하지 않은 시기가 없게 된다. 제설이 나올 수밖에 없는 이유이다.

이를 위해 문헌기록을 보정할 수 있는 고고학적 자료와의 정합적인 해석이 필요하다. 이와 관련해서 정치적 비중을 함축하고 있는 위세품의 출토현황은 눈여겨 볼만하다. 특히 백제에서 사여한 것으로 생각되는 금동관모의 출토현황은 중요하다. 금동관모는 현재까지 출토된 유물 중 백제왕을 제외한 최고의 위세품으로 규정할 수 있는데, 특이한 점은 모두 백제의 핵심 지역이 아닌 외곽에서 확인된다는 사실이다.[29] 더구나 이러한 위신재가 출토되는 고분의

支配體制의 變遷을 中心으로』, 一潮閣, 90~94쪽; 유원재, 1994, 「진서의 마한과 백제」, 『한국상고사학보』 17, 146쪽; 문안식, 2002, 『백제의 영역확장과 지방통치』, 신서원, 108쪽; 노중국, 2003, 「마한과 낙랑·대방군과의 군사 충돌과 목지국의 쇠퇴」, 『대구사학』 71, 31~32쪽; 강종원, 2012, 『백제 국가권력의 확산과 지방』, 서경문화사, 40쪽; 박대재, 2024, 앞의 책, 553~563쪽.

26 姜鳳龍, 1997, 「百濟의 馬韓 倂呑에 대한 新考察」, 『韓國上古史學報』 26, 147~153쪽.

27 전영래, 1985, 앞의 논문, 140쪽; 金英心, 1996, 『百濟 地方統治體制 硏究—5~7세기를 중심으로』, 서울대 박사학위논문, 25~26쪽.

28 이기동, 1990, 앞의 책, 110쪽; 김기섭, 2000, 『백제와 근초고왕』, 학연문화사, 145쪽; 김기섭, 2014, 「백제의 영역확장과 마한 병탄」, 『백제학보』 11, 101쪽.

29 박신영·성정용, 2020, 「河南 甘一洞 古墳群의 石室構造와 被葬者集團의 性格」, 『고고학』 19, 89~90쪽.

연대폭은 대체로 4세기 후반~5세기에 조영된 것으로 파악된다.[30] 앞서 살펴본 웅천의 경계 설정과 또한 마한의 멸망이라는 시점을 이해하는데 있어 위신재의 출토지역과 시기는 시사점을 준다. 이중 백제와 웅천 사이에 위치한 화성 요리고분군에서 출토된 금동관모가 주목된다. 요리출토 금동관모는 백제가 사여한 것으로[31], 제작시기는 4세기 후반에서 5세기 초반으로 설정된다.[32] 그렇다고 한다면 화성지역은 이 당시까지 백제의 직접지배 지역이 아니라 간접지배 혹은 복속 정도의 단계였다고 생각해 보게 된다.[33] 물론 하나의 고고학자료를 통해 웅천지역의 진출시점을 논단하는 것은 적합하지 않을 수 있다. 하지만, 문헌의 기년이 명확하지 않은 상황에서는 이러한 요소를 통해 정합적으로 기년을 조정할 필요는 있다. 그렇다면 웅천의 진출과 마한의 멸망은 4세기 후반 이전으로 생각하는 것을 주저하게 한다.

뿐만 아니라 안성천유역의 물질자료의 추이도 문헌기록과 배치되는 양상을 보이는 것도 고려해야 한다. 안성천유역권은 남쪽에

---

30 이남석, 2007, 「백제 금동관모 출토 무덤의 검토」, 『先史와 古代』 26.

31 권오영, 2020, 「경기 남부 최강자가 묻혀 있는 화성 요리고분군」, 『요리 금동관 다시 깨어나다』, 화성시역사박물관, 124쪽.

32 이한상, 2018, 「料里 1號木槨墓 출토 金銅冠과 金銅飾履 검토」, 『華城 料里 古墳群』, 한국문화유산연구원, 259쪽.

33 금동관모의 출토를 영역과 지방지배의 방식만으로 접근하는 것은 분명 문제가 있다. 왜냐하면 그동안 직접지배의 표상으로 생각되는 축성이 안성천 유역에서는 늦어도 4세기 말에 이루어지고 있음에도 불구하고 그것과 동일한 혹은 늦은 시기에 그보다 한강유역과 가까운 화성지역에서 금동관모가 출토되었기 때문이다. 따라서 다양한 관점에서 위신재가 갖고 있는 의미를 해석할 필요가 있다. 다만, 이 글에서는 이 부분까지는 논의를 확장하기 어려우므로 일반적인 위신재의 의미로 이해해두고자 한다.

위치한 곡교천과 더불어 중서부지역 취락, 분묘, 생산시설이 밀집된 수계지역으로 꼽힌다.[34] 더구나 안성천유역의 취락유적에서 출토된 유물은 매우 강한 지역색을 띠는 것으로 평가된다.[35] 그런데 지금까지 조사된 안성천유역의 발굴 조사결과를 살펴보면 4세기 전반까지 주거지, 토기 등 마한의 재지적 물질자료를 공유하고 있다. 구체적으로는 4세기 중엽부터야 탄천-오산천 루트로 백제토기가 유입되고, 안양천-황구지천-진위천 루트로 여·철자형주거가 확산되면서 물질자료의 성격이 변화하게 되는 것으로 4세기 후반 내지 5세기 전반부터 안성천유역권에 백제의 성곽과 고분이 본격적으로 축조되면서 백제화가 가속화되는 것이다.[36] 이는 안성 도기동산성의 발굴조사를 통해서도 입증되는데, 고구려가 목책성으로 개수하기 이전 백제가 토성을 축조한 시점은 4세기 후반으로 밝혀졌기 때문이다.[37]

당연한 이야기이지만, 백제가 아산으로 진출하기 위해서는 안성천유역을 확보해야 한다. 이러한 안성천유역의 진출과 확보를 추정할 수 있는 기록으로 그동안 고이왕 5년의 기록을 주목하였다. 2월에 釜山에서 전렵하고 50일 만에 돌아왔다는 기록[38]이 그것이다. 부

34　박경신, 2021, 「안성천유역 원삼국~한성백제기 마한 세력의 동향」, 『고고학』 20-3, 33쪽.

35　서현주, 2021, 「中部地域 原三國~百濟 漢城期 土器의 地域別 接點」, 『湖西考古學』 48, 114쪽.

36　박경신, 2021, 앞의 논문, 33~56쪽.

37　김진영, 2017, 「안성 도기동산성의 발굴성과와 성벽구조에 대한 소고」, 『고구려·발해연구』 58, 74~77쪽; 양시은, 2021, 「안성 도기동산성의 역사적 의미와 가치」, 『중원문화연구』 29, 90~92쪽.

38　"二月, 田於釜山, 五旬乃返."(『三國史記』 권 24 백제본기 2 고이왕 5년조)

산의 위치는 『삼국사기』의 三國有名未詳地分에 실려 있으나 동서의 漢州 唐恩郡 振威縣조에는 "진위현은 본래 고구려 釜山縣인데 경덕왕이 이름을 바꾸었다."[39]는 기록을 통해 평택시 진위면 일대로 비정하고 있다.[40] 부산의 전렵 50일은 온조왕이 주양과 패하를 순행하고 돌아온 기간인 50일과도 일치하여 부산이 변경지역임을 시사한다.[41] 더구나 온조왕조의 기년상의 불안정에 비하여 고이왕조의 기년은 대체로 신빙한다. 고이왕이 전렵한 부산지역이 지금의 안성천유역인 진위이고 그 기년을 인정하면 백제가 238년 안성천유역을 확보한 것으로 이해할 수 있다.

　그러나 문제는 단순하지 않다. 우선 부산의 위치를 진위로 확정할 수 있는가의 문제가 있다. 이미 『삼국사기』에서도 부산의 위치를 三國有名未詳地分으로 구분하여 구체적으로 확정하지 않았다. 『삼국사기』 지리지의 편찬자가 진위현의 연혁을 몰랐을 가능성은 낮기 때문에, 적어도 동서의 편찬자는 고이왕대의 부산을 진위현과 동일시하지 않았음이 분명하다. 이를 증명하는 것이 『삼국사기』 지리 4 고구려조에는 이 지역을 松村活達이라고도 언급하고 있고[42] 또한 『고려사』 지리지 1 양광도 水州 진위현조에는 "옛날 淵達部曲으로 金山縣으로도 일컬었다고 한다."[43]라고 기록하고 있기 때문이

---

39 "振威縣, 本高句麗釜山縣, 景德王改名. 今因之."(『三國史記』 권 35 잡지 4 지리 2 신라 당은군조)

40 이병도, 1976, 앞의 책, 368쪽; 鄭求福 外, 1997, 『譯註 三國史記 3 주석편(상)』, 한국정신문화연구원, 630쪽.

41 박대재, 2024, 앞의 책, 553쪽.

42 "釜山縣, 一云松村活達."(『三國史記』 권 37 잡지 6 지리 2 고구려 한산주의 주·군·현·성조)

다. 결국 부산을 지금의 진위로 확정하는 것을 어렵게 한다. 더구나 앞서 언급한 화성 요리고분군에서 출토된 금동관모의 제작시기가 4세기 후반이라는 점과도 부정합 된다. 따라서 고이왕대의 부산의 위치를 통해 이때 안성천유역을 확보했다고 보는 것은 어렵지 않을까 한다.

한편 웅천의 진출과 마한의 멸망은 아산의 진출과정을 이해하는 데 있어 표리관계이다. 온조왕 27년 "마한이 드디어 멸망하였다." 하면서 그 뒤이어 아산지역에 대두산성을 축성하였다는 기사가 나오기 때문이다. 결국 앞의 웅천의 진출시점 그리고 마한의 멸망 시점을 고려하여 아산의 진출시점도 이해할 필요가 있다. 물론 그 문제의 핵심은 대두산성과 탕정성의 축성 및 아산에서의 전렵한 시기의 문제이다. 이점은 결국 아산지역이 온조왕대에 영역으로 확보한 것인지와 연계되는 것으로써 아산지역 진출시기를 이해할 때 가장 핵심적인 부분이다. 그러나 앞서 살펴본 바와 같이 문헌기록만을 가지고 이 시기를 확정하기는 어렵다고 생각한다. 따라서 아산지역의 고고학적 현황을 살펴보고 이를 통해 문헌기록의 기년과 고고학적 편년을 정합적으로 이해할 필요가 있다.

Ⅲ. 아산지역의 고고학적 검토

아산지역은 개발의 수요로 인하여 구제발굴의 빈도수가 급격하

---

43 "振威縣本高句麗釜山縣【古淵達部曲, 一云金山縣, 又松村活達】"(『高麗史』 권
    10 지리 1 양광도 수주 진위현조)

게 증가되면서 지역 내에서 많은 유적이 조사되었다. 이로 인해 기록이 부족한 아산지역에 대하여 보완하여 이해할 수 있게 되었다. 앞서 검토한 온조왕조의 기록을 보완하기 위하여 이하에서는 아산지역에서 조사된 고고학적 내용을 검토해보고자 한다. 다만, 개별적인 유적을 상술하기보다는 전체적으로 이를 살펴보고[44] 최근에 새롭게 확인된 승계산성을 살펴보고자 한다.

아산지역은 중서부지역에 위치하며 북으로 아산만을 통해 서해안과 연결되고 있다. 아산의 남쪽에 형성되어 있는 차령산맥으로 남쪽은 높은 산지로 이루어져 있는 반면, 북쪽은 낮은 구릉성 산지들이 발달되어 있다. 서북류하는 곡교천을 중심으로 하고 이에 합류하는 많은 지천 주변으로 비옥한 충적평야가 형성되어 있어 매우 유리한 자연환경을 갖추고 있다. 이처럼 유리한 자연조건으로 대규모의 유적들이 형성되었다. 특히 전기 청동기시대부터 대규모 취락이 형성되는 점은 주목된다. 이를 통해 우리나라 중서부지역의 청동기시대 문화상을 연구하는데 중요한 지역으로 평가되고 있다.[45] 이러한 청동기시대의 양상은 이후 철기시대까지로도 이어진다. 대표적인 철기시대 유적이 바로 남성리 석관묘유적이다. 비록 적석석관묘 1기만 조사되었지만, 대규모로 출토유물 또한 세형동검 9점, 동경 2점, 검파형동기, 방패형동기, 선형동부, 관옥 등 다량의 일괄

---

44 최근 아산지역에서 조사된 마한·백제 유적을 집성한 자료집이 출간되었다.(고려대학교 한국사연구소, 2022, 『아산의 마한·백제』, 아산시) 이하에서의 유적에 대한 설명도 이 자료집을 중심으로 작성하였음을 밝혀둔다.

45 오규진, 2012, 『곡교천유역 역삼동유형 취락 연구―자연과학적 분석을 중심으로』, 고려대학교 박사학위논문.

유물이 출토되었다.[46] 예산 동서리유적, 대전 괴정동유적과 유사하며, 하나의 특징적인 문화권을 형성하고 있어 이 지역 최고의 수장층 무덤으로 추정된다. 농업을 기반으로 성장한 청동기시대를 배경으로 형성된 철기시대는 이처럼 새로운 선진기술을 도입하여 큰 규모의 정치체가 형성되었으며, 이는 마한의 국읍으로 발전되는 계기가 되었을 것이다.

남성리 석관묘유적은 대략 기원전 3세기 정도로 편년되는데, 늦어도 이때부터는 아산지역에 강력한 정치체가 성립되었을 가능성이 높다. 이렇게 형성된 정치체는 이후 주변지역으로 더욱 확대되었다. 이러한 양상은 아산지역에서 조사된 유적현황을 통해서도 입증된다. 이 시기의 유적으로는 갈산리유적, 명암리 밖지므레유적, 용두리 진터유적, 갈매리유적, 북수리유적, 공수리유적 등이 대표적이다. 모두 곡교천유역을 중심으로 하여 북쪽의 탕정면, 남쪽의 배방읍 일원에 집중적으로 분포하는 특징을 보인다. 이러한 유적의 밀집 분포성 그리고 출토유물 현황 등을 고려할 때 대단위 규모라는 점은 마한의 유력한 소국의 존재 가능성을 매우 높여준다.

아산지역에서 조사된 마한유적 중 우선 주목되는 대상은 위신재가 출토되고 조합식우각형 파수부호 등 영남지역과 연결되는 공수리유적이다. 공수리 유적은 조선시대 유구를 제외하면 모두 마한시대에 조성된 유구만 조사되었다. 절반 정도의 지역이 훼손된 상태에서 조사되었음에도 불구하고 주구토광묘 10기, 토광묘 21기, 옹관묘 6기 등이 발굴되어 매우 밀집도가 높은 유적이다.[47] 유적은 단

---

46 한병삼·이건무, 1977, 『남성리석관묘』, 국립중앙박물관.

순 토광묘만 조성되는 단계와 주구토광묘가 출현하는 단계로 구분
할 수 있다. 출토유물은 유개대부호, 조합식우각형파수부호, 심발형
토기 등 토기류가 대다수이지만, 경주 사라리유적에서 출토된 것과
유사한 청동검파부를 비롯하여 철제환두소도, 철제대도 등이 확인
되었다. 출토유물을 통해 볼 때 공수리유적의 조성시기는 대체로
2세기 전반에서 3세기 후반 정도의 위치에 있다. 유구의 밀집도와
출토유물의 부장양상을 고려할 때 당시 지역의 최고 수장층의 분묘
군으로 추정된다.

공수리유적과 거의 동시기에 조성된 탕정지역의 명암리 밖지므
레유적[48]과 용두리 진터유적[49]의 경우도 백제적 요소가 거의 없거나
아니면 후대에 소수 편입되는 정도이다. 상기 유적 또한 공수리유
적과 마찬가지로 토광묘와 주구토광묘가 주로 조사되었는데, 단일
유적으로 동시기에 조성된 유적 중 최대규모이다. 출토유물은 마형
대구, 환두도, 철모, 유리구슬 등을 비롯하여 유개대부호, 원저단경
호, 원통형토기, 심발형토기 등이다. 이중 출토된 마형대구는 북수
리유적에서 확인된 예까지 포함하면 다른 지역과 비교하여 높은 빈
도를 보인다. 또한 다른 지역에서 출토된 마형대구의 형태와 시문
된 문양에서 차이를 보이는 사례도 있어 하나의 정치체에서 사여된
것이 아닐 가능성이 높다. 출토유물을 통해 볼 때 2세기 초반부터

---

47 기호문화재연구원, 2020, 『아산 공수리유적—배방센트럴시티 지역주택조합 아
    파트부지 문화재 발굴조사』, 기호문화재연구원.
48 충청남도역사문화연구원, 2011, 『아산 명암리 밖지므레 유적(2-1지점)』; 충청
    남도역사문화연구원, 2011, 『아산 명암리 밖지므레 유적(2-2지점)』; 충청남도
    역사문화연구원, 2011, 『아산 명암리 밖지므레 유적(3지점)』.
49 충청문화재연구원, 2011, 『아산 용두리 진터 유적(Ⅱ)』, 충청문화재연구원.

3세기 후반까지의 시간 폭을 갖는다. 한편 동일 분포권의 유적 중 백제시대의 석곽묘가 조사되었는데, 매우 소규모로 확인된다. 편년은 마한 분묘의 조성이 거의 단절되어 영향력이 소멸된 단계로 빠르게 잡으면 4세기 초반 혹은 4세기 중반부터 조성된 것으로 이해된다.[50]

이러한 분묘유적과 다르게 주목할 수 있는 유적은 갈매리 유적[51]과 북수리 유적[52]이다. 이 양 유적은 명칭상으로는 구분되지만 회룡천을 중심으로 남북으로 형성되어 있어 실상은 동일한 세력권이다. 이중 갈매리유적의 경우 마한시대부터 백제시대에 이르는 주거지와 掘立柱, 竪穴, 구상유구, 우물, 工房址, 소토구덩이 등이 조사된 대규모 취락유적이다. 특히 Ⅲ구역에서는 경기도와 강원도지역에서 주로 확인되는 평면형태가 육각형으로 長梯形에 가까운 출입시설이 돌출되어 있는 주거지가 확인되기도 하였다. 출토유물은 토기류, 토제품류, 철기류, 목제류 등 다양하게 확인되었다. 토기류는 경질무문토기와 타날문토기로 기종은 심발형토기, 장란형토기, 시루 등과 백제 한성기의 토기인 고배, 삼족기, 장경호 등도 출토되었다.

---

50 충청문화재연구원, 2011, 『아산 명암리유적(12지점)』, 충청문화재연구원.

51 고려대학교 고고환경연구소, 2007, 『牙山 葛梅里(Ⅲ地域) 遺蹟』, 고려대학교 고고환경연구소; 李南奭·李賢淑, 2007, 『牙山 葛梅里(Ⅰ地域)遺蹟』, 공주대학교박물관; 충청남도역사문화연구원, 2007, 『牙山 葛梅里(Ⅱ地域) 遺蹟』, 충청남도역사문화연구원.

52 동아세아문화재연구원, 2018. 『아산 북수리 유적』, 동아세아문화재연구원; 호남문화재연구원, 2018, 『아산 북수리 유적 Ⅰ·Ⅱ-아산 배방월천지구 도시개발사업(Ⅰ-③구역) 부지 내 문화재 발굴조사』, 호남문화재연구원; 중부고고학연구소, 2018, 『아산 배방월천지구 도시개발사업(Ⅱ-②구역)부지 내 牙山 北水里 遺蹟』, 중부고고학연구소.

토제품으로는 방추차, 내박자, 아궁이틀, 송풍관 등이고, 철기는 철부, 철겸, 도자, 슬래그 등이 출토되었다. 목제품은 자귀자루, 망치, 절구공이, 괭이 등 건축 부재 등이다. 유구와 출토유물의 양상을 고려할 때 일반적인 취락유적보다는 생산과 유통의 성격이 강한 유적으로 추정한다. 유구와 유물을 고려할 때 대체로 3세기 후반부터 5세기까지이다.

북수리유적은 갈매리유적과 마주하고 있으며, 전체적으로 생활유적과 분묘유적으로 구분된다. 생활유적은 저지대에 형성되어 있고 분묘유적은 구릉지대에 조성되어 있다. 생활유적은 고상건물지, 수혈주거지, 수혈유구, 제련로, 구상유구, 집수정, 경작유구 등이 확인되었으며, 출토유물은 시루, 발형토기, 대옹 등의 토기류와 철도자, 철부, 슬래그 등의 철기류이다. 조성시기는 대체로 3세기 후반~4세기 중반으로 생각된다. 그런데 흥미롭게도 분묘유적에서는 분묘 간의 간격이 축소되고 토광묘와 주구토광묘와 구별되는 새로운 유형의 토광묘로 대체되는 양상을 보인다. 부장유물 또한 광구호나 직구호 등 한성백제와의 관련성이 뚜렷한 토기 기종이 주를 이루며 금동이식, 흑색마연호, 단봉문환두대도 등의 위세품도 확인된다. 고분의 조성시기는 4세기 후반~5세기 초반에 위치한다.

한편 이러한 갈매리·북수리유적과 연계되는 갈매리 목책유적[53]이 주목된다. 갈매리 목책유적은 갈매리유적과 북수리유적의 후면부의 산 정상부에 위치하고 전체가 조사되지는 못했지만, 능선 전체를 감싸는 테뫼식의 형태로 목책이 조성된 것으로 파악된다. 조

---

53 금강문화유산연구원, 2017, 『아산 갈매리 목책 유적』, 금강문화유산연구원.

성시기도 출토되는 유물과 방사성탄소연대가 하단부의 갈매리유적과 동일하므로 3~4세기 대에 축조된 것으로 보인다. 이러한 목책시설을 상장의례와 관련지어 해석[54]하는 경우도 있지만, 목책렬은 마한세력에 의해 축조된 방어시설로 보는 것이 합리적이다.

이처럼 아산지역에서 조사된 유적의 조성과 영위시기를 살펴볼 때 아산지역은 빠르면 3세기 후반 늦으면 4세기 초반까지는 마한문화가 중심을 점유하고 있었음을 알 수 있다. 특히 마한의 치소일 가능성이 높은 갈매리 목책유적이 4세기 초반까지 유지되고 있었다는 사실은 중요하다. 더구나 탕정지역에서 확인된 분묘유적군에서 백제시대 고분양식이 도입되고 한성양식 토기가 부장되는 것이 4세기 초반에 소규모적으로 이루어지다가 북수리유적 단계의 4세기 후반에 접어들면 한성양식의 토기가 주를 이루고 있다는 사실도 고려될 필요가 있다. 즉, 아산지역에서 조사된 물질자료를 통해 본다면 백제의 영향력은 아무리 빠르게 잡아도 3세기 후반을 넘지 못하게 되는 것이다.

다만, 지금까지 아산지역에서 확인된 유적은 모두 취락이나 분묘유적이어서 백제의 진출시기를 확정하기에 어려운 요소가 있다. 그런데 최근 기존 조사된 백제 유구와 유물의 편년을 보완하고 백제의 아산지역 진출시기를 가늠할 수 있는 산성유적이 새롭게 조사되었다.[55] 이를 통해서 앞서 살펴본 아산지역의 고고자료와 함께 고

---

54 이남석·이현숙, 2016, 「백제 상장의례의 연구」『백제문화』 54, 329~330쪽.

55 승계산성은 승계산의 정상부에 위치하기 때문에 명명된 호칭이다. 산성은 기존까지 현황이 알려져 있지 않았으나 둔포지구 도시개발사업 지표조사 과정에서 새롭게 확인되었다.(비전문화유산연구원, 2022, 『아산 영인면 신봉리 산37-1

찰해 본다면 좀 더 백제의 아산지역 진출시기를 구체화할 수 있을 것이다. 새롭게 조사된 산성은 승계산성[56]으로 아산시 영인면 신봉리와 둔포면 신항리의 경계를 이루고 있는 승계산(해발고도 175.8m)의 정상부 일대에 위치한다. 형태는 승계산의 정상부를 둘러싸면서 북서쪽의 작은 계곡을 포함하고 있는 산정식(테뫼식)에 가까운 포곡식 산성이다. 성벽은 토축으로 축조되었으며, 급경사를 이루는 남사면과 동사면의 일부분을 제외한 남벽과 동벽, 서벽, 북벽에서 토루의 잔존 모습이 명확하게 확인된다. 북벽의 돌출부와 토루 상단부에서 보강용으로 보이는 석렬이 부분적으로 확인되기도 하지만, 토루의 잔존양상과 성벽 주변에서 붕괴된 성돌의 흔적이 확인되지 않는 점을 고려할 때 자연지형을 이용하여 축조한 토축산성이 분명하다. 승계산성의 둘레는 토루 상단의 외부를 기준으로 880m로 계측되며, 내부 면적은 약 28,414㎡로 산정된다. 아산시 관내에 위치한 산성 가운데 비교적 규모가 큰 최상급 산성에 해당한다. 토루 상단의 너비는 평균 3m 정도이며, 성벽 외부의 기저부에서 상단까지의 높이는 약 4.9~11m 정도로 확인된다.

산성 내 시설로는 남벽과 동벽, 서벽, 북벽 토루의 내부 평탄지에 회곽도가 조성된 것으로 파악된다. 그리고 2개소의 문지와 건물지 10개소, 추정 장대지 1개소, 추정 집수지 1개소, 추정 수구 1개소가 존재한다. 문지는 북벽 중앙에서 북동쪽으로 치우쳐 토루가 단절된 부분에서 북문지 1이, 북서쪽 회절부에서 2개의 출입로로 구성된

번지 일원 둔포지구 도시개발사업 부지 문화재 지표조사 보고서』)
56 이하의 승계산성에 대한 설명은 아래의 보고서를 중심으로 정리하였다.
    비전문화유산연구원, 2022, 『아산 승계산성 정밀지표조사보고서』, 아산시.

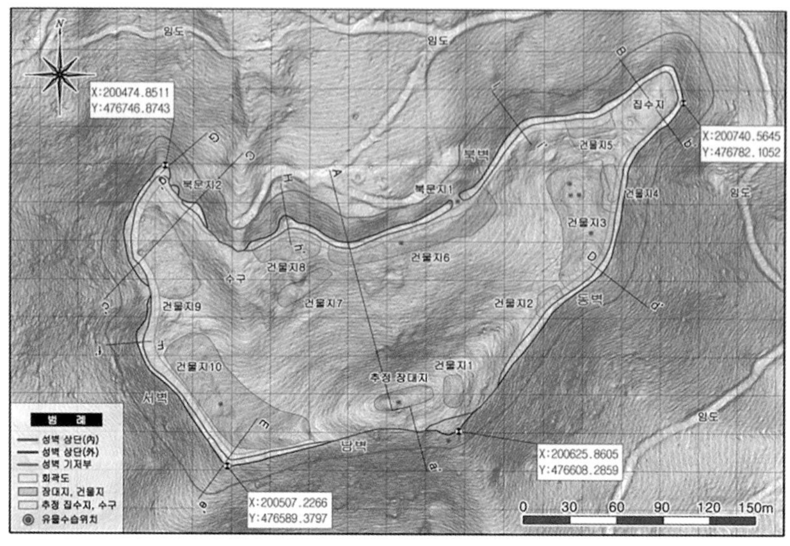

[그림 1] 아산 승계산성 평면도

북문지 2가 확인된다. 토루에서 돌출부가 확인되기도 하는데, 치인 지 여부는 발굴조사후 확인이 가능하다. 추정 장대지는 승계산의 정상부 가장 높은 곳에 위치하며, 장타원형의 좁고 평탄한 지형을 이루고 있다. 장대지는 고용산에 의해 시야가 차단된 서쪽을 제외 한 동·남·북쪽 일대의 평야지대가 한눈에 조망된다. 건물지는 승계 산성의 북동쪽과 북서쪽 능선부 일대에 형성되어 있는 넓은 평탄지 에서 중심건물지 2개소가 위치한 것으로 추정되며, 북벽 내부의 평 탄면에는 성벽을 따라 회곽도와 함께 다수의 건물지가 존재하는 것 으로 확인되었다. 이외에 남서쪽 모서리에서 규모가 큰 건물지와 성벽에 인접하여 소규모의 건물지가 분포한 것으로 보인다. 추정 집수지는 북동쪽 토루의 회절부 내부에 위치한다. 배수구 등의 시 설은 확인되지 않았지만, 승계산 정상에서 북동쪽 사면부로 모이는 유수를 집수한 시설로 추정된다. 수구는 북서쪽 소곡부 상단에 위치하며 성 내부의 유수를 배수하기 위한 시설이 존재하는 것으로 추측된다. 이외에 우물 등의 시설은 확인되지 않았다.

유물은 산성의 건물지와 문지, 토루 등에서 삼족토기편과 호형, 옹형, 반형토기편, 격자문과 사격자문, 승석문, 평행집선문이 타날된 회청색경질토기편 등이 채집되었으며, 중국제 시유도기편이 다수 확인되었다. 기와편은 거의 확인할 수 없었다. 이중 기형과 편년을 확인할 수 있는 기종이 삼족토기편이다. 삼족토기편은 유개식으로 전체적인 기형을 확인할 수 있는데, 직립한 구연부에 각진 어깨를 갖추고 배신이 반구형으로 깊어지는 형태이다. 다리는 배신의 중간에 사선방향으로 부착되어 있고 전면을 깎기 기법으로 조정하였다. 전체적인 기형으로 보아 백제 한성기에 속하는 삼족토기편으로 판단되며, 4세기 말에서 5세기 중반경으로 편년이 가능하다. 다른 삼족토기편 또한 전체적인 기형상 백제 한성기에 제작된 것으로 판단된다. 이외에 평행집선문이 타날된 호형토기, 광구장경호 구연부편, 단경호 구연부편, 장동호 구연부편, 집선문을 타날한 후에 횡침선을 시문한 회청색경질토기편 등도 다수 수습되었는데, 모두 한성기 토기에서 볼 수 있는 기종들이다.

특히 주목되는 점은 평탄지의 장방형 석재 주변에서 중국제 시유도기편[57]이 다수 수습되었다는 점이다. 기종(器種)은 흑갈유시유

57 　시유도기는 높이 80㎝, 구경 40㎝, 저경 30㎝ 전후의 크기에 타원형 동체, 말린 입술, 평저, 청회색 벽심, 흑갈색 釉, 4개의 귀, 동체에 시문된 線紋과 鋸齒文 등을 특징으로 한다.(권오영, 2002, 「풍납토성 출토 외래유물에 대한 검토」, 『百濟研究』 36, 28쪽)

[그림 2] 아산 승계산성 채집유물(좌 삼족토기편 / 우 시유도기편)

도기옹(黑褐釉施釉陶器甕)이며, 태토와 정면기법, 시유된 양상으로
보아 2개체로 분류가 가능하다. 1개체는 옹 동체부편으로 정선된
태토에 테쌓기 기법으로 성형한 흔적이 내면에서 확인되며, 외면
전체에는 흑갈유가 피복된 상태이다. 기벽의 두께는 1.2~1.8㎝ 정
도이다. 시유도기옹의 동상위 부분에 해당하는 동체부편으로 판단
된다. 2개체는 흑갈유가 시유된 옹으로 구연부를 바깥으로 접어 성
형하였으며, 견부를 구연부보다 약간 높게 성형하고 외면에 고리형
귀를 종방향으로 부착한 형태이다. 시유도기 견부의 4방향에 고리
형 귀를 부착한 것으로 추정된다. 기형은 둥근 견부에서 저부쪽으
로 세장하게 좁아지며, 저부는 평저이다. 저부의 두께는 1.8㎝이며,
동체편의 두께는 1.6~2.5㎝ 정도이다. 동체 내면에는 테쌓기 기법
으로 성형한 흔적이 확인되며, 견부 내면에는 내박자 흔적이 남아
있다. 외면에는 전체적으로 흑갈유가 흘러내린 양상이다. 승계산성
에서 확인된 중국제 시유도기옹은 부안 죽막동 제사유적과 서울 풍
납토성 현대연합부지 토기폐기장 유구에서 거의 동일한 기형이 출
토된 바 있으며, 서울 풍납토성 경당지구 196호 유구에서도 施釉
(錢文)陶器甕 33점이 각종 백제토기와 함께 확인된 바 있어 비교가

가능하다. 지금까지 시유도기의 제작시기는 중국의 서진과 동진대에 제작된 것으로 보고 있으며[58], 경당지구 196호 유구 출토품은 기원후 3세기 후반에서 4세기 전반으로 편년된다.[59]

이러한 조사결과를 바탕으로 할 때 승계산성은 백제 한성기라는 특정시기의 유물이 중심을 이루는 양상이다. 결국 유물 상으로 본다면 승계산성의 초축은 시유도기의 유통과정을 고려해 빠르게 잡으면 백제 한성기인 4세기 중반에서 말경을 넘지 못할 것으로 추정된다. 승계산성은 아산만 및 안성천 주변의 수계망과 함께 평택·천안 등지와 연결되는 지점으로 한성백제가 남부지역으로 확장해가는 전초기지로서 축성되었을 것으로 추정된다. 특히 승계산성 내부에서 다량의 시유도기편이 확인되었다는 점에서 백제가 매우 중요한 거점지역으로 인식하고 있었을 뿐만 아니라 나아가 백제의 대중국 해상교류의 중요거점으로도 활용된 것으로 판단된다. 더구나 입지적으로도 승계산성이 축성된 지역에서는 배방과 탕정지역에서 밀집적으로 마한유적이 확인된 것과는 다르게 대규모의 마한유적이 조사되지 않았다. 이러한 부분도 승계산성이 이 지역에 축성된 것과의 상관성이 고려된다.

그동안 아산지역에서 한성기에 축성된 산성이 구체적으로 확인되지 않아 어려움이 있었는데, 승계산성의 확인을 통해 백제의 아산지역의 진출과 경영을 구체화할 수 있다. 즉, 앞서 살펴본 아산지

58 조윤재, 2011, 「고고자료로 본 백제와 남·북조의 교섭」, 『한국 출토 외래유물 초기철기~삼국시대』 2, (사)한국문화재조사연구기관협회, 1374쪽.

59 한지수, 2010, 「百濟 風納土城 출토 施釉陶器 연구―경당지구 196호 유구 출토품과 중국 자료와의 비교를 중심으로」, 『百濟研究』 51, 3~34쪽.

역의 마한유적의 검토 결과 4세기 초반까지는 마한문화가 점유되고 있는 양상을 확인하였다. 이러한 물질자료의 시간축과 백제 한성기에 축성된 것이 확실한 승계산성을 아무리 빠르게 잡아도 4세기 중반을 넘지 않는다는 사실은 잘 부합된다. 특히 이러한 아산지역의 양상은 안성천유역의 흐름과도 매우 유사하다. 즉, 안성천유역의 경우 4세기 중반에 백제문화가 유입되고 도기동산성이 4세기 후반에 축성된 사실에서 그렇다. 즉, 아산지역 또한 4세기 초반에 백제문화가 유입되어 혼재된 과도기를 거쳐 4세기 중반 이후 산성이 축성되는 것이다. 물론 도기동산성처럼 승계산성이 발굴조사되지 않았기 때문에 구체적인 연대는 향후 정치하게 조정될 필요성은 있다. 그것은 지표조사 단계에서 안성천유역보다 아산지역의 진출시점이 좀더 빠른 것으로 보이고 있다는 점에서 그렇다.

아무튼 아산 승계산성의 확인을 통해 아산지역의 진출시기는 늦어도 4세기 중반 정도에는 위치시킬 수 있다. 또한 흥미로운 사실은 승계산성이 곡교천의 북부지역에 위치한다는 점이다. 백제는 아산지역을 진출하면서 대두산성을 축성하고 그 이후 탕정성을 축조하였다. 그리고 대두산성의 백성을 탕정성으로 사민시켰다. 이러한 기록의 흐름을 볼 때 대두산성이 탕정성보다 북쪽에 위치하였을 가능성이 높다. 이로 인하여 그동안 대두산성을 곡교천의 북쪽에 위치한 수한(물앙)산성[60]이나 영인산성[61]으로 비정하였던 것이다. 그러나 대두산성이 아산지역에 위치하였다는 점은 학계의 지지를 받았

---

60 이기백, 1978, 「熊津時代 百濟의 貴族勢力」, 『百濟研究』 9, 16~17쪽.
61 유원재, 1992, 「百濟 湯井城 研究」, 『百濟論叢』 3, 98~100쪽.

으나 구체적인 산성에 대해서는 문제가 없지 않았다. 그것은 그동안 비정된 수한산성과 영인산성 모두 출토유물을 고려할 때 초축시기를 한성기로 소급할 수 없었기 때문이다. 따라서 금번 조사된 승계산성은 백제가 처음으로 아산에 진출하여 축성한 대두산성일 가능성이 높다. 더구나 대두산성 축성 이후 새롭게 축성한 탕정성이 곡교천 남부지역인 아산 읍내동 산성[62]으로 유력하게 비정되고 있는 만큼 이러한 산성의 분포양상도 기록과 잘 부합된다. 한성지역의 백제가 아산의 북부지역을 점령하고 축성한 후 아산지역을 분절하는 곡교천을 도하하여 탕정지역을 새롭게 점령하고 탕정성을 축성한 것으로 풀이된다. 이후 아산지원에서 전렵한 행위는 이러한 축성작업이 완료되어 아산지역이 안정화되었던 단계이다. 그러한 시차를 구체적으로 확정하기는 어렵지만, 다소 존재할 가능성은 높다. 향후 읍내동산성에 대한 정밀조사[63]가 진행된다면 이러한 문제를 해결할 수 있을 것이다. 최근 읍내동산성은 아니지만, 그 하단부에 위치한 온주관아에서 '湯井'이라는 통일기 혹은 고려시대 명문와가 출토되었다는 점[64]은 읍내동산성과 탕정성과의 관련성을 더 높여준다.

62　유원재, 1992, 위의 논문, 68~81쪽.

63　아산 읍내동산성의 지표조사 결과 한성기의 유물로 추정되는 토기편이 조사되기는 하였으나(한얼문화유산연구원, 2009, 『아산 읍내동산성·성안말산성』, 아산시) 구체적으로 편년하기는 어려운 상황이다. 뿐만 아니라 아산 읍내동산성의 초축을 한성기로 소급할 수 없다는 견해도 존재하고 있어 이 문제는 좀더 정밀한 조사가 필요한 실정이다.(정치영·주혜미, 2009, 「牙山 邑內洞山城 기와의 特徵과 年代」, 『전통문화논총』 7, 179~218쪽)

64　비전문화유산연구원, 2024, 「아산 온주아문 정비사업부지 내 유적 현장설명회 자료집」.

결국 백제가 아산으로 진출한 시기는 4세기 초반을 넘을 수 없으며, 더구나 아산지역을 직접적으로 경영한 시점은 승계산성이 축성되는 4세기 중반 정도가 되어야 가능하였을 것으로 보인다. 따라서 기존 온조왕조의 기록을 고이왕대의 사실이 소급되었다고 이해하는 것보다는 오히려 4세기 대의 상황이었음을 물질자료는 웅변하고 있으므로 비류왕대나 근초고왕대로 보는 것과 정합적으로 설명이 되는 부분이다. 이를 좀 더 좁혀본다면 근초고왕대 지금의 전라도 지역을 영역화한다는 점을 고려할 때 오히려 비류왕대인 4세기 초반일 가능성이 높지 않을까 한다. 다만, 구체적인 시간은 승계산성이 발굴조사되어 초축시점을 파악한다면 더 분명하게 설정될 수 있을 것이다.

Ⅳ. 맺음말

이상으로 백제의 아산지역 진출시기에 대한 부분을 재검토하였다. 이미 충분하게 논의된 바처럼 백제 온조왕조에 기록된 사건의 기년을 그대로 수용하지는 않는다. 다만, 그렇다고 해서 내용까지는 부정하지 않으며, 기년을 재조정하여 이를 활용하여야 한다. 그러나 기년의 조정이 필요한 것은 분명하지만 이를 어떠한 기록과 정황을 고려하여 적용할지에 대해 연구자 간의 간극이 큰 것은 여전히 큰 문제이다. 결국 현재에서 그러한 기년을 재조정할 때 가장 유효한 방법은 문헌기록과 물질자료와의 정합성에 있다.

아산지역의 대두산성과 탕정성의 축성 그리고 아산지원에서의 전렵행위는 백제가 아산지역을 직접지배화 했다는 의미이다. 백제의 아산진출은 온조왕조의 다른 기록을 함께 검토해 볼 때 마한지역으로의 진출과 멸망이라는 기사와 연계되는 것은 분명하다. 그러므로 아산지역에서 확인된 마한지역의 물질자료가 언제 백제로 변화되었는지 그리고 백제의 산성이 언제 축성되었는지를 함께 검토하는 것이 백제의 아산진출 시점을 파악할 수 있는 중요한 방법론이다. 이러한 방법론이 적용 가능할 수 있도록 최근 아산지역의 발굴현황을 검토하고 한성기에 축성된 것이 분명한 승계산성을 새롭게 소개하였다. 특히 승계산성의 축성은 백제가 아산지역으로 진출한 시점을 파악할 수 있는 중요한 사건이다.

승계산성에서 채집된 삼족토기편과 시유도기편을 통해 볼 때 승계산성은 한성기에 축성된 것이 분명하다. 기존의 삼족토기와 시유도기의 편년안을 고려할 때 빠르게 본다면 4세기 중반 정도에 초축된 것으로 추정된다. 이러한 승계산성의 축성시점과 함께 살펴본 아산지역의 마한유적에 대한 편년도 승계산성의 초축시점과 대체로 부합되는 양상이다. 즉, 4세기 초반까지는 마한문화가 중심적으로 점유되고 있다가 이후부터 백제의 고분양식과 한성토기가 유입되고 있다. 따라서 아산지역에서 지금까지 조사된 물질자료의 양상을 볼 때 아산지역은 늦어도 4세기 초반 백제의 영향권에 편입되었다가 4세기 중반에 백제가 산성을 축성하면서 직접지배 형태로 전환된 것으로 보인다. 이렇게 직접지배 형태로 전환하게 되면서 백제화는 매우 빠르게 가속화되었을 것으로 생각된다. 결국 지금까지 문헌사에서 검토된 아산진출의 시점 중 물질자료와 정합적으로 해석될 수 있는 것은 4세기 초반인 비류왕대로 생각된다. 따라서 온조왕대의 아산지역의 축성과 전렵 사건은 비류왕대의 사실이 소급된 것으로 이해된다.

한편 지금까지 대두산성은 영인산성 혹은 수한(물앙)산성으로 비정되어 왔으나 모두 한성기에 축성되지 않았다는 문제점이 상존하였다. 그러나 곡교천 북부에서 한성기에 축성된 승계산성이 확인됨으로써 기록 속의 대두산성을 승계산성으로 비정할 수 있게 되었다. 이에 대비하여 탕정성은 지금의 읍내동산성으로 추정된다. 더구나 대두산성과 탕정성의 축성은 표리관계에 있는데, 이는 아산지역을 분절하는 곡교천의 북부지역에 우선 진출하고 이후 곡교천의 남부지역으로 진출한 상황을 반영한 것으로 생각된다.

다만, 논의의 가장 핵심적인 대상인 승계산성은 현재 발굴조사 자료가 아닌 지표조사 자료라는 명백한 한계가 있다. 따라서 이러한 자료를 중심으로 논지를 전개하다보니 근거가 부족한 부분이 상존하며, 다양한 역사적 맥락을 확인할 수 없었다. 이러한 문제점은 향후 아산 관련 자료 이외에도 남부지역 진출을 보여주는 백제의 다양한 기록들과의 엄밀한 사료비판과 아산지역 이남에서 확인되는 백제 한성기 물질자료의 성격에 대한 비교 검토를 통해 보완되어야 할 것으로 판단된다.

아산지역 고대산성의 분포와 축조배경

류창선

Ⅰ. 머리말

아산지역은 한반도 중서부에 위치하며, 동쪽으로는 지형적 제약 없이 천안지역과 연결되고, 서쪽으로는 아산만과 삽교호에 접한다. 남쪽에는 차령산맥을 중심으로 비교적 높은 산지가 발달한 반면, 북쪽에는 낮은 구릉성 산지와 해안에 인접한 평야지대가 분포한다. 또한 지역 중앙부를 관통하는 곡교천을 따라 넓은 충적평야가 형성되어 있다. 이와 같이 바다·하천·산지·평야가 결합된 자연지리적 환경은 선사시대 이래 인간의 거주와 활동에 유리한 조건을 제공하였고, 마한의 유력한 정치체가 성장할 수 있는 기반과 배경이 되었다.

삼국시대에 들어서면서 아산지역은 초기 백제의 영역 확장 과정에서 중요한 역사적 공간으로 부각된다. 마한과의 관계 즉, 백제의 남방 진출 및 세력 확장 과정을 이해하는데 핵심적인 단서를 제공하는 대두산성과 탕정성이 아산지역에 위치한다는 점과 관련된다. 또한, 백제가 웅진으로 천도한 이후의 아산지역은 지정학적으로 북경(北境)에 해당하는 지역으로서 고구려의 남진에 대비한 방어 거점의 역할을 담당하였던 것으로 이해된다. 아산지역 곳곳에 다수의 산성이 축조되어 있다는 점은 이러한 성격을 뒷받침하는 중요한 정황으로 볼 수 있다.

산성은 일반적으로 외적의 침입을 방어하기 위한 군사적 시설이라는 일차적 성격을 지니지만, 동시에 주요 교통로의 결절점을 선점하여 이동을 통제하고, 일정 권역의 행정·군사 기능을 통합하는 중심지로 기능하기도 하였다. 따라서 아산지역에 분포하는 산성은 삼국시대 이후 각 시기별 역사적 상황 속에서 축조·운영된 지역사의 구체적인 반영물로 이해할 수 있다. 개별 산성의 조영 주체와 축조 시기를 단정하기에는 자료적 한계가 존재하지만, 산성의 밀집도와 분포 양상은 고대 이후 아산지역의 위상이 결코 주변 지역에 비해 낮지 않았음을 시사한다.

이 글에서는 아산지역에 분포하는 산성의 기초적인 현황과 고고학적 조사가 이루어진 산성을 중심으로 총괄하여 살펴보고, 백제시대에 축성된 산성을 중심으로 그 기능과 성격을 살펴보고자 한다. 이를 통해 백제가 아산지역으로 언제부터, 어떠한 과정을 거쳐 진출하였는지, 그리고 그 목적은 무엇이었는지 검토해 보고자 한다. 그러한 과정에서 아산지역이 담당하였던 역할과 그에 따른 위상을 이해할 수 있는 단서가 마련될 것이다. 다만 산성은 최초 축조 이후 장기간에 걸쳐 반복적으로 사용·개축되는 사례가 많아, 지표조사 결과만으로 축성 주체나 운영 시기를 특정하기에 분명한 한계가 있다. 따라서 본고의 논의는 향후 시·발굴조사 등 추가적인 고고학적 성과에 따라 수정·보완될 수 있음을 전제로 한다.

Ⅱ. 아산지역의 산성 조사연혁과 현황

1. 아산지역 산성 조사 연혁

현재까지 보고된 바에 따르면, 아산지역에는 모두 29개소의 산성이 분포하는 것으로 알려져 있다. 이는 삼국시대부터 조선시대에 이르기까지 축조된 이후 현재까지 잔존하거나 북수리산성 등과 같이 멸실되어 실체를 확인할 수 없는 경우를 모두 포함한 수량이다.

조선시대 문헌 기록과 고지도, 일제강점기의 조사 자료 등을 토대로 한 기존 연구에서는 약 24개소의 산성이 확인된 바 있으나, 최근 지역 연구자들의 많은 노력으로 인해 학계에 보고되지 않았던 산성이 추가로 확인되면서 전체 수량이 증가하였다[1]. 이러한 점을 감안하면, 향후 미확인 산성이 새롭게 발견될 가능성이 매우 높다.

1) 조선시대~일제강점기

아산지역 산성에 대한 기록은 조선시대에 편찬된 실록·지리지·읍지류 문헌에서 확인된다. 이들 문헌에는 산성의 명칭과 치소 중심지로부터의 거리, 위치, 둘레와 높이 등 규모, 내부 시설의 유무 및 운영 여부 등이 비교적 간략하게 기술되어 있다. 후대에도 재인용되기도 하지만, 산성의 명칭이나 규모, 폐성 여부 등에 차이가 나타나기도 하여, 문헌 기록의 성격과 작성 시점을 고려한 검토가 필요하다.

---

[1] 추가로 확인된 산성의 보고는 아산지역 향토문화연구자 천경석님의 제보와 연구성과 공유에 따른 결과이다.

〔표 1〕 조선시대 문헌기록에 명칭이 기록된 산성

*( )는 현재 명칭

溫陽郡	牙山縣	新昌縣
排方山城	於羅頂山城=於羅項山城(어라항산성) 水漢山城(물한·물앙산성) 鷲里山城=鷲卑山城(쾨꼴산성) 薪城山城(영인산성)	城隍堂山石城=城山城=鶴城 (신창학성)

조선시대 후기의 각종 고지도에는 아산지역에 축성된 산성의 모습이 다양하게 나타난다. 산맥 주변에 산명과 함께 고성(古城), 붉은 점, 이중 원, 투공원 등의 기호, 또는 성벽의 입면을 묘사한 도형을 통해 산성의 위치가 표시되어 있다〔도면 1·2〕. 문헌에 기록된 산성과 가시적으로 드러나 있는 석성을 중심으로 시각화한 결과로 이해된다.

이 가운데 대동여지도는 비교적 축척이 통일되어 있어 현재의 지형과 대조할 경우 거리와 위치를 직관적으로 파악할 수 있다는 점에서 활용도가 높다. 이를 통해 조선시대에 축성된 공세곶창을 제외하고 모두 8개소의 산성이 확인되는데 이는 문헌에 나타나는 산성 목록과 대체로 일치한다. 다만, 일부 차이를 보이는 사례에 대해서는 하나는 음봉면 신수리 산정상부에 축조된 무명산성이 새롭게 나타나며, 다른 하나는 영인산성과 인접한 산성이 확인된다. 무명산성은 이후 추가로 확인되었지만, 영인산성은 내·외 이중성 구조를 표현한 것으로 해석된다. 이와 관련하여 고지도에 표기된 산성은 대부분 석축산성으로, 문헌 기록과 가시적으로 구조물이 비교적 양호하게 잔존하여 인식이 용이한 반면 토축산성은 붕괴와 침식 등으로 인해 외형이 크게 훼손되어, 표면상 산성의 윤곽을 확인하기 어려웠던 점이 산성 인식의 한계로 작용하였을 가능성이 있다.

① 동역도(순조 연간 1800~1834)의 산성

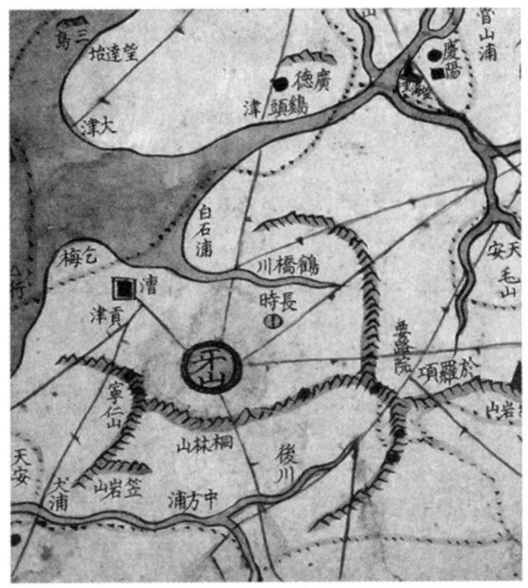

② 대동여전도(19세기 중반 철종연간 1849~)

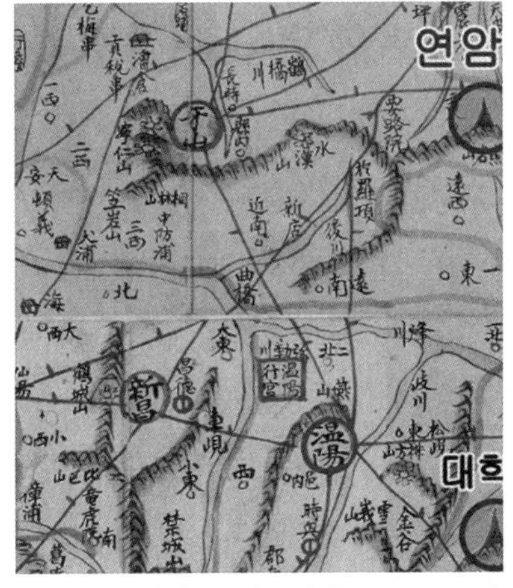

③ 동여도(김정호, 철종연간 1849~1863)

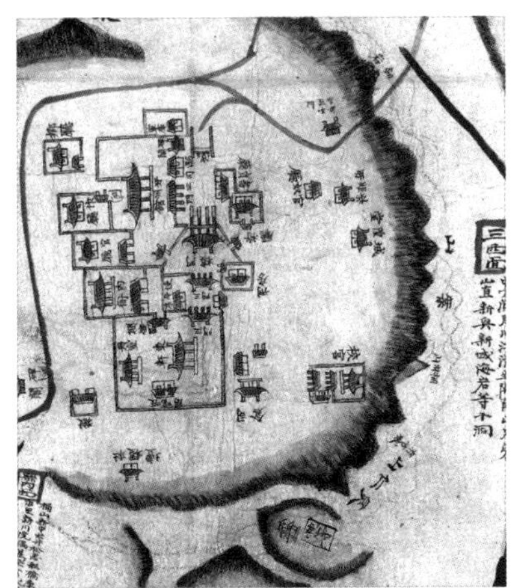

④ 1872년 아산현지도 영인산성

[도면 1] 조선시대 고지도에서 보이는 아산지역 산성 표시일례 1

　　아산지역 산성에 대한 기록은 일제강점기에 제작된 지형도와 측
량 기록을 통해서도 확인된다. 당시 한반도 전반에서 지형도 제작
사업은 군사·행정 통치를 위한 정밀 공간 정보의 확보를 목적으로
단계적으로 진행되었으며, 삼각측량과 수준측량을 기반으로 한 근

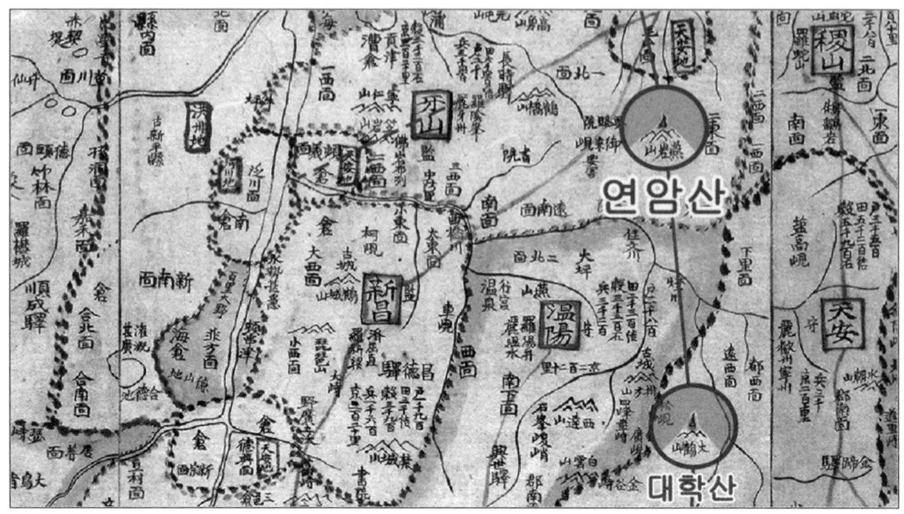

⑤ 청구요람(고종연간 1863~1907)의 아산지역 산성

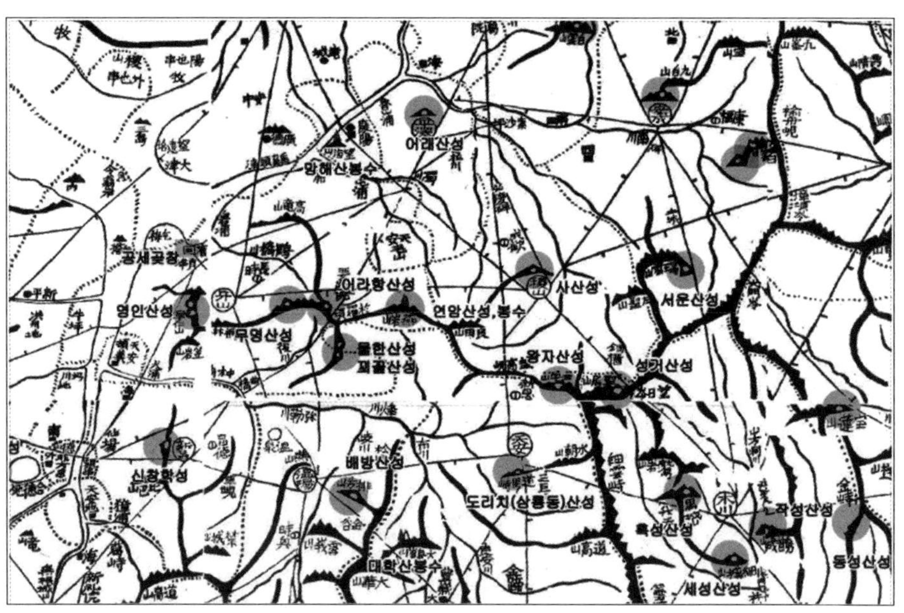

⑥ 대동여지도의 아산지역 산성

[도면 2] 조선시대 고지도에서 보이는 아산지역 산성 표시일례 2

대적 측량 기법이 도입되었다. 이에 따라 1:50,000 및 1:25,000 축척의 지형도가 표준으로 제작되었고, 조선시대 지도와 달리 산지와 하천, 도로, 취락 등 지형 요소와 함께 산성을 비롯한 비석, 왕릉, 사찰, 고적 등이 기호로 비교적 상세하게 표현되어 지금도 지형·지명 연구 분야 등에서도 기초자료로 활용되고 있다.

일제강점기 지형도에서 아산지역의 산성은 지명, 등고선과 함께 1942년 측량도와 거의 동일한 평면형태와 동일한 부호로 표기되어 산성이 위치한 해발고도, 규모 등을 비교할 수 있으며, 水漢城(물한산성)[도면 3-②], 신창학성[도면 3-③], 영인산성[도면 3-④], 꾀꼴산성[도면 3-⑤], 배방산성[도면 3-⑥] 등 비교적 큰 규모의 석축산성이 확인된다[도면 3][2].

이와 같은 일제강점기 지형도 자료와 더불어, 아산지역 산성에 대한 최초의 근대적 고고학 조사는 일제강점기 조선총독부에 의해 진행되었으며, 그 성과는 1942년에 간행된 『조선보물고적조사자료』에 수록되었다. 해당 자료는 아산지역 내 21개소의 성지를 대상으로 하여, 장소와 토지 소유 관계, 산성의 위치와 입지, 둘레, 축성 재료 등에 대해 비교적 간략한 수준의 조사를 실시한 내용을 담고 있다[3][표 2·3].

---

2 성곽은 城墟부호, 석성은 壘石圍 부호 단독, 壘石圍 부호와 山城, ○○城 병기, 토성은 土圍와 土城이 병기되거나, 土圍부호로만 표시된 사례가 있다. 또한, 산성이 위치하는 곳에 岩礫地(돌무더기) 부호가 표시된 경우도 확인된다. 이러한 차이는 측량 당시 산성으로서 인지하였는지의 여부에 따른 결과로 추정된다.

3 해당 내용과 도면은 아래의 보고서를 재인용하였음.
국립중앙박물관, 2010, 『광복이전 조사유적유물 미공개도면 Ⅵ』 충청남도, pp. 220~238. 재인용.

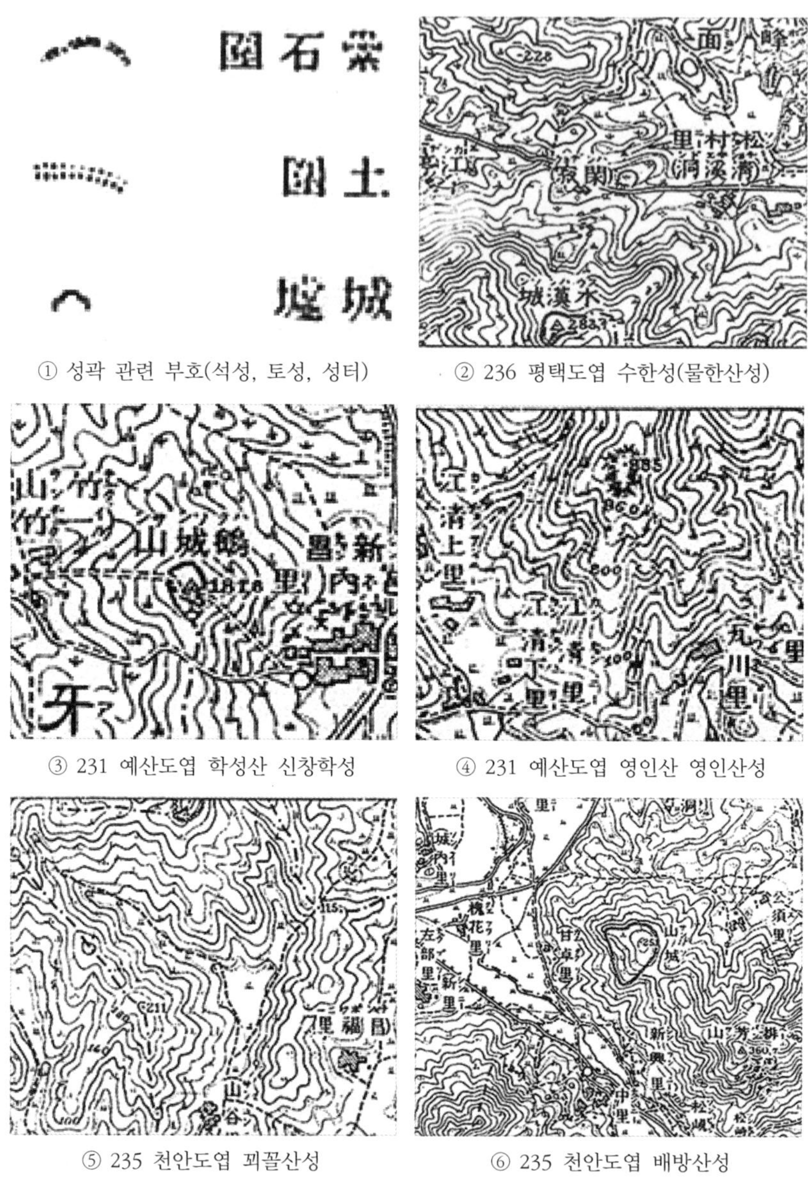

① 성곽 관련 부호(석성, 토성, 성터)

② 236 평택도엽 수한성(물한산성)

③ 231 예산도엽 학성산 신창학성

④ 231 예산도엽 영인산 영인산성

⑤ 235 천안도엽 꾀꼴산성

⑥ 235 천안도엽 배방산성

[도면 3] 일제강점기 지형도의 산성 관련 부호와 아산지역 산성

〔표 2〕 1942, 朝鮮寶物古蹟調査資料2, 忠淸南道 牙山郡 城址 조사기록

牙山郡

番號	種別	場所	所有	摘要	備考
1	城址	陰峰面彌勒山里山洞月朗里	龍化山土城 國有林	成歡驛ノ南西約二里山頂ニ在リ土壘ニシテ周圍約百六十間	乙種要存豫定林野
2	城址	淑井面君德里	土木局所管	舊新昌邑ノ西約一里海岸ニ近キ小丘上ニ在リ土壘ニシテ周圍約三百六十間	土木局ニ引繼 年 月 日
3	城址	陰峰面·屯浦面新村里	月抽山城 國有林	屯浦ノ南約一里半山頂ニ在リ石壘ニシテ周圍約二百二十間	乙種要存豫定林野
4	城址	陰峰面上堂里	燕岩山ノ一 國有林	天安驛ノ西北約二里半燕岩山ノ一國有林ト同一山巓上ニ在リ外側ハ急ニシテ内部ハ緩、石壘ニシテ周圍約二百十間	乙種要存豫定林野
5	城址	陰峰面三藪洞銅岩里	土木局所管	天安驛ノ西北約二里半燕岩山ノ一國有林ニ向ヒ連ナル山脈上ニ在リ石壘ニシテ周圍約百間	乙種要存豫定林野
6	城址	湯井面·陰峰面柴谷	一部月峰山國有林 土木局所管	水漢山城ト稱セラレ陰峰面三亙里ノ東約二十町ニ在リ一溪谷ヲ包メル石壘ニシテ周圍約三百六十間	月峰山國有林ハ大正四年九月二十一日…ニ貸付
7	城址	鹽峙面白岩里	訪花山城 國有林	訪花山城ト稱ス舊牙山邑ノ東北約一里半山頂ニ在リ石城ニシテ周圍約二百二十間	土木局ニ引繼 年 月 日
8	城址	排芳面茂松里	大聖山土城 國有林	大聖山土城、白雲驛正温泉道路ノ略中央南方ノ山頂ニ在リ石城ニシテ周圍約三百間	乙種要存豫定林野
9	城址	排芳面新興里	土木局所管	舊温陽邑ノ東約十町小山頂ノ突端上ニ在リ石壘ニシテ周圍約百六十間	乙種要存豫定林野
10	城址	鶴城面邑內里	鶴城山 國有林	舊新昌邑ノ國竹後山頂ニ在リ鶴城山ト稱スル石壘ニシテ周圍約百八十間	土木局ニ引繼 年 月 日
11	城址	陰峰面	於羅項山城 國有林	陰峰面三亙里ノ北約十町ノ山頂ニ在リ石壘ニシテ周圍約百間	土木局ニ引繼 年 月 日
12	城址	陰峰面新壽里	新壽里城峙 國有林	舊牙山邑ノ東南約一里山頂ニ在リ石壘ニシテ周圍約百間	
13	城址	鹽峙面仁面	靈仁山城 國有林	新城山城ト稱ス舊牙山邑南背後ノ山上ニ在リ石城ニシテ周圍外城…內外城八百間	乙種要存豫定林野
14	城址	仁州面貢稅里	一部國有一部私有	舊牙山邑ノ西一里牙山灣ニ臨メル小丘ヲ利用シタルモノニシテ石片散在	乙種要存豫定林野
15	城址	湯井面梅谷里城北里	私有	天安ト稱セラレル天安驛ノ西…周圍約百五十間	一 大正四年九月二十一日三馬太郎ニ貸付
16	城址	湯井面·陰峰面	月峰山 國有林	雲住山城ト稱セラル周圍約二百…	
17	城址	溫陽面邑內里	地方費模範林鄉校林私有林	溫陽邑ノ土山ニ在リ石壘及土壘ニシテ明カナ…	
18	城址	溫陽面邑內里	私有	溫陽邑内里部落ヨリ西方山上ニ略周圍約三百八十間	
19	城址	溫陽面岐山里	私有	舊城山里部落ノ背後丘陵上ニ在リ事ノ居城ト稱ス周圍約三百三十間	
20	城址	仁州面金城里	私有	舊城洞ノ西方山上ニ在リ僅ニ…間	
21	城址	排方面公須里北水里	屬峰 國有林	屬峰ト稱スル丘陵上ニ在リ土壘ニシテ周圍約二百七十間頃形ヲ知リ難レ	

〔표 3〕 1942, 朝鮮寶物古蹟調査資料2, 忠淸南道 牙山郡 城址 조사 기록(국문)

	종별	장소	소유	적요	현재 산성명
1	성지	음봉면 미륵산리·산동 ·월랑리	龍化山土城 국유림	성환역의 남서 약 2리 산정상부에 있는 토루. 둘레 약 160칸.	용와산성
2	성지	숙정면 군덕리	토목국소관	구신창읍의 서쪽 약 1리 해안 근처 소구릉상에 있는 토루, 둘레 약 360칸.	군덕리산성
3	성지	음봉면· 둔포면 신촌리	月抽山城 국유림	둔포 남쪽 약 1리 반 산정상부에 있는 석루. 둘레 220칸.	성내리산성
4	성지	음봉면 상당리	燕岩山ノ1 국유림	천안역 서북쪽 약 2리 반 산정상에 있는 외측은 급하고 내부는 완만한 석루. 둘레 약 210칸.	연암(동)산성
5	성지	음봉면 삼연동 ·동암리	토목국소관	천안역의 서북쪽 약 2리 반 연암산 1국유림을 향해 이어지는 산맥상에 있는 석루. 둘레 약 100칸.	연안(서)산성

6	성지	음봉면 시곡· 탕정면	일부 月峰山 국유림 일부 토목국	水漢山城이라 불리며 음봉면 삼거리의 동쪽 약 20정에 있는 하나의 계곡을 포함한 석루. 둘레 약 360칸.	물한산성
7	성지	염치면 백암리	訪花山城 국유림	구아산읍의 동북쪽 약 1리 반 산정 상부에 있는 토석혼축의 山寨. 둘레 약 220칸.	백암리산성
8	성지	배방면 무송리 ·세교리	大聖山土城 국유림	천안역에서 온천리에 이르는 도로 약 중앙남쪽방향 약 10정의 산정 상부에 있는 토루. 둘레 약 300칸.	세교리산성
9	성지	배방면 신흥리	토목국소관	구온양읍의 동쪽 약 10정 거리 작은 산맥의 돌출부에 있는 석성. 둘레 약 760칸.	배방산성
10	성지	학성면 읍내리	鶴城山 국유림	구신창읍의 서쪽 뒷산 정상에 있는 鶴城이라 불리는 석루. 둘레 약 280칸.	신창학성
11	성지	음봉면	於羅項山城 국유림	음봉면 삼거리의 북쪽 약 10정 산정 상부에 있는 석루. 둘레 약 100칸.	어라항산성
12	성지	음봉면 신수리	新壽里城峙 국유림	구아산읍의 동남쪽 약 1리 산정상부에 있는 석루. 둘레 약 100칸.	무명산성
13	성지	영인면 염치면	靈仁山城 국유림	薪城山城이라 불리는 구아산읍 남쪽 뒷산에 있는 하나의 계곡을 포함하는 내외성의 석성. 둘레 외성 약 1,000칸. 내성 약 600칸.	영인산성
14	성지	인주면 공세리	일부 국유대 일부 사유	구아산읍 남쪽 약 1리 아산만에 임한 소구릉지를 이용하여 쌓은 倉城. 貢津倉城, 公稅平倉이라 불리는 석루. 둘레 약 300칸.	공세곶창
15	성지	탕정면 매곡리 ·성북리	사유	천덕산성이라 불리며, 천안의 서쪽 약 1리에 있는 석루. 둘레 약 150칸.	호산리산성
16	성지	탕정면 음봉면	月峰山 국유림	鶯嵒山城이라 불리는 둘레 약 200칸 석루.	꾀꼴산성
17	성지	온양면 읍내리	지방비 모범림	구온양읍의 주산에 있는 석루 및 토루.	읍내동산성

			향교림 사유	다수의 와편 산재, 토루의 남쪽은 크게 파괴되어 분명하지 않음. 둘레 약 400칸.	
18	성지	온양면 읍내리	사유	구성내리 부락 서쪽산상 너머에 略圓形으로 축조한 토루. 둘레 약 380칸.	성안말산성
19	성지	온양면 기산리	사유	구성산리부락의 배후구릉상에 겨우 토루 흔적만 인식되는 劍士가 거주했다고 함. 둘레 약 330칸.	기산동산성
20	성지	인주면 금성리	사유	구성동의 서쪽 방향 산상에 겨우 토루의 흔적만 존재, 둘레 약 150칸.	금성리 산성
21	성지	배방면 공수리·북수리	鷹峰 국유림	鷹峰으로 불리는 구릉상에 있는 토루. 둘레 약 270칸. 무너지고 폐기되어(頹廢) 구지형을 알기 어려움.	북수리산성

하지만, 일부 산성에 대해서는 정밀 측량도가 작성되어 평면 형태가 제시되었는데, 이들 도면은 이후 조사 성과와 비교하더라도 큰 차이를 보이지 않는다는 점에서 일정한 자료적 신뢰성을 지니는 것으로 이해될 수 있다. 또한 당시 성내에 노출되어 있던 일부 구조물과 묘역 등이 함께 표시되어 있어, 산성의 구조와 규모를 파악하는 데 기초 자료로 활용될 여지가 있다[도면 4·5].

아울러 현재 북수리산성과 같이 완전히 멸실되어 현존 흔적을 확인하기 어려운 사례의 경우에도, 당시 기록과 도면을 통해 대략적인 입지와 규모를 추정할 수 있는 단서를 제공한다는 점에서 그 의미를 평가할 수 있을 것으로 판단된다.

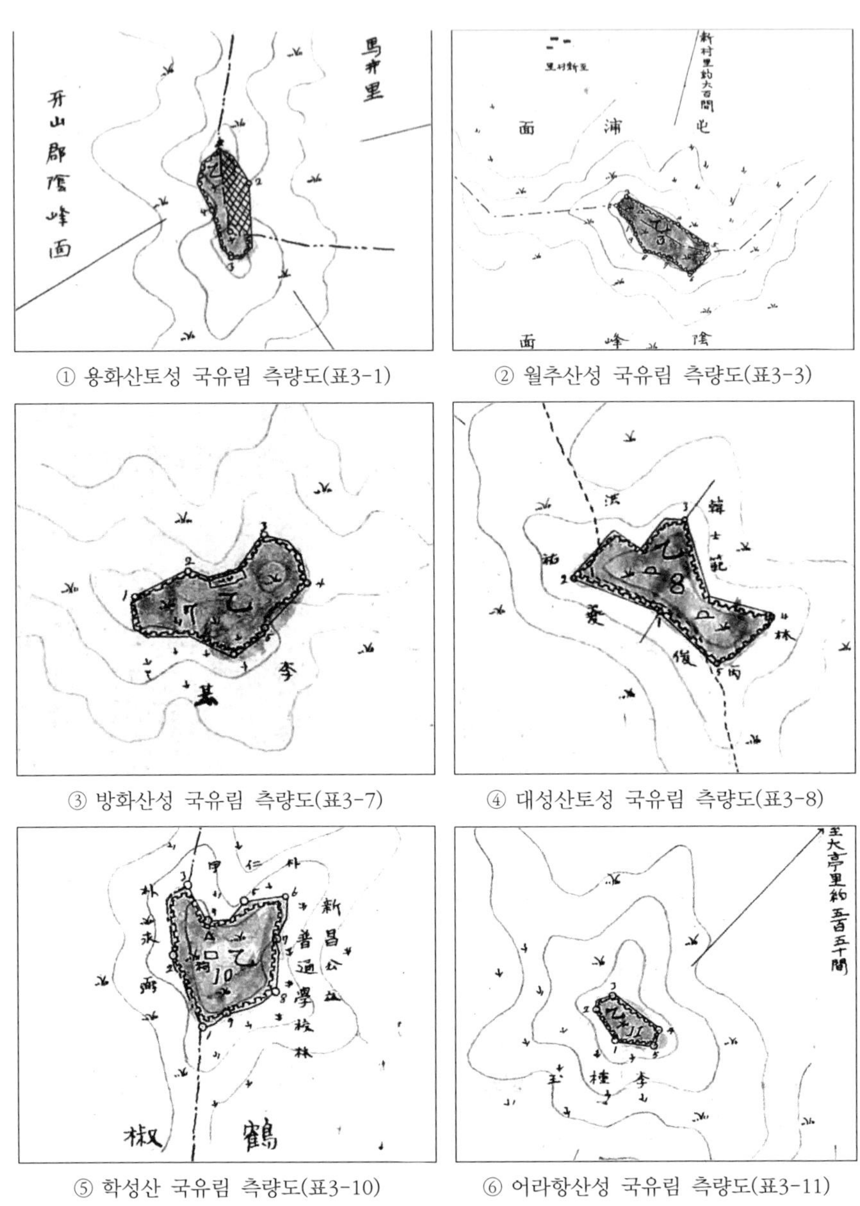

[도면 4] 1942년 조선보물고적조사자료 충청남도 아산군 성지 측량도 1

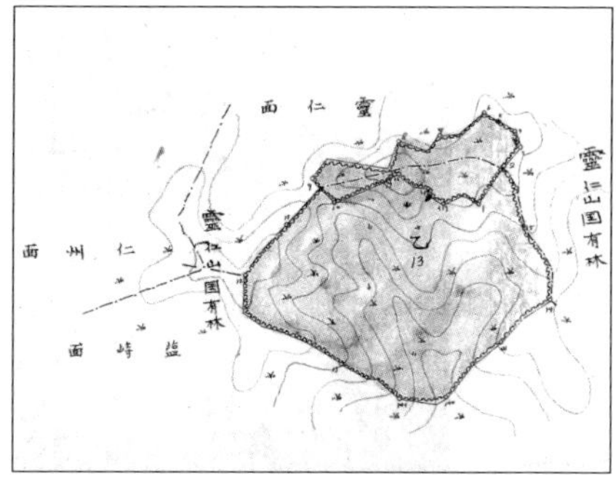

① 신수리성치 국유림 측량도(표3-12)　　② 영인산성 국유림 측량도(표3-13)

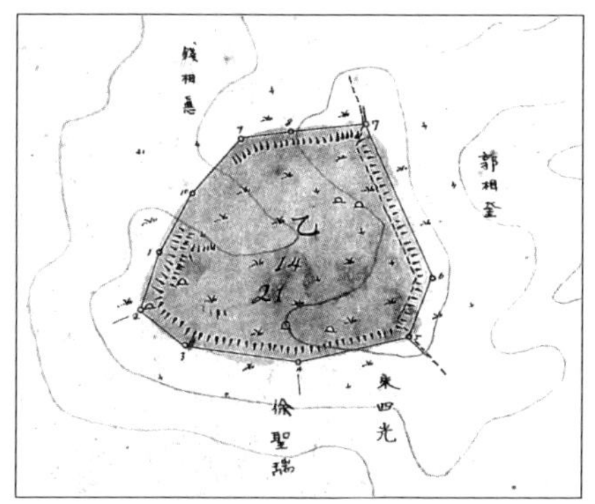

③ 응봉 국유림 측량도(표3-14)

〔도면 5〕 1942년 조선보물고적조사자료 충청남도 아산군 성지 측량도 2

2) 해방 이후~현재

앞서 살펴본 일제강점기 조사 성과 이후, 해방 이후 아산지역 산
성에 대한 조사는 1970년대에 이르러 문화공보부 문화재관리국에
서 제작한 『전국유적목록』을 통해 다시 이루어졌다[4]. 해당 자료에
서는 일제강점기 조사 내용을 중심으로 아산지역 산성의 현황이 정

4　文化公報部文化材管理局, 1971, 『全國遺蹟目錄』.

리되었으며, 이후 산성 연구의 기초 자료로 활용되어 왔다.

1991년에 간행된 『문화유적총람』에서는 아산지역 산성 13개소가 수록되었는데[5], 기존 문헌 자료에 더해 육안 조사를 통해 산성의 위치와 입지, 지형, 잔존 및 훼손 상태, 관련 시설, 출토 유물 등에 대한 설명이 비교적 상세하게 제시되었다. 이는 해방 이후 아산지역 산성에 대한 인식이 문헌 중심에서 현장 조사 중심으로 확대되는 계기를 마련한 것으로 이해될 수 있다.

1991년 백제문화개발연구원에서 출간한 『충남지역의 문화유적』 제5집[6], 1993년에 출간된 『牙山의 文化遺蹟』[7]에서는 관방유적이라는 제목하에 15개소의 산성을 다루었는데 이전에 비해 보다 세부적인 내용이 추가되었고, 다수의 유적 및 수습유물 사진을 수록하였다. 일부 산성은 평면도를 추가 수록하기도 하여 1990년대에 들어와 아산지역 산성에 대한 본격적인 고고학 조사가 시작된 것으로 이해될 수 있다.

이러한 1990년대 조사 성과를 토대로, 2000년대에 들어서는 『문화유적 분포지도－아산시』[8]와 『한국고고학사전－성곽·봉수』[9](2012) 등을 통해 아산지역 산성에 대한 정보가 정리되었다. 『문화유적 분포지도－아산시』에는 기존에 알려진 산성의 위치와 현황이 도면과 함께 제시되었으며, 『한국고고학사전－성곽·봉수』에서는 아산지역

---

5 忠淸南道, 1991, 『文化遺蹟總覽(城廓 官衙篇)』.
6 백제문화개발연구원, 1991, 『충남지역의 문화유적 제5집, 온양시·아산군편』.
7 忠淸南道牙山郡·公州大學校博物館, 1993, 『牙山의 文化遺蹟』.
8 충청남도·충남발전연구원, 2003, 『문화유적 분포지도－아산시』.
9 국립문화재연구소, 2012, 『한국고고학전문사전: 성곽·봉수편』.

산성이 간략하게 소개되었다.

다만 이 시기의 정리는 개별 산성에 대한 심층적인 분석보다는, 기존 조사 성과를 종합·정리하는 성격이 강하였다. 이에 따라 새롭게 확인된 산성이나 조사 성과의 큰 변화는 제한적이었으며, 조사 방식 역시 주로 도보 답사에 의존하여 잔존 현황과 성벽의 규모, 둘레 등에 대한 개략적인 파악에 그쳤다. 이러한 점에서 2000년대 초반까지의 조사는 기초 자료의 축적 단계로 이해될 수 있으며, 구조물의 축조 방식이나 내부 공간 구성에 대한 구체적인 검토에는 일정한 한계가 있었던 것으로 판단된다.

앞서 언급한 2000년대 초반의 종합 정리 작업과 병행하여, 1998년 신창학성 정비계획 수립을 계기로 아산지역 내 개별 산성에 대한 정밀 조사가 이루어지기 시작하였다[10]. 이후 2003년에는 꾀꼴산성·물한산성·연암산성을 대상으로 한 지표조사 결과가 보고되었으며[11], 2009년에는 읍내동산성과 성안말산성에 대한 조사 성과가 축적되었다[12].

이들 조사는 기존의 개설적 정리 단계에서 벗어나, 개별 산성의 구조와 잔존 양상을 보다 구체적으로 파악하고자 한 시도로 평가할 수 있다. 특히 성벽의 축조 방식과 내부 공간 구성, 산성의 입지 특성 등에 대한 기초적인 정보가 확보되었다는 점에서, 아산지역 산성 연구가 점차 세부적인 분석 단계로 이행하는 과정에 있었던 것으로 이해될 수 있다. 다만 이 역시 발굴조사에 기반한 성과는 아니

10　아산시·충남발전연구원, 1999, 『아산 학성산성 정밀지표조사 보고서』.
11　충청매장문화재연구원, 2002, 『아산 꾀꼴·물한·연암산성 지표조사 보고서』.
12　아산시·한얼문화유산연구원, 2009, 『아산 읍내동·성안말산성』.

므로, 구체적인 축조 시기와 기능을 단정하기에는 일정한 한계가 있었던 것으로 판단된다.

2. 아산지역 산성 조사 현황

1) 지표조사 현황

이러한 2000년대 이후 개별 산성 조사 성과를 바탕으로, 최근에는 보다 정밀한 조사 기법을 활용한 연구가 진행되고 있다. 2022년에는 라이다(LIDAR) 측량과 DGPS 측량 기법을 적용하여 읍내동산성[13]과 승계산성[14]을 대상으로 한 정밀 지표조사가 실시되었으며, 이를 통해 기존 조사에서 확인하기 어려웠던 성벽의 잔존 양상과 지형 활용 방식이 보다 구체적으로 파악되었다.

2024년과 2025년에는 아산지역 전반에 분포하는 산성 유적을 대상으로 현황 조사가 진행되어, 전체 29개 산성 중 27개 산성의 분포와 입지 특성에 대한 자료가 축적되었다[15][표 4].

아산지역에는 완전하게 멸실된 산성을 포함하여 모두 29개소의 산성과 1개소의 봉수가 분포하는 것으로 확인된다. 행정구역 편제상 음봉면 7개소, 탕정면 5개소, 배방읍 4개소, 영인면 3개소, 읍내동 2개소, 인주면 2개소, 둔포면 2개소, 선장면과 기산동, 신창면, 염치읍에 각 1개소가 분포하여 모두 29개소의 산성유적이 존재한다. 산성은 역사적 기록이 영성하여 지표상에서 드러난 흔적만으로

---

13 (재)비전문화유산연구원, 2022, 『아산 읍내동산성 정밀지표조사 보고서』.

14 (재)비전문화유산연구원, 2022, 『아산 승계산성 정밀지표조사 보고서』.

15 (재)비전문화유산연구원, 2025, 『아산의 산성 종합학술지표조사 보고서』.

축성시기와 운영주체를 파악하는 것은 쉽지 않다. 특히 오랜 기간 지속적으로 점유·사용되는 연속성으로 인해 개축이나 보수 등과 같은 현상변경이 이루어지는 경우가 많으므로, 산성의 시기와 성격을 논의하는 데에는 많은 고민이 필요하다. 이에 아산지역 산성의 시대구분은 산성 내외에서 산견되는 대표유물의 존속기간과 수량 등을 고려하여 설정하였다[16].

이러한 조사 성과는 향후 아산지역 산성의 축조 시기와 기능을 보다 정밀하게 검토하는 데 기초 자료로 활용될 수 있을 것으로 판단된다. 다만 발굴조사에 기반한 성과는 아니므로, 개별 산성의 성격과 운영 양상을 단정적으로 규정하는 데에는 여전히 한계가 존재한다는 점을 함께 고려할 필요가 있다.

---

16 특정시기에 집중되는 유물만이 확인되는 경우, 축성 주체와 대략적인 시기파악이 용이하지만, 삼국시대~조선시대에 이르는 다양한 시기의 유물이 확인되는 경우에는 시기판정에 어려움이 있다. 선대에 성곽이 존재하지 않은 상태이거나 목책시설 등의 형태로 유지되면서 점유되었다가 후대 성곽이 신축되거나 또는 개축과정에서 토성이 석성으로 변화되었을 가능성 등이 상존하기 때문이다. 그럼에도, 여기에서는 산성 축성시기와 주체를 지표조사 당시 산견되는 가장 선행하는 유물을 기준으로 분류하였다. 이는 당시 산성이 접근이 어려운 지형에 입지하였다는 점에서 특정세력이 특수목적을 위해 어떠한 형태로든 점유하고 이용하였다 점을 전제로 한다. 단, 이러한 경우, 현재의 산성 모습과 최초 축조 시의 성벽양상이 동일하다는 전제는 포함되지 않는다.

[표 4] 아산지역 산성유적 목록

	유적명	위치	형식	해발고도 (m)	규 모		축조 재료	출토유물	시 대	비고
					둘레(m)	면적(㎡)				
1	용와산성	음봉면 월랑리 산8-2번지 일원	테뫼식	236~220	315	3,450	토석 혼축	승문타날토기 뚜껑편	백제	龍化山土城
2	군덕리 산성	선장면 군덕리 389-10번지 일원			(650)		토축	(어골문 기와편)	미상	멸실
3	성내리 산성	둔포면 신항리 산73번지 일원	테뫼식	172~190	445	6,677	석축	선문타날토기편, 백자편	고려 ~조선	月抽山城
4	연암동 산성	음봉면 동암리 산45번지 일원	테뫼식	258~272	420	7,580	석축	토기편, 백자편, 복합문기와	백제 ~조선	연암산 봉수대
5	연암서 산성	음봉면 동암리 산49번지 일원	테뫼식	279~294	185	1,547	석축	선문타날토기편, 회청색경질토기편, 어골문기와편	백제 ~조선	
6	물한산성	음봉면 동천리 24-3번지 일원	포곡식	226~284	707	32,100	석축	선문타날토기편, 선문기와편	백제 ~고려	水漢山城 물앙산성
7	백암리 산성	염치읍 대동리 산31번지 일원	테뫼식	153~168	434	7,355	토석 혼축		미상	訪花山城
8	세교리 산성	배방읍 세교리 산74번지 일원	테뫼식	103~116	540	8,460	토축	승문타날·세격자문 연질토기편, 회청색 경질토기편, 기와편	백제 ~통일 신라	大聖山土城
9	배방산성	배방읍 신흥리 산19번지 일원	포곡식	206~250	1,465	11,639	석축	집선문기와편, '湯井'명 기와, 어골문·복합문기와, 격자문·선문토기편, 청자편, 백자편	백제(?) 통일신라 ~고려	충청남도 기념물
10	신창학성	신창면 읍내리 산66-1번지 일원	포곡식	168~183	540	8,460	석축	삼족기, 승문 호, 어골문기와편	백제 ~조선	鶴城, 鶴城山城 충청남도 문화유산 자료
11	어라항 산성	음봉면 원남리 산61번지 일원	테뫼식	217~222	192	1,664	석축	회청색경질토기편, 어골문기와	고려 ~조선	於羅項山城 신규 확인
12	무명산성	음봉면 신수리 산43번지 일원	테뫼식	244~249	190	1,400	석축		미상	新壽里城峙
13	영인산성	염치읍 강청리 193-1번지 일원	복합식 내성: 테뫼식 외성: 포곡식	내성: 324~360 외성: 189~363	내성: 984 외성: 1,262	내성: 17,020 외성: 152,000	석축	내성:선문타날문토기편, 기와편 외성:선문기와편, 토기편, 백자편	백제 ~조선	薪城山城 평택성

	유적명	위치	형식	해발고도 (m)	규 모		축조 재료	출토유물	시 대	비고
					둘레(m)	면적(㎡)				
14	공세곶 창성	인주면 공세리 193-1번지 일원	테뫼식	75	984	1,262	석축	복합문 기와, 백자편, 토기편	조선	貢津倉城, 각자성석3 충청남도 기념물
15	호산리 산성	탕정면 호산리 산18-4번지 일원	테뫼식	123~128	270	1,680	석축	격자문토기편	백제	天德山城
16	꾀꼴산성	탕정면 용두리 산1-3번지 일원	테뫼식	250~273	345	6,340	석축	(타날문토기편)	백제 ~조선	鶯卑山城 앵리산성
17	읍내동 산성	읍내동 산7-6번지 일원	포곡식	50~120	950	47,637	석축	선문타날토기편, 벼루편,승문기와편, 선문 회청색경질토 기편	백제 ~고려	
18	성안말 산성	읍내동 산3-26번지 일원	포곡식	30~85	1,080	65,519	토축	어골문·선문기와 편, 청자편	나말 여초	
19	기산동 산성	기산동 219-7번지 일원	포곡식	50~56	680		토축	선문·어골문기와 편, 토기편	나말 여초	
20	금성리 산성	인주면 금성리 산61-7번지 일원	테뫼식	40~50	408	4,033	토축	격자문·선문토기 편, 어골문·집선문 기와	백제 ~고려	
21	북수리 산성	배방읍 공수리 290-12번지 일원	테뫼식		(150)		토축			멸실
22	매곡리 산성	탕정면 매곡리 산46-1번지 일원	테뫼식	86~107	390	5,608	토축	승문·격자문 연질 토기편, 회청색경질 토기편	백제 ~통일 신라	
23	신법리 토루	둔포면 신법리 68-29번지 일원	테뫼식	50~57	(142)		토축	기와편, 토기편	나말 여초	훼손 부분잔존
24	승계산성	영인면 신봉리 68-29번지	포곡식	128~175	880	28,414	토축	삼족기편, 시유도기 편,철제초두, 동진 청자잔, 기대, 격자문·사격자문· 승석문토기편	백제	
25	유산산성	배방읍 휴대리 산22-1번지 일원	테뫼식	110~125	284	3,427	토축	사격자문용편, 격자 문토기편	백제	신규확인
26	삼봉산성	탕정면 호산리 산40-1번지 일원	테뫼식	118~132	251	2,526	석축	승문토기편, 경질토 기편, 분청사기편	백제 ~조선	신규확인
27	국사봉 산성	탕정면 동산리 산89-1번지 일원	테뫼식	156~170	267	2,627	토축	승석문기와편, 경질 토기편	백제	신규확인
28	가재산성	음봉면 신휴리 산57-1번지 일원	테뫼식	136~145	210	1,470	토축	경질토기편, 어골문 기와편	백제 ~고려	신규확인
29	고용산성	영인면 신화리 산8-1번지 일원	테뫼식	291~295	134	485	석축	선문·격자문토기편	백제	신규확인

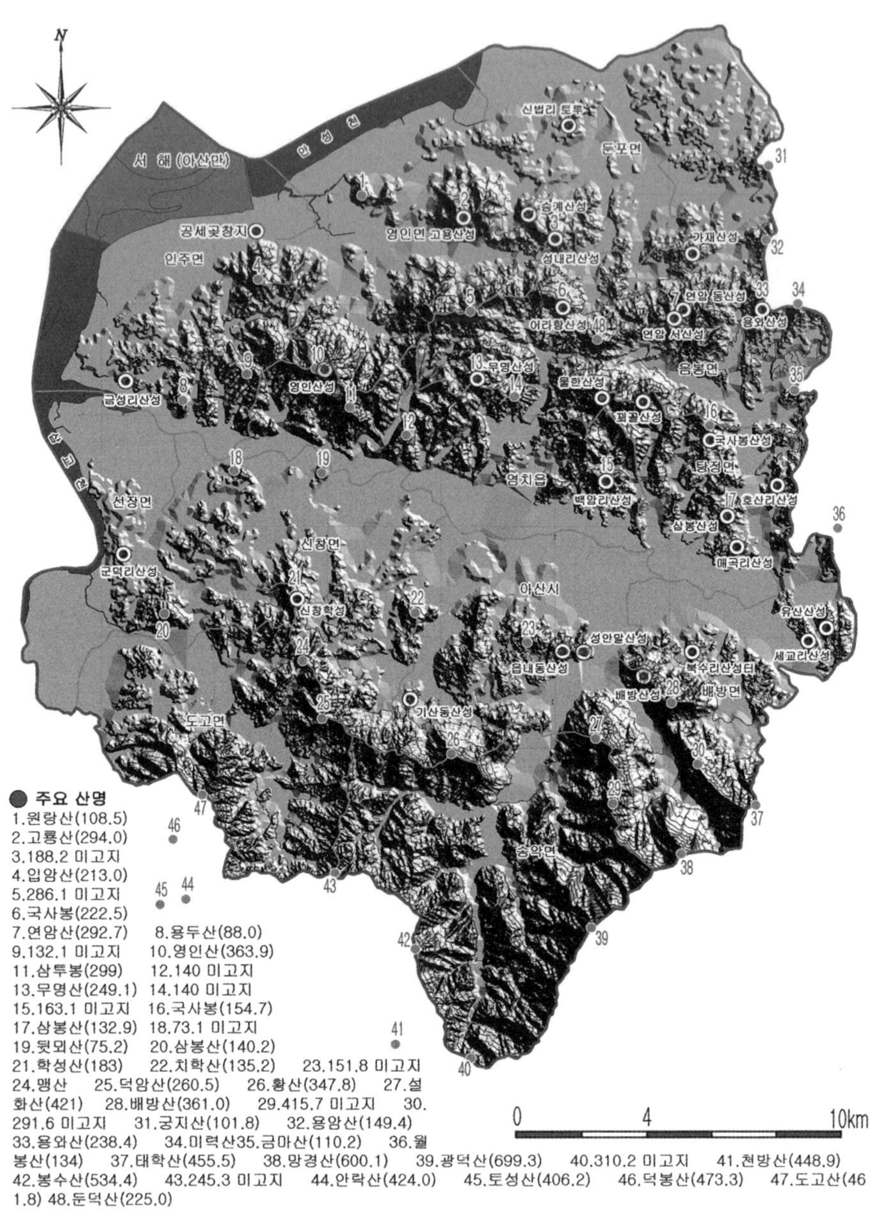

[도면 6] 아산지역 지형과 산성 분포도(S=1/250,000)

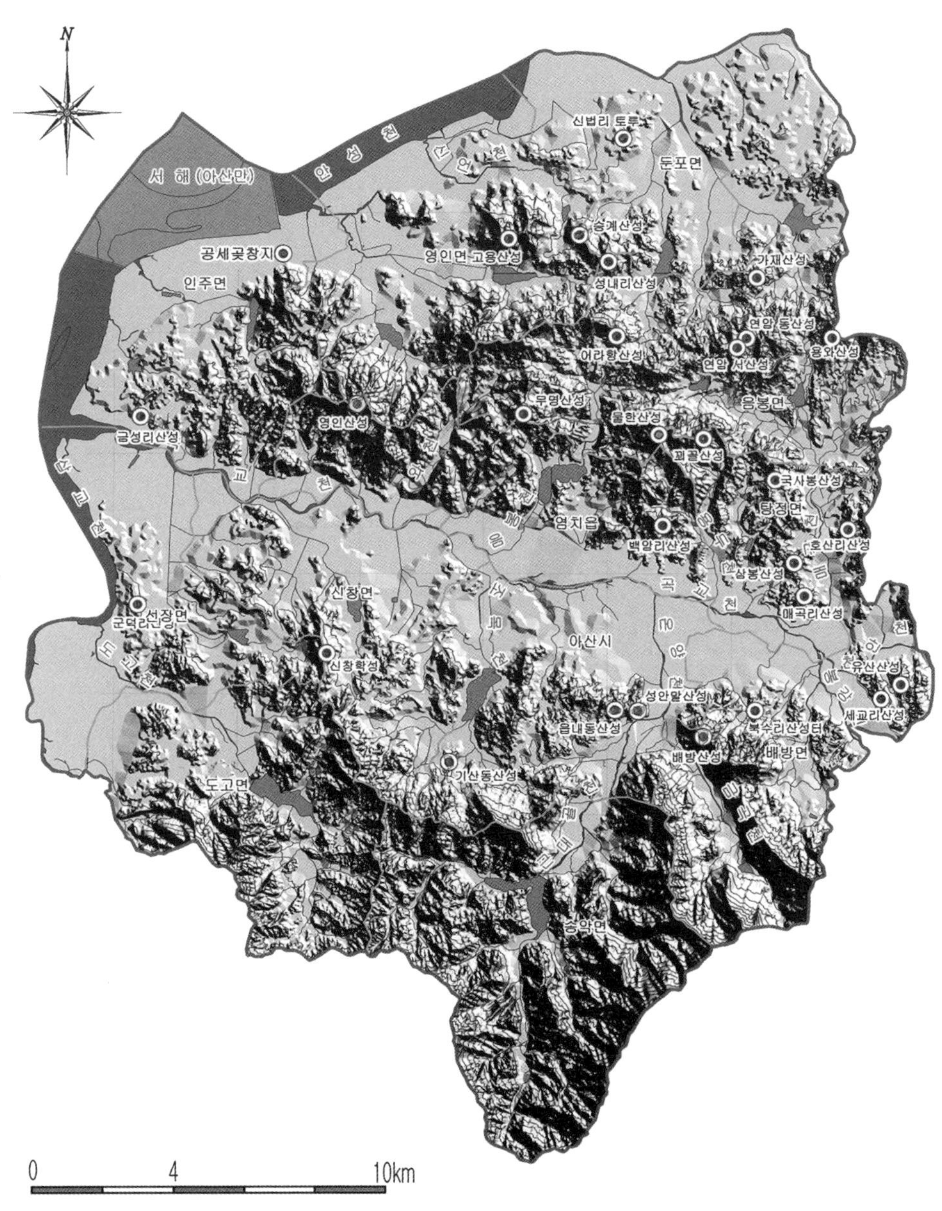

［도면 7］ 아산지역 수계망과 산성 분포도(S=1/250,000)

2) 시·발굴조사 현황

아산지역 관내의 산성 중 고고학적 시굴 및 발굴조사가 진행된 사례는 모두 7개 산성에 불과하다〔표 5〕. 그간 산성과 관련된 연구는 문헌사를 중심으로 진행이 되었지만, 기존의 지표조사 내용이 재인용되면서 일반적인 사실로 인식되었고, 실증자료를 통한 추가 검증은 이루어지지 않았다. 이후 개발사업에 따른 발굴조사와 아산시가 학술연구 및 정비를 위한 기초자료 확보를 목적으로 추진하는 연차적인 고고학적 발굴조사가 진행되면서 새로운 자료들이 나타나면서 기존의 연구내용에 대한 재해석의 필요성이 요구되고 있다. 특히, 신창학성과 배방산성, 승계산성은 산성의 초축시기를 가늠할 수 있는 기초자료가 파악되었다. 배방산성과 읍내동의 동헌에서 출토된 '湯井'명문와[17]는 역사기록에서 보이는 행정편제와 지명으로서 아산이 곧 탕정이었음을 증명하는 실증자료라는 점에서 주목된다. 또한, 승계산성은 새롭게 확인된 산성으로서 비록 일부 구간에 한정하여 시굴조사를 실시하였지만, 아산지역 내에서 가장 이른 시기에 축조되었고, 외래계 유물과 백제 한성기 중앙에서 보이는 유물들이 다수 출토되었다는 점에서 출현배경과 성격이 매우 궁금하다. 향후 발굴조사 결과에 따라 아산지역의 역사성과 위상을 규명할 수 있는 중요한 단서가 될 것으로 기대된다.

---

17 (재)비전문화유산연구원, 2024, 『아산 온주아문 및 동헌 정비사업 부지 내 유적 발굴조사 약식보고서』.
　　백제역사문화연구원, 2025, 『아산 배방산성 정비사업부지 내 유적 발굴조사 약식보고서』.

[표 5] 아산지역 산성 발굴조사 현황

유적명	조사 연도	조사 방법	조사기관	조사내용	비고
승계산성	2025	시굴	비전문화유산 연구원	북쪽 성벽, 내부건물지 Tr.조사, 판축(추정) 체성벽, 건물지, 수혈 유구, 중국동진제 및 백제 한성기 유물 금속, 토도류 유물 확인	긴급 발굴
배방산성	2025	시굴 발굴	백제역사문화연구원	시굴: 구릉 정상부-고려시대 구상유구, 수혈, 적심, 초석, 석축, 남문지 발굴: 통일신라~고려시대 남문지, 성벽	학술 조사
신창학성	2004	발굴	충청남도 역사문화연구원	서문지, 서성벽, 내부 건물지	정비 복원 학술 조사
	2011	발굴	가경고고학연구소	북성벽, 내부 수혈	
	2015	발굴	동방문화재연구원	북문지 및 주변 성벽, 고상식건물지, 기단석렬, 소성유구	
	2021~ 2022	발굴	비전문화유산 연구원	성내 북동쪽 지역 조사 백제시대 수혈유구, 나말여초기 성벽, 건물지, 수혈 조선시대 굴립주 건물지, 수혈	
기산동 산성	2009	시굴	가경고고학연구소	성내 추정 연못지의 호안석축	구제 조사
	2015	시굴 발굴	동방문화재연구원	나말여초기 산성 북벽, 서벽, 내부 건물지	
	2020~ 2022	발굴	한라문화재연구원	동벽 구간 내 국비지원 발굴조사 실시 추정 외황, 성벽 기저부 확인	
			한반도문화재연구원		
			해동문화재연구원		
			전남문화재연구원		
	2022	발굴	비전문화유산연구원	동벽 외부 기저부 석렬, (추정)영정주공, 목주열, 외황	
	2024	시굴	비전문화유산연구원	동벽 외호, 와적층	
공세곶창성	2006	시굴	백제문화재연구원	서성벽 일부 구간 확인	구제 조사
	2019	시굴	가경고고학연구소	봉상청 추정지역과 성벽 일부 구간 조사 적심, 우물, 온돌시설, 가마 등 확인	복원 정비 학술 조사
	2019	입회	비전문화유산연구원	동벽 구간 성벽 축조기법 확인	
	2020	발굴	금강문화유산연구원	봉상청 추정지역 발굴조사 조선시대 건물지 담장렬, 축대, 기와가마, 공방지, 수혈, 동성벽 내탁부 확인	
	2022	시굴 발굴	충청문화재연구원	서벽 기저부, 적심부, 내탁부	구제 조사
	2023	시굴	금강문화유산연구원	서벽 통과구간 확인	학술 조사
	2024	발굴	비전문화유산연구원	동벽 구간 축조양상, 각자성석, 조선시대 석축시설	
읍내동산성	2025	시굴	비전문화유산연구원	북동벽 구간 기저부, 뒤채움석, 백제시대 기와퇴적층, 고려~조선 시대 석렬유구	학술 조사
신법리토루	2008	발굴	충청문화재연구원	나말여초 토루, 환호형구, 건물지, 목곽고, 수혈	구제 조사

Ⅲ. 아산지역 산성의 분포와 변화양상

우리나라는 예로부터 '산성의 나라'로 불릴 정도로 많은 산성 유적이 축조되어 왔다. 국토 면적의 약 70%가 산악지형으로 이루어져 있어, 일찍부터 외적의 침입으로부터 국가의 안녕을 유지하기 위하여 지형의 이점을 활용한 산성이 축조되었다. 이러한 산성의 분포양상은 아산시 관내에서도 크게 다르지 않아, 많은 산성이 당시의 역사적 배경을 토대로 지역 곳곳에 축조되어 온 것으로 이해된다.

특히 아산지역은 한반도 중서부 서해안에 인접하여 일찍부터 해로를 통한 문화의 이동과 교류가 활발하였던 지역이다. 남성리 석관묘로 대표되는 초기철기시대 문화가 비교적 이른 시기에 유입되었고, 이러한 기층문화를 바탕으로 원삼국시대의 마한문화가 집중적으로 성장하였으며, 이후에는 초기 백제의 영역 확장 과정에서 중요한 역할을 담당하였다. 또한, 고구려와 신라를 방어하기 위한 국경지대로서, 고려시대에는 후백제와의 쟁패를 다투었던 각축장으로, 몽고의 침략을 막아내었던 호국의 장소로서 역사적 무대에서 큰 획을 남기고 있다. 따라서, 아산지역에 남아있는 산성은 삼국시대 이래로 역사적 정세에 따른 시대별 변화상을 연구하고 나아가 서해안 지역은 물론 아산시 주변 지역과의 상호관계를 분석하여 아산지역이 지닌 역사적·고고학적 실체를 해석하고 규명하는데 매우 중요한 자료라 할 수 있다.

1. 아산지역 산성의 분류

우리나라 성곽의 유형분류는 축성목적, 축조재료, 축조위치, 평면 형태, 규모 등 다양한 기준으로 나누어진다. 고대 성곽사는 목책-토축 -석축의 통시적 흐름을 보이고, 산봉우리를 감싸는 소규모 요새인 테뫼식산성에서 점차 계곡부를 감싸는 포곡식 산성으로 발전하는 경향이 일반적이다. 이와 함께 산성의 기능과 성격은 규모(둘레)와 밀접한 관련이 있어서 보루(300m이하), 소형(300~600m), 중형(600~ 800m), 대형(800~1,200m), 초대형(1,200m)으로 구분하기도 한다[18].

아산지역에는 멸실된 2개소와 공세곶창성, 신법리 토루를 제외 한 25개 산성의 규모에 따른 축조위치와 축조재료의 현황을 살펴보 면, 보루형과 소형 산성이 차지하는 비율이 매우 높고, 중형이상의 산성은 그 수량이 많지 않다.

아산지역 내 19개소 백제시대의 산성을 둘레 규모와 해발고도 간의 관계를 살펴보면, 두 변수 사이에 단순한 정비례 관계는 확인 되지 않는다. 오히려 산성의 규모에 따른 기능적 차이가 존재하였 을 가능성을 염두에 둘 필요가 있다[도면 8].

먼저 보루형 산성(≤300m)은 둘레가 약 130m~284m 범위에 수 렴되며, 해발 약 110m에서 300m에 이르는 폭넓은 고도 범위에 분포 한다. 이는 보루형 산성이 300m이하의 동일한 규모군에 속하고 있 음에도 불구하고 입지가 다양하였고, 목적을 달리했음을 의미한다.

즉, 평야 가장자리 저구릉에 위치한 감시형 보루와 능선부에 위

---

18 백종오, 2025, 「세종 이성의 역사적 의미와 가치」『시 기념물 이성 국가사적 지정을 위한 학술대회』, 세종특별자치시·호서고고학회.

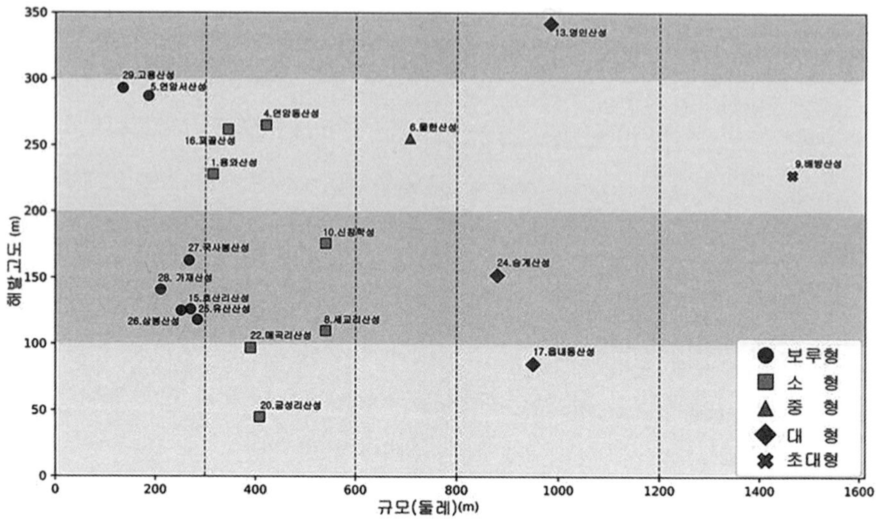

〔도면 8〕 아산지역 백제산성의 해발고도와 규모의 상관관계

치한 원거리 조망형 보루가 병존했을 가능성을 시사한다. 이 구간 에서는 둘레 규모, 해발고도보다는 조망이 우선시되어 시야 확보와 연락망 구축이 입지 선택의 주요 요인이었던 것으로 이해된다. 비 교적 높은 고지대에 위치하는 고용산성과 연암서산성은 아산만과 안성천 하구역, 평택과 직산 방향으로 원거리 조망형 보루역할을 담당하고, 국사봉산성·호산리산성·삼봉산성·유산산성·가재산성은 아산지역 북동쪽과 동쪽의 비교적 낮은 중저고도의 구릉지에 남북 방향으로 연속적으로 배치되면서 주변 곡저평야와 하천주변에 형 성된 교통로를 확보하고, 감시통제하던 감시형 보루성이었을 것으 로 추정된다. 아산지역의 가장 북쪽과 동쪽 최전방에 위치하면서 대규모의 전투를 수행하기 보다는 국지적인 부분에서 아산지역, 그 리고 천안과 아산 사이를 거쳐 풍세를 지나 공주에 이르는 길목을

감제하고, 차단하는 것을 주목적으로 배치, 축성되었을 것으로 판단된다.

소형 산성(300~600m)은 둘레 약 315m~540m 범위에 수렴되며, 해발고도 약 50m~250m 고도에 분포한다. 산성이 위치하는 주변 지형과의 연속성이 우선되었지만, 300m이하의 보루형 산성에 비해 고도 분포범위가 다소 낮아지는 양상을 보인다. 이는 소형 산성이 단순한 감시기능을 넘어, 특정 평야나 교통로, 지역단위를 지속적으로 통제하고 관리하는 역할을 수행했을 것으로 추정된다. 산점도상에서 산발적이기는 하지만, 고도와 규모가 보루형에 비해 비교적 안정적이어서 상시 관리·운영을 전제로 입지의 안정성이 강화된 것으로 해석된다. 소형산성은 꾀꼴산성·연암동산성·용와산성·신창학성·세교리산성·매곡리산성·금성리산성이 포함된다. 산성의 밀집도가 낮은 지역은 단독으로 분포하는 양상을 보이기도 하지만, 보루형 산성보다 감제 대상지역의 후방지역에 위치하고, 근거리에 1~2개의 보루형 산성과 호응할 수 있는 위치에 배치된 양상을 보여 독립적으로 감제와 방어기능을 수행하는 한편, 보루형 산성을 관리하고 지원하는 체계 구축을 위한 배치로 판단된다.

중형 산성(600~800m)은 물한산성 1개소만 확인되며, 해발고도 약 250m 고도에 축성된 것으로 확인된다. 앞서 살펴본 보루형, 소형 산성에 비해 수량이 많지 않은 규모군이다. 상대적으로 규모가 커지는 반면, 수량이 적은 양상은 중형 산성이 지역 방어망의 중추적 거점으로서 방어, 감시와 상시 주둔 기능을 균형 있게 수행하기 위한 최적의 입지로 선택되었음을 의미하는 것으로 해석된다. 물한산성은 영인산과 연암산에서 이어지는 능선부가 만나는 지점에 축성된 포곡식 산성으로 북쪽과 동쪽으로의 조망권은 양호하지 않으나, 내부에는 수원확보가 용이한 계곡부를 포함하고, 많은 인원을 수용할 수 있는 넓은 평탄지가 형성되어 있다. 또한, 북쪽과 동쪽으로 전방에 포진하고 있는 소형·보루형 산성들과 인접거리에 위치하고 있다. 이러한 점은 동일한 규모군의 산성이 인접지역에 위치하지 않는 점에서 아산지역 내 일정 구역을 담당하였던 상위급의 군사거점성으로 이해된다. 기존의 연구에서는 이러한 입지와 내부 시설의 구성 등을 해당지역을 관할하는 치소성의 기준으로 삼기도 한다. 약간의 규모 편차에 의해 중형 산성에 포함되지 않았지만, 신창학성과 세교리산성도 물한산성과 같은 상위급 군사거점성의 역할을 담당하는 중형급 산성의 범주에 포함되어도 무리가 없을 것으로 보인다.

대형 산성(800~1,200m)은 규모 880~984m 범위에 수렴되며, 해발고도는 약 50m~260m 고도에 위치하여 고도가 차이가 매우 큰 경향을 보인다. 후술하겠지만 승계산성은 백제 한성기에 축조된 것으로 시기차가 존재하여 별도의 논의가 필요하겠지만, 영인산성과 읍내동산성의 축성입지는 매우 큰 차이를 보인다. 영인산성은 아산지역 북쪽을 조망할 수 있는 지점에 입지하였으나, 상대적으로 접근이 어렵고, 읍내동산성은 조망권 확보가 제한적이지만 이동과 접근이 매우 용이한 지점에 축성되어 있다. 하지만 공통적으로 넓은 내부 공간이 확보되었다는 점에서 공통점을 보인다.

대형급 산성의 축조 시 입지는 해당 산성이 담당하는 지역의 여건과 수행기능에 따라 선택되었을 것으로 보인다. 기존에는 대규모 병력 수용과 장기 방어, 집결, 물류의 보관과 유통 등의 기능을 중시한 성곽으로 파악되어 해당지역의 군사 및 행정을 담당하는 치소성 성격을 지닌 곳으로 이해되기도 한다. 이러한 점에서 영인산성은 매우 험준한 산악지대 정상부에 독립적으로 축성된 양상을 보여 직접적인 감시와 군사적 작전이 가능한 군사 거점, 읍내동산성은 저고도에 분포하는 대형 산성으로 벼루 등의 유물이 출토되고, 집수지, 기와 등 장기간 거주가 가능한 요소를 갖추고 있다는 점에서 대규모 인원 수용과 장기방어, 집결, 물류보관과 유통, 행정 등의 기능을 담당하는 산성으로 분화되었을 가능성이 높은 것으로 판단된다.

초대형 산성(≥1,200m)은 배방산성 1개소만이 한정되며, 비교적 고고도 구간에 위치한다. 따라서, 광범위한 조망과 대규모 내부 공간을 동시에 확보할 수 있는 입지를 취한다. 산점도상에서 초대형 산성은 규모와 입지상에서 대형 산성과 명확히 구분되는 위치를 차지하는데, 이는 대형 산성이 갖춘 역량이상으로 보다 광역적인 방어 체계에서의 지휘·통제 거점이라는 성격을 반영하는 것으로 해석된다.

한편, 아산지역 백제시대 산성은 축성입지에 따라 퇴뫼식과 포곡식으로 구분된다. 19개 산성 중 퇴뫼식 산성은 보루형과 소형 산성 14개소가 모두 포함되며, 중형급 이상에서는 영인산성만이 확인된다. 이러한 구분은 산성의 목적 및 수행하여야 할 역할 설정과 밀접한 관련이 있다. 축성 국가의 역량과 더불어 일정규모의 상시 인원 수용이 가능한 내부 공간과 수원확보 등 산성 운영을 위한 지속가능한 여건이 충족되어야 하기 때문이다. 따라서, 축성시 소요시간과 비용, 축성 이후 목적에 부합하는 효과적인 상시 운영체계를 고려할 때 일정하고 적정한 상호보완적 체계 구축이 필수적이다. 앞서 살펴본, 아산지역에서 보이는 퇴뫼식의 소형급 이하 산성들의 전방배치와 포곡식의 중형급 이상 산성들의 후방 배치는 아산지역 산성들이 목적에 따라 역할을 분담한 결과이며, 입지선택과 규모설계를 통해 효과적인 방어체계를 구축한 결과로 이해된다.

이와 같이 아산지역 백제시대 산성은 규모-해발고도를 기준으로 살펴볼 때 산성 규모가 커질수록 고도가 단순히 상승하거나 하강하는 일률적 경향이 아니라, 감시-통제-주둔-집결-광역 방어로 이어지는 기능적 분화에 따라 고도 등의 입지선택과 규모가 달라졌음을 보여준다. 이는 아산 지역 백제 방어 체계가 단일 중심 거점에 의존한 구조가 아니라, 규모와 기능에 따라 입지를 달리한 다층적 방어망으로 구성되었음을 시사하며, 아산지역의 지형적 환경, 당시 정세변화에 따른 교통로의 안정적인 확보와 가장 밀접하게 관련된 것으로 보인다.

2. 아산지역 산성의 축성사적 변화양상

우리나라 산성의 축성사적 변화상은 퇴뫼식에서 포곡식으로, 토축산성에서 석축산성으로 변화가 일반적인임을 언급한 바 있다. 아산지역에 분포하는 산성들도 그런 경향성에서 크게 벗어나지 않는 것으로 판단되므로 통시적인 변화상을 추정해 볼 수 있을 것이다.

아산지역 백제산성은 토축산성과 석축산성이 공존한다. 일부 산성에서는 토축산성에서 석축산성으로 변화된 모습이 일부 확인되기도 하며, 발굴조사가 미진하여 단언하기 어렵지만 순수석축산성이 존재하는 것으로 보이기도 한다. 이러한 양상은 백제시대 산성 축성기법이 백제 한성기 순수토축 - 웅진기 순수토축, 토석혼축(외부석축+내부토축) - 사비기 순수석축으로 변화하고 발전하는 경향성을 보여주는 사례이다.

아산지역에서 확인된 백제시대 토축산성은 8개, 석축산성은 11개로 확인된다. 보루형 산성은 토축 3개, 석축 4개, 소형급 산성은 토축 4개, 석축 3개소로 거의 비슷한 양상을 보인다. 그러나 중형급 이상의 산성들은 한성기에 축성된 것으로 판단되는 승계산성을 제외하면 모두 석축산성이다.

우선, 아산지역 산성 중 토축산성의 배치양상을 살펴보면, 곡교천 북쪽의 연암산을 중심으로 북쪽과 동쪽으로 분기된 저구릉지 정상부, 물한산성이 위치하는 물한산을 중심으로 각각 남동쪽으로 이어져 곡교천변까지 이어지는 구릉지 일원에 밀집된 양상을 보인다. 보루형과 소형의 토축산성이 분포하는 지역은 연암산과 물한상을 중심으로 형성된 산악지형이 점차 낮아지고, 곡교천의 지천들이 흐르는 곡부지형과 인접한 지점에 해당하며, 곡교천을 중심으로 북쪽 지역에서만 분포하는 양상을 보인다. 그 중에서도 보루형 산성은 북쪽과 동쪽으로 최외곽지역에 배치되어 있으며, 소형산성들은 보루형 산성들 사이에 위치하거나 그보다 후방쪽에 위치하고 있다. 특히 아산지역과 천안지역의 경계를 이루는 지형에 연속적으로 집중되는 밀집도가 나타난다. 아산 동부지역과 천안 서부지역 사이의 지형은 산악지형이 점차 낮아져 별다른 장애물 없이 이어지는 곳으로 북쪽에서 남쪽으로 나아가는 주요 교통로에 해당한다. 영인산과 연암산 등 높은 산지지형 발달이 미미하여 지형적 이점을 살리기

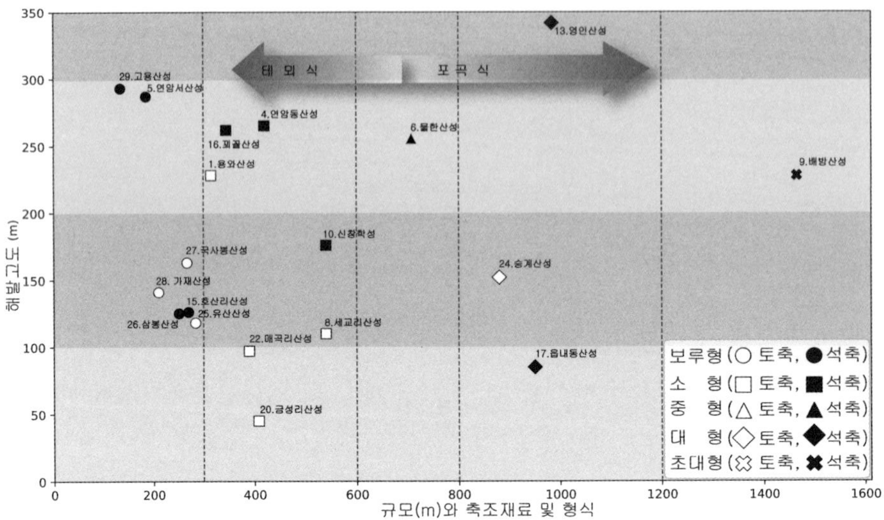

[도면 9] 아산지역 백제산성의 해발고도에 따른 규모와 축조재료 및 형식간 상관관계

어려운 지형이므로 주변의 저구릉지 일원에 연속되도록 근거리에 집중 배치한 것으로 보이며, 백석동토성과 노태산성이 늦어도 6세기 전반, 웅진기 무렵으로 편년되어 주변일대의 토축산성은 대체로 동일한 시점에 축성된 것으로 추정된다.

석축산성은 토축산성과 달리 곡교천의 북쪽지역과 남쪽지역에서 모두 확인된다. 토축산성에 비해 후방지역에 위치하며, 보루형과 소형, 소형과 중형 산성이 근거리에 위치한다. 전체적으로 물한산성을 중심으로 소형이하의 토축산성과 석축산성이 방사형의 배치 양상을 보여 물한산성이 군사거점의 역할을 수행한 것으로 추정된다. 대형의 석축산성은 곡교천 북쪽에서 영인산성이 단독분포하며, 남쪽지역에서는 읍내동산성과 배방산성이 점적인 분포양상을 보인다. 주변에 중형, 소형이하의 산성들이 확인되지 않아 곡교천

북쪽의 보루형-소형-중형 산성들의 연속적인 산성배치와 확연한
차이를 보인다. 이러한 산성배치의 배경은 알 수 없지만, 곡교천 남
쪽지역에서 석축산성의 등장과정을 추적할 수 있는 사례가 확인되
었다. 곡교천 남쪽에 위치하는 신창학성은 현재 석축성벽이 통일신
라시대에 축성된 것으로 알려져 왔으나, 성벽하단부를 조사하는 과
정에서 웅진기로 편년되는 토축산성이 흔적이 확인되었고, 이후 성
내부 건물지를 조사하는 과정에서도 웅진기에 축조된 다수의 수혈
유구와 함께 당시의 유물이 확인되었다[19]. 비슷한 사례는 읍내동산
성에서도 확인된다. 석축산성으로 보고되었지만, 석축은 일부 구간
에서 잔존하거나 붕괴석으로 그 흔적만이 확인될 뿐 대부분의 성벽
은 토루상의 모습으로 남아있다. 북쪽 성벽에 대한 시굴조사 과정
에서 성벽의 뒤채움석에 다량의 백제기와가 포함되어 있어 늦어도
사비기에 들어서면서 수·개축되었을 가능성이 상정되었다[20]. 읍내
동산성의 초축 시기는 알 수 없지만, 신창학성의 예를 보면, 대체로
곡교천 남쪽의 중형급 이상 거점산성들은 늦어도 웅진기 어느 무렵
부터 산성에 대한 수·개축이 이루어져 석축산성으로 변화되었고,
이후 지방의 치소성으로 이용되었을 가능성이 높은 것으로 보인다.
이러한 토축산성의 석축산성으로의 변화양상은 곡교천 남쪽에 위
치한 중형이상의 산성에서만 관찰되는 특징이라 할 수 있으며, 이
는 아산지역 산성들의 역할변화에 따른 방어체계 및 지방 행정체계
의 재편과 관련되었을 가능성이 추정된다.

---

19 (재)가경고고학연구소·아산시청, 2013, 『아산 신창학성』.
20 (재)비전문화유산연구원, 2025, 『아산 읍내동산성 발굴(시굴)조사 약식보고서』.

3. 아산지역 산성의 분포양상과 특징

삼국시대 이래로 각 지역에 축조된 산성유적은 해당 지역의 영구적인 점유와 통제를 위한 목적으로 정치, 군사, 교통의 핵심거점 지역과 요충지에 점적으로 또는 상호 호응할 수 있도록 연속적으로 배치되는 특징을 보인다. 이는 산성의 존재와 점유여부가 곧 주변 일정 권역의 획득이나 상실을 의미하는 것이기에 역사적 상황에 따라 각 산성의 역할과 활용도가 달라질 수 밖에 없고, 그에 따라 규모가 결정될 수 밖에 없다. 아산지역 산성의 분포양상 또한, 시대적 흐름에 따라 군사적 방어와 교통로의 감제, 그리고 행정적 측면을 고려한 후 지형적 여건에 따라 선정된 결과이다.

우선, 아산지역의 지형을 살펴보면, 중앙부에는 동서방향으로 곡교천을 흘러 주변에는 넓은 충적평야지대를 형성하였고, 곡교천의 북쪽에는 영인산과 연암산을 잇는 높은 산악지대, 남쪽에는 학성산과 황산, 배방산을 잇는 높은 산악지대가 각각 동서방향으로 발달하였으며, 산악지대 사이에는 크고 작은 곡부지형과 낮은 구릉지가 형성되어 있다.

이러한 자연지형은 과거부터 현재까지 지역 간 이동상의 장애요인으로 작용하였기에 지역간의 교류는 보다 안정적인 통행을 위해 수로를 이용하거나, 산악지대 사이의 낮은 지맥과 곡부지형을 중심으로 한 교통망을 이용하였다. 조선시대 후기에 제작된 대동여지도에는 산맥, 하천 등의 지형과 함께 군현을 잇는 도로망이 확인된다. 도로망은 직선적인 형태로 표시되어 있는데 차령산맥 서쪽 지역인 아산지역과 주변지역은 종적 도로망보다는 횡적 도로망이 우세하다. 이는 전술한 바와 같이 산맥과 지맥으로 이루어진 지형이 이동간 큰 장애물이기에 도로 개설시 접근성과 교통의 효율성 및 편의성이 고려된 결과로 보인다. 산맥에 표기된 고성의 위치 또한 종선형태의 산맥에 비해 횡적인 모습을 보이는 산맥과 지맥에 집중분포하는 양상으로 확인되는데 이 또한 영역의 확장, 외부침략의 방어에 대응하기 위한 방안으로 점유지역의 통제와 교통로의 안정적인 확보가 우선시 된 결과로 이해할 수 있다.

아산지역의 산성 분포양상은 앞서 살펴본 산악지형의 분포 및 그에 따른 교통망의 형성과 밀접한 관련성이 엿보인다[21]. 곡교천 이북지역은 서쪽의 삽교천 동쪽에 형성된 높은 산악지대로서 영인산과 연암산을 잇는 산악지대와 구릉지대에 산성유적이 횡적으로 분포하며, 특히, 평택과 구온양읍을 잇는 교통로와 접한 영인산과 연암산, 물한산 일원에 집중 분포하는 모습을 보인다. 그러면서도 보다 북쪽으로 해안과 접하는 지점에 위치하는 고용산을 중심으로 산성이 배치된 특징을 보인다. 이러한 점에서, 곡교천 이북의 산성들 중 고용산과 영인산, 연암산 산록 일대의 산성은 서해안의 아산만 일대와 삽교천 및 안성천, 그리고 북쪽과 동쪽의 천안 직산지역까지 펼쳐진 저평한 평야지대를 감시하는 역할과 더불어 북쪽 평야지대와 곡교천 이남을 잇는 교통로 주변을 통제하고 차단하는 한편, 주방어선 역할을 위해 축성되었을 가능성이 높은 것으로 이해된다.

한편, 아산시와 천안시의 경계를 이루는 지역에는 중소규모의

---

21 산성유적의 분명한 성격 규정은 축성주체와 시기별 세부 분류가 선행될 때 보다 선명하게 이루어질 수 있겠지만, 군사적·행정적 목적이 중심인 산성의 성격과 역할을 고려한다면 입지와 분포양상을 통해 통시적인 성격을 가늠해 볼 수 있을 것으로 판단된다.

산성들이 매우 인접하여 밀집 분포하는 양상으로 확인된다. 이 지역은 서쪽에서 이어지는 높은 산악지대가 점차 낮아져 완만한 저구릉지대를 형성하고 있는 곳이며, 곡교천의 지류하천이 발달하여 주변 충적평야지대가 발달하였다. 따라서, 커다란 지형적 장애없이 북쪽의 경기도 안성평야, 서쪽으로 곡교천변의 충적지를 따라 아산지역 동쪽과 남쪽의 풍세 지역으로 통하는 교통결절점에 해당한다. 아산지역과 접하는 천안의 서쪽 지역에는 백석동토성, 노태산성, 봉서산성, 일봉산성, 월봉산성 등 낮은 저구릉지에 크고 작은 규모의 산성들이 연속적으로 축조되어 있는데 아산지역의 가재산성, 용와산성, 호산리산성, 국사봉산성, 유산산성, 세교리 산성 등과 호응할 수 있는 위치에 크지 않은 규모의 산성이 연속적으로 배치되어 있는 점에서 주목된다. 아산지역 동쪽과 천안지역 서쪽의 산성은 높은 산악지형의 발달이 미미한 지형적 여건으로 인해 저구릉지를 중심으로 중소규모의 산성을 종적으로 연속배치함으로서 차령산맥 서쪽지역에서 아산과 천안의 이남지역 즉, 차령산맥 남쪽에 위치한 공주 방면으로의 진출을 감시하고, 차단하기 위한 역할을 담당한 것으로 판단된다.

반면에, 곡교천 이남의 산성 분포양상은 곡교천 이북지역의 분포양상과는 다소 다른 모습으로 위치한다. 산성의 입지와 크게 다르지 않으나, 횡적인 분포양상 보다는 비교적 점적인 분포양상을 보인다. 곡교천 남쪽에 형성된 구릉지대 정상부를 중심으로 곡교천변을 감제하기에 용이한 지형에 위치하며, 곡교천의 지류하천변 즉, 남쪽으로 연결되는 교통로 주변에 자리하는 점 등은 지형적 여건은 동일하지만 삼국시대 이후에 축성된 것으로 확인된 기산동산성과 성안말산성을 제외하면 소형 규모 이상의 산성이 연속도와 밀집도가 낮은 편에 해당한다. 곡교천 이남의 산성은 아산지역 남동쪽을 가로지르는 차령산맥이 지형상 자연적인 장애요인이기도 하였지만, 곡교천 이북의 산성들과 호응하여 지원하는 군사적 역할과 주변지역을 통치하는 행정적 역할이 더해져 초축 이후 아산지역의 주요 거점으로서 운영되었을 가능성이 상정된다. 아마도 이러한 변화시점과 양상은 토축산성이 석축산성으로 변화하는 모습과 관련될 개연성이 크다.

종합하면, 아산지역 산성은 감시-주둔-집결-광역 방어 등 아산지역 방어체계가 단일 중심 산성을 정점으로 하는 위계 구조가 아니라, 곡교천을 중심으로 북쪽과 남쪽이 이원적으로 배치되어 북쪽은 최전방의 주방어선, 남쪽은 군사와 행정의 거점지역으로 기능적으로 상호 연결된 네트워크형 방어망을 구축·운영하였으며, 시간적 흐름에 따라 진행되었음을 시사한다〔도면 10〕.

아산지역 산성유적의 분포양상은 삼국시대 이래로 역사적 흐름을 고려하면, 안성천 유역과 아산만 일대를 통해 호서지역으로 진입하는 주요 교통로에 위치하여 백제초기에는 마한을 극복하고 남진하기 위한 교두보, 한강지역을 상실한 직후에는 긴급한 상황에서 차령산맥 이북에서 남쪽으로 이어지는 교통로를 방어하기 위한 대응책, 사비기에는 현재의 방어선과 지방행정체계를 보다 견고히 유지하면서 북쪽으로의 진출을 위한 최전방의 군사적 요충지였음을 반영하는 근거로 이해된다. 크고 작은 산성의 배치는 당시의 역사적 상황에 따라 지형적 입지여건을 활용하여 선제적으로 선택할 수밖에 없는 최상의 방어책이었을 것이다. 아울러, 삼국시대 이후에3

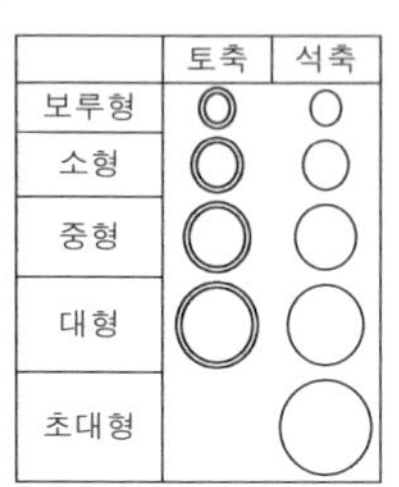

[도면 10] 아산 및 천안지역 산성분포 현황도(축척부동)

는 이전에 축성된 산성이 여러 목적에 의해 재사용되거나 새롭게
축성되기도 하였으며, 특히 고려시대에는 대몽항쟁의 격전지로서
대규모의 산성유적이 나타나기 시작한 것으로 이해된다.

Ⅳ. 아산지역 고대 산성의 축조시기와 축조배경

아산지역은 백제 고대국가 형성 과정과 지방 지배 과정을 파악
하는 데 핵심적인 국가 관방시설인 산성이 다수 축조된 지역이라는
점에서 주목된다. 현재까지 아산지역에서는 19개소의 백제시대 산
성유적이 확인되었으며, 향후에도 추가적인 발견 가능성이 높은 상
황이다. 산성은 정치·경제·군사·행정·사회문화적 기능을 포괄하는
거점시설로서, 그 축성에는 복합적인 요인이 작용하였을 것이며,

이러한 요소들이 일정 수준 이상 충족될 때 축조가 이루어졌을 것으로 판단된다.

이러한 관점에서 볼 때, 아산지역 내 백제시대 산성의 축조는 한성백제가 아산지역으로 진출하던 시기부터 웅진 천도 이후 멸망에 이르기까지, 계획적이고 단계적으로 진행되었을 가능성이 크다. 그동안 아산지역 산성에 대한 연구는 백제 초기 기사에 등장하는 대두산성과 탕정성의 위치 비정과 축조 시점 문제에 주로 초점이 맞추어져 왔다[22]. 최근에는 마한에서 백제로의 전환 과정[23]과 아산지역이 백제사에서 차지하는 핵심 공간으로서의 위상 변화[24]에 대한 논의로 연구의 관심이 확장되고 있는 추세이다. 그러나 이러한 논의가 지속되기 위해서는 여전히 실증 자료가 충분하지 않아, 많은 부분이 추정 단계에 머물러 있는 한계가 있다. 이에, 여기에서는 그간 고고학적 발굴조사를 통해 확인된 산성을 통해 축조시기와 성격을 살핌으로서 아산지역 백제산성들의 축조배경을 추정해 보고자 한다.

최근 수행된 승계산성 긴급 시굴조사는 백제사에서 아산지역이 지닌 위상을 구체적으로 파악할 수 있는 단서를 제공하였다[25]. 승계산성은 현재까지의 고고학적 성과를 기준으로 할 때, 아산지역 내

---

22 ① 유원재, 2016, 「백제시대 아산지역 산성과 탕정성」, 『교육논총 53권 1호』.
  ② ＿＿＿, 1992, 「백제 탕정성 연구」, 『백제논총 제3집』.
23 ① 지원구, 2024, 「백제의 아산지역 진출시기 재검토」, 『백제학보 49』, 55-86.
  ② 최욱진, 2018, 「아산지역 2~5세기 고대유적의 현황과 의미」, 『선사와 고대 55』, 117-156.
24 박종욱, 2025, 「문헌 기록과 고고 자료로 본 아산 지역의 백제사적 위상」, 『한국학논집 101』, 85-120.
25 (재)비전문화유산연구원, 2025, 『아산 승계산성 긴급발굴(시굴)조사 약식보고서』.

에서 가장 이른 시기에 축성된 산성으로 추정되며, 보루로 판단되는 고용산성과 함께 지역 내 최북단에 위치한다. 성벽 둘레는 약 880m로 규모기준상 대형에 속하며, 북쪽으로 안성천 하류와 넓은 평야 지대, 북동쪽으로는 직산 지역, 남서쪽으로는 삽교천 하류 일대가 조망되는 지점에 입지한다. 서쪽의 아산만 일대는 고용산에 의해 시야가 차단되지만, 이 구간은 동시기에 축조된 고용산성이 감제 기능을 담당하였을 가능성이 있다.

시굴조사는 조사의 성격상 성벽과 추정건물지 일원에서 부분적으로 진행하였고, 그 과정에서 성벽 축조기법과 다수의 유구 및 유물을 확인하였다〔도면 11〕. 성벽은 기저부를 풍화암반토를 사선과 계단식으로 굴착한 후 갈색계열 사질토를 성토다짐하였고, 성체는 암반부스러기가 다량 포함된 황갈색 사질토를 반복적으로 쌓아올렸다. 이후 외부를 수직 또는 사선으로 삭감한 후 외피토루를 잇댄 양상으로 확인된다. 성토보다는 정연한 항축 또는 판축으로 이루어져 백제 중앙의 기술이 직접 투여되었을 가능성이 높다. 성벽 내부에서 선행시기의 유구와 유물이 전혀 확인되지 않아 승계산 정상부 일원에 대한 최초 점유를 통해 축성한 것으로 판단된다〔사진 1〕.

출토 유물은 북동쪽 성벽 회절부 내부에서 기대, 파수부고배, 다량의 삼족토기, 토기 뚜껑, 중국 동진제 청자잔, 추정 향완, 철제 초두, 성격 미상의 철기 등이 확인되었으며, 사면 상단부의 추정 건물지에서는 동진제 시유도기편, 철복, 토기병, 철촉 등이 출토되었다. 이 밖에도 산성 내부 전반에서 대옹과 대형 호의 파편이 다수 확인되었다[26]. 이러한 유물은 4~5세기대로 편년되며, 백제 토기류는 한성기 풍납토성과 몽촌토성 출토 유물과 동일한 기종이 확인된다.

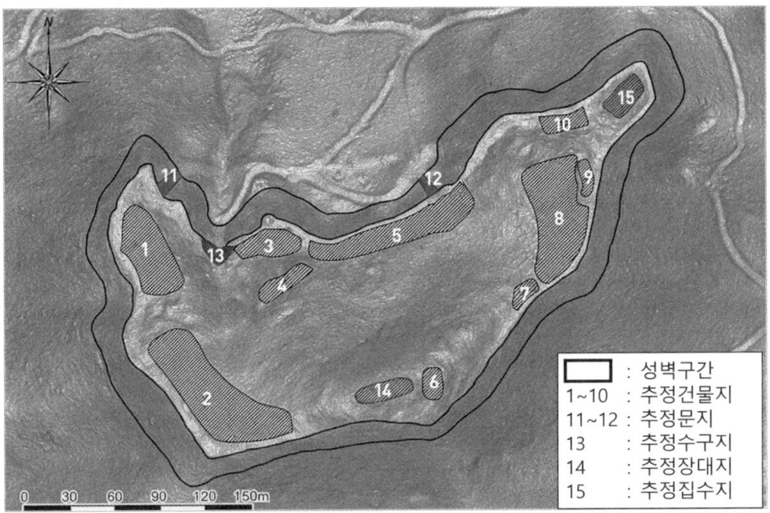

[도면 11] 승계산성 세부 평면도(축척부동)

[사진 1] 승계산성 북동벽 외부 단면 노출모습(북동쪽에서)

---

26 (재)비전문화유산연구원, 2025, 『아산 승계산성 긴급발굴(시굴)조사 약식보고서』.

〔사진 2〕 승계산성 출토유물(1.미상철기 및 초두, 2.철제초두 세부 3.미상철기 세부, 4.철복 및 병, 5.동진제 청자잔 및 삼족기, 6.파수부고배와 삼족기, 7.기대, 8.중국제 시유도기)

중국 동진제 유물 등 외래계 유물이 다수 확인되고, 대형 옹·호류가 집중적으로 출토되는 점에서 승계산성은 아산지역 내 다른 산성과 차별되는 성격을 지닌 것으로 보인다[사진 2].

또한 승계산성에서는 장기간 거주를 시사하는 기와류가 전혀 확인되지 않으며, 한성기 이후의 유물도 출토되지 않아 특정 시점을 기점으로 산성 운영이 중단된 것으로 보인다[27]. 다만 이러한 현상에 대해서는 조사 범위의 한계로 인해 단정하기 어렵다.

이와 같은 점을 종합할 때, 승계산성은 아산지역 마한 세력에 대한 견제와 안성천 이남 지역의 선제적 교두보 확보, 그리고 대중국 교섭과 관련된 항로 확보 등 복합적인 요인이 작용하여 축성되었을 가능성을 상정해 볼 수 있다. 다만 축조 시점과 성격에 대한 보다 명확한 규명을 위해서는 향후 추가적인 발굴조사와 주변 유적과의 비교 검토가 필요할 것이다.

한편, 승계산성의 성격과 관련하여 대중국교류를 위한 거점성이자 아산만을 이용하는 항로상의 중요 기항지로 비정하는 의견이 제시되었다[28]. 승계산성 주변유적에서 진행한 해수면 변동 연구결과에서도 A.D.200년을 전후한 시기에 해수면 현재보다 2~3m 상승하여 승계산 주변에 발달한 골짜기와 소규모 하천은 과거 해수가 드나들던 환경이었을 것으로 추정되는 점은 참고할 만하다[도면 12][29]. 승

---

27 천안 동성산성에서도 비교적 단기간 점유된 양상이 확인된다.
28 학술자문회의 당시 박순발(충남대학교 명예교수)은 중국 동진제 청자완, 철제 초두, 철복을 비롯한 다수의 외래품이 확인되었고, 지정학적 위치로 보아 아산만 항로상의 중요 기항지 혹은 거점 방어성일 가능성을 제시하였다.
29 정봉구·박준형·김성태, 2023, 「아산 둔포지역 GIS분석 및 해수면 변동 모델링」, 『아산 신남리유적』, (재)비전문화유산연구원 발굴조사 보고서 제16.

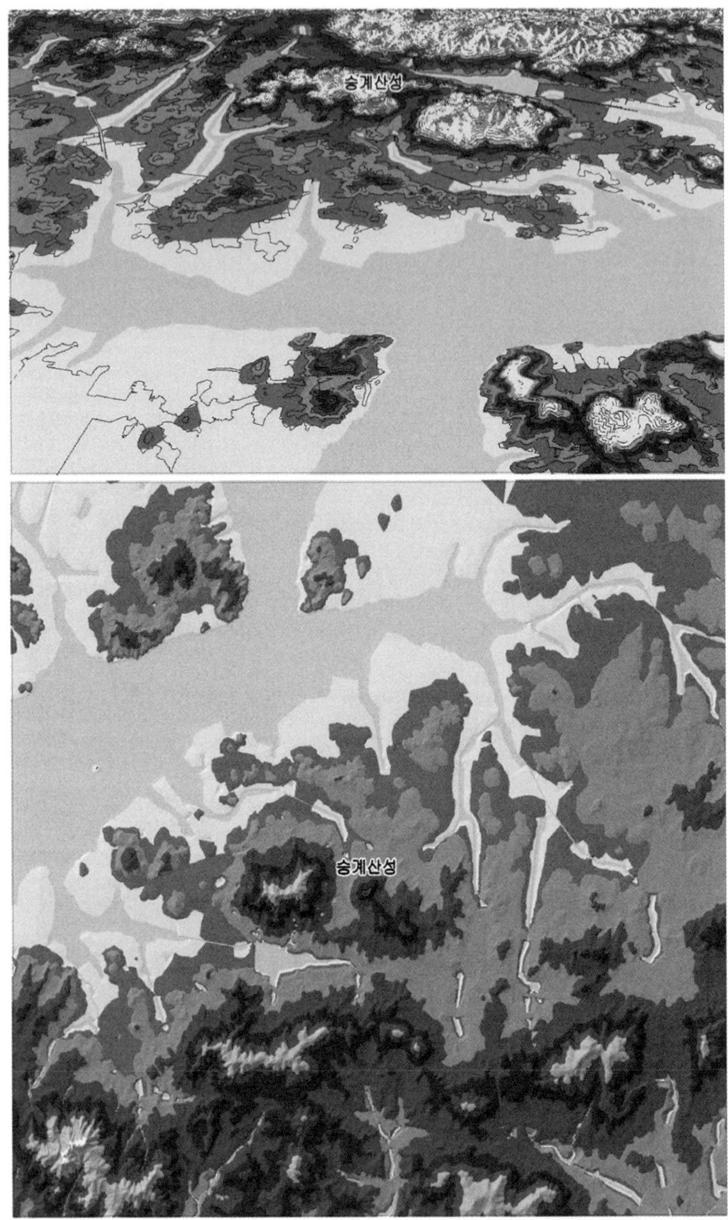

[도면 12] 승계산성 일원의 해수면 변동 시뮬레이션(축척부동)

계산성 북쪽에 위치한 화성지역에서도 산성이 축조되었다. 4세기 전반대에 축조된 길성리토성은 마한 연합체들을 통합하여 거점지배를 관철하기 위하여 관방시설로 마한 재지세력을 동원하여 백제가 축조하였고, 4세기 후반에는 경기 남부지역의 물류 집산과 유통, 정치,경제, 군사, 행정 거점을 위해 백제중앙이 주도하여 소근산성을 축조하였다[30]. 이 과정에서 4세기 말 백제가 고구려에 의해 한강하구를 봉쇄 당한 후 동진과의 교류가 20년간 단절되었다가 406년 이후 재개되는 시점에서는 경기도 화성일대가 새로운 동진 교섭창구의 주요 출항지로 주목받았을 것이라는 의견[31], 지역을 특정하지 않았지만 서해안 중부일대를 설정한 의견이 있다[32].

승계산성은 정확한 초축시기가 밝혀지지 않았지만 백제가 화성지역으로 진출하였던 방식으로 축조되었고, 그 과정에서 동진과의 교섭과정에서 일정정도의 역할을 담당하였을 가능성도 상정해 본다. 다만, 화성지역에는 백제 중앙세력과 관련 있는 위세품이 부장된 대규모의 고분 등이 존재하지만, 아산지역에서는 위세품 사여 등을 통한 거점지배의 방식 등이 확인되지 않는다. 화성지역 산성이 마한 세력을 지배하기 위해 점진적으로 축조되었다고 한다면, 승계산성은 아산만 이남에서 돌발적으로 등장하였다는 점에서 다

---

30 김길식, 2017, 「백제 한성기 하성권역의 석곽 축조과정과 그 배경」, 『고대의 화성을 그리다 화성지역 고대 문화의 제양상』, 제11회 화성시 역사문화 학술세미나.

31 임동민, 2022, 『백제 한성기 해양 네트워크 연구』, 고려대학교 대학원 박사학위 논문.

32 박순발, 2012, 「고고자료로 본 산동과 한반도의 고대해상교통」, 『백제와 주변 세계』, 진인진.

소 이례적이다. 아직 축조시점이 명확하지 않은 상황이지만, 아산지역 마한세력 견제를 위한 안성천 이남의 선제적인 교두보 확보와 동진 교섭의 대안항로 모색 등 막연하게나마 백제가 필요로 하는 여러 이점이 작용한 결과로 추정된다. 한편, 전술하였듯이 승계산성에 대한 조사과정에서는 4~5세기대의 유물만이 확인될 뿐 이후 시기에 산성이 유지되었다고 적극적으로 볼 수 있는 흔적이 확인되지 않는다. 이를 근거로 최근 승계산성을 초기 백제사에 등장하는 대두산성으로 비정하는 견해가 제시되었다[33]. 향후 탕정성으로 비정되는 읍내동산성과의 관계속에서 추가적인 실증적 자료를 기대해 보아야 할 것으로 생각된다.

다음으로 '탕정성'으로 비정되고 있는 읍내동산성은 지표조사[34]와 일부 구간에 대한 시굴조사가 이루어졌다[사진 3]. 시굴조사 당시 백제시대 유구는 확인되지 않았지만, 성벽 트렌치 조사시 석축 뒤채움토에서 다량의 백제기와가 혼입된 양상이 확인되었고, 지표조사 당시 성내부 전역에서 백제시대 기와편가 토기편 등이 다량 산견되었다. 최초에 토축산성으로 축조되었다가 후대에 일부 구간에 석축이 이루어졌을 가능성이 높은 것으로 파악된다. 읍내동산성 출토 기와가 사비기에 구워졌다는 분석결과를 통해 읍내동산성 역시 6세기 후반경에 축조된 것으로 보고되었고, 읍내동산성 남쪽 사면부에 위치한 조선시대 온주아문과 동헌을 발굴하는 과정에서도 사비기의 삼족토기편 등이 수습된 점으로 보면, 읍내동산성은 늦어

---

33 지원구, 주23-①).

34 (재)비전문화유산연구원, 2022, 『아산 읍내동산성 지정신청 조사용역 보고서』.

〔사진 3〕 아산 읍내동산성 성벽 시굴조사 모습 및 내부 지표 수습 벼루편

'湯井官'명 기와

〔사진 4〕 탕정명 기와편(좌: 배방산성, 우: 온주동헌 발굴조사)

도 사비기에는 대규모의 기와건물이 조성된 거점성의 위상을 지녔을 것으로 보인다. 한국 고대 성곽사에서 목책–토축–석축의 통시적 흐름과 변화상과 신창학성이 토축 이후 석축산성으로 변화된 사실을 통해 본다면 읍내동산성의 초축시점은 더 소급될 가능성을 완전하게 배제하기 어렵다.

읍내동산성의 기능과 관련해서는 다수의 토기편과 함께 다량의 기와편 등의 유물을 통해 추정할 수 있다. 기와편은 통쪽와통으로 선문계열의 기와가 상당히 발견되며, 성내부 곳곳에는 평탄지가 형성되어 있다. 앞서 살펴본 승계산성이 성의 둘레와 규모에 비해 급경사지가 많아 활용도가 낮은 것으로 본다면 읍내동산성은 상대고도가 낮고, 접근성이 양호하며, 활용가능한 대지가 많은 특징을 보인다. 계곡을 포함하여 수원을 확보하는 지형에 위치하며, 기와를 사용한 건물지가 곳곳에 조성된 산성이 치소성 성격을 가진다고 본다[35]. 지표조사 당시에는 백제시대 유물로 판단되는 토제 벼루편이 확인되었다[사진 3]. 벼루는 백제 사비기 부여지역에서 가장 많이 나타나는데 중요 건물, 기와 등과 함께 국경일대이 중요산성, 즉 거점성으로서의 위상이나 역할을 단적으로 보여주는 유물이며, 사비기 벼루는 문서행정을 대표하는 유물, 지방에서는 주로 치소나 국경이 중요산성에서 6세기 후반부터 사용되기 시작하여 7세기 이후 더 넓게 확산되는 추세, 지방에서는 군사 거점지로서의 역할 뿐 아니라 치소로서 행정적 역할을 함께 보완하게 된 지역을 중심으로 출토된다고 하는 견해가 있다[36]. 현재까지의 자료만으로는 읍내동산성은 늦어도 백제 사비기에 아산지역의 군사, 행정적으로 중요한 거점성이자 치소성으로서 신창학성의 예로 볼 때 초축시기가 소급될 가능성이 높다. 배방산성과 함께 백제시대~통일신라시대의 역사기록에 등장하는 '탕정성'으로 비정되고 있어 향후 발굴조사에 따라 역사적 실체규명의 중요한 단서가 될 것으로 기대된다. 역시 추후 고고학적 조사를 기대해 보아야 한다[사진 4].

---

35 서정석, 1992, 「충남지역의 백제산성에 관한 일연구」, 『백제문화』. 54.

36 이솔언, 2025,「세종이성 유물로 본 백제 사비기 북방경영」, 『시 기념물 이성 국가사적 지정을 위한 학술대회 세종 이성의 역사적 의미와 가치』.

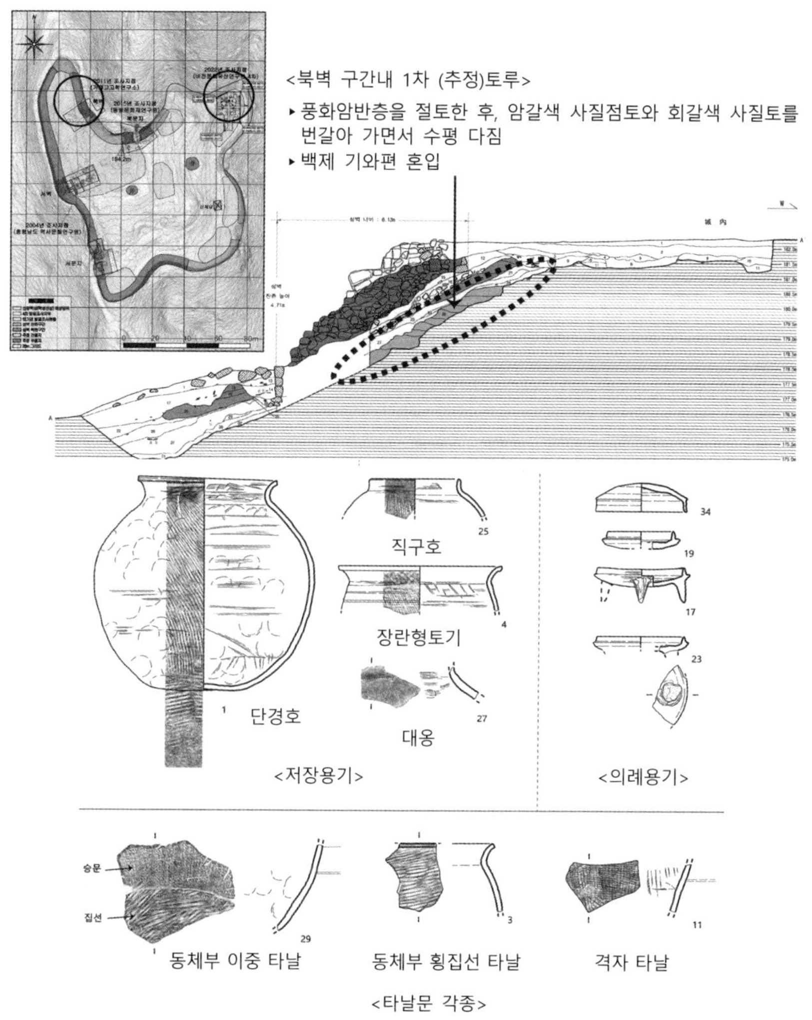

[도면 13] 아산 신창학성 추정 초축성벽 및 내부 수혈유구 출토유물

　신창학성은 학성산 정상부에 축조된 테뫼식 산성이다. 성벽구간
에 대한 발굴조사 과정에서는 석축성벽 하부에서 늦어도 5세기 중
반에 조성된 것으로 판단되는 토축성벽이 일부 잔존하는 것으로 확

인되었고[37], 성내부 평탄지에서는 통일신라시대 건물지 하부의 밀집조성된 수혈유구에서 웅진기~사비기에 해당하는 삼족기와 개배편, 단경호, 타날문토기편 등의 유물이 출토되었다〔도면 13〕[38]. 현재 드러난 성벽은 통일신라시대에 개축된 것으로 알려져 있으나 일부 구간에서는 백제산성의 축성기법이 보이기도 하여 신창학성은 백제시대 산성임이 확인된다. 이른 시일내에 정상부 평탄지의 풍화암반토를 방형으로 굴착한 후 점질토를 충진한 추정 집수지가 조사될 예정이므로 조사결과가 기다려진다.

　한편, 아산지역과 인접한 천안지역에서도 산성 발굴조사가 진행된 바 있다. 천안 백석동토성은 천안과 아산의 경계지역에 위치하며, 현재 행정편제는 분리되었지만, 아산지역 동쪽에 위치한 동일한 지형을 공유하는 지역이다. 해발고도 약 123m의 고도에 위치한 퇴뫼식 토축산성으로 둘레는 260m로서 본고의 산성 규모 기준으로는 보루형 산성에 해당한다. 발굴조사를 통해 정연한 판축성벽이 확인되었고, 6세기 전반, 웅진기에 축조된 것으로 보고되었는데 웅진천도 이후 백제 도읍지에 이르는 교통로상에 배치된 방어성으로 추정되고 있으나, 체성의 보수 혹은 증축의 흔적이 없는 점에서 축조 후 단기간 사용된 것으로 추정되고 있다[39]. 또한, 노태산성은 백석동토성에서 동쪽으로 약 1.7km 정도 이격된 해발고도 약141m의 저구릉지 정상부에 축조되었다. 규모는 377m로서 소형산성으로 추정 영정주 시설이 확인되었고, 정연한 판축은 보이지 않으나 기

37　(재)가경고고학연구소, 2013, 『아산 신창학성』.

38　(재)비전문화유산연구원, 2024, 『아산 신창학성』.

39　이남석,1998, 「천안 백석동토성의 검토」, 『한국상고사학보』 28.

본적인 축조기법은 백석동 토성과 동일한 것으로 판단된다[40]. 성내부에서는 나말여초기의 기와편 등이 확인되어 오랜기간 재점유가 이루어진 것으로 파악된다. 마지막으로 동성산성은 천안시 동쪽의 해발고도 약237m에 축조된 퇴뫼식 토축산성이다. 규모는 약 917m로 계측되어 대형 산성에 포함되며, 승계산성보다 조금 더 큰 규모이다. 체성은 성토기법으로 축조되었고, 내부에서 특정시기, 즉 4세기 중반~5세기 전반대에 집중되는 다량의 유구와 유물이 출토되어 비교적 단기간 점유한 것으로 파악되었다[41]. 백제가 마한을 병합하는 과정에서 천안일대에 대한 영향력을 확보한 이후 미호천 유역으로의 진출을 목적으로 충요한 요충지인 병천천 유역을 통제하기 위해 축조한 것으로 이해되고 있어 승계산성과 초축시점 및 운영방식, 점유기간 등에서 유사한 양상이 확인된다.

지금까지 고고학적 조사자료와 산성의 통시적 변화상을 바탕으로 살펴본 아산지역 산성의 축조시기와 배경은 아래와 같이 정리할 수 있다.

승계산성은 백제가 남쪽으로 진출하기 위한 목적으로 축성된 것으로 보는 것이 타당할 것으로 판단된다. 토축성벽의 축조기법과 성 내부에서 출토되는 다양한 외래유물, 한성기 중앙지역의 출토유물로 보아 아산지역에서 가장 이른시기에 축성된 산성으로 백제가 화성지역 진출 이후 4~5세기경 마한의 재지세력이 점유한 아산지

---

40 (재)비전문화유산연구원, 2019, 『천안 노태공원 민간공원 조성사업 부지 내 문화유적 지표조사 보고서』.
(재)비전문화유산연구원, 2023, 『천안 백석동 62-6번지유적』.
41 한국매장문화재협회·(재)가경고고학연구소, 2016, 『천안 동성산성 시굴조사』.

역으로의 진출, 이후에는 대중국 교류의 거점지역을 확보하기 위한 목적이 우선시 되었을 것으로 판단된다. 해안과 내륙이라는 지정학적 위치에 차이가 있을 뿐, 천안지역의 동성산성도 비슷한 시기에 남방으로의 진출을 목적으로 축조되었던 것으로 보인다. 다만, 운영시기가 길지 않았던 점은 고구려에 의해 백제가 웅진으로 천도하면서 북쪽 국경 방어체계 유지가 어려웠던 것이 결정적 요인이 되었을 것으로 추정된다.

다음으로 아산지역과 천안 서부지역에서 확인되는 보루형·소형 토축산성은 웅진기 무렵에 집중적으로 축성된 것으로 판단된다. 웅진 천도이후 북쪽 국경선에 대한 대고구려 방어가 급박한 상황에서 상대적으로 불리한 아산 동부지역의 지형여건을 극복하기 위해 원거리 조망은 물론 근거리에서 웅진으로 이어지는 교통로를 감제할 목적으로 다수의 소규모산성을 연속적으로 밀집 배치한 것으로 판단된다. 이후 곡교천 북쪽과 남쪽 구릉지 일대에 신창학성과 세교리산성 등 소형 이상의 토축산성을 축성하면서 대고구려 방어선 구축을 완료한 것으로 추정된다.

마지막으로 아산지역에서 중형 이상 규모의 석축산성이 등장한다. 웅진기에 초축된 토축산성을 석축산성으로 수·개축하는 양상이 확인되며, 특히 곡교천 남쪽의 점적으로 배치된 산성에서 그러한 모습이 간취된다. 또한, 곡교천 북쪽에서 소형이하의 토축산성 운영이 중단되는 모습도 확인된다. 기존 토축산성의 운영중단 사례와 석축산성으로의 변화상은 사비기에 들어서면서 북쪽 국경지역의 안정화에 따른 이전시기 방어체계 개편과 지방 통치체계의 구축에 따른 과정으로 추정된다.

 종합하면, 아산지역이 백제의 북경지역으로서 대고구려 방어를 위한 전초기지였음을 모두가 인정하고 있지만, 이러한 방어체계의 확립은 일시에 진행된 것이 아니라, 당시 정세속에서 백제가 처한 현실을 타개하기 위한 방편으로 선제적이고 적극적이며, 단계적으로 이루어진 것으로 사료된다.

V. 맺음말

 본고에서는 아산지역에 분포하는 고대 산성유적을 대상으로 조사 연혁과 분포 현황을 정리하고, 지형·교통망·수계와의 관계 속에서 산성의 입지와 기능을 검토하였다. 이를 통해 아산지역 산성들이 단순한 개별 방어시설이 아니라, 시대별 정치·군사적 상황에 대응하여 상호 연계된 방어 네트워크로 구축·운영되었음을 확인하고자 하였다.

 아산지역은 한반도 중서부 서해안과 내륙을 연결하는 지정학적 요충지로서, 마한 시기부터 삼국시대, 고려시대에 이르기까지 지속적으로 전략적 중요성을 지닌 공간이었다. 이러한 지역적 특성은 산성의 밀집 분포와 다양한 규모·형식의 성곽 축조로 구체화되었으며, 특히 백제 시기에는 감시·통제·주둔·집결 등 기능에 따라 위계화된 산성 체계가 형성된 양상이 확인된다. 산성의 규모와 해발고도의 관계를 통해 입지 선택이 단순한 방어 효율성뿐 아니라 교통로 감제와 지역 통제라는 기능적 요구에 따라 달라졌고, 축성기법상의 일반적인 경향성 검토를 통해 지금 남아있는 산성의 모습들은 웅진천도 직후의 위기감과 사비기 안정기의 정세를 반영한 결과임을 추정해 보았다. 또한 아산지역의 승계산성과 읍내동산성 등과 천안지역 백석동토성, 노태산성, 동성산성 등 일부 발굴·시굴조사 유적의 사례를 통해 아산지역 산성이 백제의 남진 전략과 대외 교류, 국경 방어와 지방 행정 체계 속에서 중요한 역할을 수행하였고, 현재의 모습은 그러한 변화과정을 거쳐 완성된 모습일 가능성을 살펴보았다. 다만 현재까지의 자료는 지표조사와 제한적인 발굴 성과에 의존하고 있어, 축조 시기와 주체, 운영 방식에 대해서는 여전히 추정의 범주를 벗어나기 어렵다는 한계도 함께 확인된다.

이를 해결하기 위한 방안으로는 첫째, 향후 주요 산성에 대한 발굴조사와 과학적 분석을 통해 축조 시기와 변천 과정을 보다 명확히 살펴야 하고, 둘째, 아산지역 산성과 인접 지역(천안·평택·화성 등)의 산성을 비교·연계하여 광역 방어체계 속에서의 역할을 검토하는 연구가 요구된다. 셋째, 문헌 기록과 고고학 자료를 종합한 다학제적 접근을 통해 산성의 군사적 기능뿐 아니라 행정·사회적 성격까지 포괄적으로 규명할 필요가 있다. 마지막으로 산성의 정비와 복원, 활용방안을 마련하여야 한다.

그간 축적된 아산지역 산성에 대한 다양한 연구와 조사가 그 중요성과 역사적 가치를 재인식할 수 있는 계기를 마련하였다는 점에서 큰 성과임은 분명하다. 다만, 향후 학술조사와 연구의 활성화, 보존 및 활용 방안 마련 등 아산지역 고대 산성의 역사적 실체와 그 의미를 밝히려는 다양한 노력은 쉼없이 지속되어야 할 것이며, 이러한 후속 연구가 축적될 때, 아산지역 고대 산성의 역사적 실체와 그 의미는 보다 분명하게 드러날 것으로 판단된다.

문헌 기록과 고고 자료로 본
아산 지역의 百濟史的 위상

박종욱

I. 머리말

아산(牙山)은 『삼국사기(三國史記)』 백제본기에서 매우 이른 시점부터 등장하는 지역 중 한 곳이다. 『삼국사기』에서는 시조(始祖) 온조왕(溫祚王) 재위 기간(B.C.18~A.D.28)에 마한(馬韓) 병합 및 영역 확대 과정에서 대두성(大豆城)·탕정성(湯井城)이 축조된 사실을 전하는데, 두 성은 일반적으로 아산 일대에 위치했던 것으로 이해되고 있다. 또한 재위 43년(A.D.25)에는 온조왕이 아산의 벌판에서 5일 동안 사냥했다는 기록도 전해진다. 그 후 웅진기에는 고구려의 남하를 저지하는 군사적 요충지였으며, 좌평(佐平) 해구(解仇) 등 반란 세력의 근거지로 등장하기도 한다. 그리고 사비기의 아산 지역은 방(方)·군(郡)·성(城)의 지방통치구조 속에서 탕정군(湯井郡)·아술현(牙述城)·굴직성(屈直城)으로 편제되었으며, 신라와 국경을 접하고 있던 최전방의 방어 거점으로 이해되고 있다.

이러한 아산 지역의 백제 관련 문헌 기록은 일찍부터 주목을 받아 여러 연구로 이어졌다. 대표적으로 『삼국사기』의 대두성·탕정성을 수한산성·읍내동산성으로 비정하고 해씨(解氏) 세력의 근거지로 파악하거나,[1] 2성을 영인산성·읍내동산성에 비정하면서 각각 해씨·연씨(燕氏) 세력의 근거지로 파악한 연구를 들 수 있다.[2] 특히 후자의 경우, 백제가 4세기 초에 탕정성을 축조하고 아산 일대를 영역화했다고 보는 한편, 웅진 천도 이후 지정학적 변화에 주목하여 아산 지역에 '웅진시대의 북경의 요새'라는 성격을 부여하였는데, 최근 조사성과에 견주어보더라도 매우 주목되는 선행 연구라 하겠다.

1990년대 후반 이후 아산시의 탕정 지구·배방 지구를 중심으로 마한·백제 시대의 유적이 다수 발굴조사 됨에 따라, 최근 고고학·고대사 분야에서 새로운 연구 성과가 축적되고 있다. 아산 지역을 포함한 아산만 일대에 마한의 강성했던 세력이 있었던 것으로 이해되는 가운데, 아산 탕정면 일대의 마한 세력을 목지국으로 추정하기도 한다.[3] 또한 최근에는 아산 영인면의 승계산성에서 발견된 중국제 시유도기편 및 한성기 삼족토기편 등을 근거로, 『삼국사기』의 대두성을 승계산성으로 비정하고 백제의 아산 지역 진출 시점을 4세기 초인 비류왕대로 이해하는 견해도 제기된 바 있다.[4] 최근 조사된 유적·유물 등으로 볼 때, 아산 지역은 마한에서 백제로 전환되는 과정·시점 등을 살펴볼 수 있는 중요한 곳으로 이해되며,[5] 앞으로의

---

1 이기백, 1978, 「熊津時代 百濟의 貴族勢力」, 『百濟研究』 9, 충남대학교 백제연구소, 10~13쪽.

2 유원재, 1997, 『熊津百濟史研究』, 주류성, 90~98쪽.

3 최욱진, 2018, 「아산지역 2~5세기 고대유적의 현황과 의미」, 『한국고대사와 백제 고고학』, 서경문화사, 246쪽.

4 지원구, 2024, 「백제의 아산지역 진출 시기 재검토」, 『百濟學報』 49, 백제학회, 76~79쪽.

발굴조사 성과·관련 연구가 매우 기대되는 곳이라 할 수 있다.

이러한 분위기 속에서 본고는 최근 조사·연구 성과를 기반으로 아산 지역의 백제사적(百濟史的) 위상을 다시 한번 살펴보고자 한다. 특히 『삼국사기』 온조왕대 '대두성·탕정성 축조 기사'에 주목하여 당시 축성의 목적과 역사적 의미를 검토해볼 것이다. 물론 해당 기사는 그동안의 연구에서 많이 다루어졌지만, 주로 백제의 마한 병합 시기 및 아산 진출 시기 등 관련 기사의 구체적인 시점을 검토하는 문제에 집중되었다. 하지만 이 글에서는 백제의 진출 시기 문제에서 살짝 비켜나, '대두성·탕정성이 백제 한성기 초기 역사에서 왜 중요 지역으로 인식되고 기록상에 남게 되었는지' 그리고 '백제가 탕정성 축조를 통해 무엇을 도모하였는지'를 검토해보고자 한다. 이를 위해 '백제 초기 역사에 대한 당대 백제인의 인식'이라는 측면에서 『삼국사기』 온조왕대 기사의 '텍스트 성격'을 분석하고, 대두성·탕정성 축조 기사의 당대 인식·시점·의미에 대해 살펴볼 것이다. 아울러 백제 한성기의 다양한 지방지배 방식 속에서 아산 지역과 백제 중앙과의 관계·성격은 어떠했고, 한성기 국가권력의 확산·영향력 확대라는 측면에서 아산 지역이 어떤 위상을 점하고 있었는지도 논의해보고자 한다.

한편 웅진·사비기 아산 지역과 관련해서는 선행 연구에서 '북쪽 경계 지역의 군사적 요충지'라는 성격이 강조된 바 있는데,[6] 본고의 인식 역시 그와 크게 다르지 않다. 다만 최근 연구 성과를 통해 관

---

5   고려대학교 한국사연구소, 2022, 『아산의 마한·백제』(아산시 자료 총서 3), 아산시, 4쪽.

6   유원재, 1997, 앞의 책, 97~98쪽.

련 논지를 보강하는 한편,『삼국사기』소나(素那) 열전의 내용을 검토하여 인평(仁平) 연간의 전투가 아산 일대에서 벌어졌던 국지전이었음을 살펴볼 것이다.

영세한 사료와 단편적·한정적인 자료를 중심으로 논의를 전개하려다 보니, 부족한 점이 많을 것으로 생각된다. 이에 대해서는 선학제현(先學諸賢)의 아낌없는 질정을 바란다.

Ⅱ. 한성기 국가권력의 확산 및 교류의 거점

한반도 중서부 지역에 위치한 아산은 서해로 연결되는 아산만 일대를 끼고 있고, 북으로는 안성천이 남쪽으로는 높은 산지로 이루어진 차령산맥이 동서로 포진해있다. 또한 아산의 동쪽에는 내륙교통로의 결절점인 천안삼거리가 위치하는데, 이로 인해 아산은 고래로 수륙 양면의 형승지로 손꼽혔다.[7] 또한 서해안으로 서북류하는 곡교천이 아산 일대를 관통하고 있는데, 그로 인해 곡교천 및 합류 지천 주변에 비옥한 충적 평야가 형성되었다.

이러한 자연조건 속에서 아산 지역에는 청동기시대부터 대규모 취락 유적이 조성되었다.[8] 많은 인구가 모여 살았던 양상은 철기 시대에 그대로 이어졌는데, 그를 대표적으로 보여주는 것이 B.C.3세기 정도로 편년되는 아산 남성리 석관묘 유적이다. 이를 통해 기원

---

7 고려대학교 한국사연구소, 2022, 앞의 보고서, 4쪽.
8 지원구, 2024, 앞의 논문, 69쪽.

전부터 아산 지역에 강력한 정치체가 형성되었음을 엿볼 수 있으며, 기원후 마한 소국 단위의 정치체 형성에도 영향을 미쳤던 것으로 여겨진다.

아산 지역의 2~5세기 유적은 유구의 분포 범위와 밀집도를 기준으로 크게 4개의 권역으로 구분해볼 수 있는데, 탕정면 일대·배방읍 일대·영인면 일대·아산 시내권 등이 바로 그것이다.[9] (〔그림 1〕[10] 참조) 이곳에서는 주로 2~4세기대 마한 세력의 분묘 유적 및 생활 유적이 확인되는데, 특히 곡교천을 중심으로 그 북쪽의 탕정면 일대와 남쪽의 배방면 일대에서 집중적으로 확인되고 있다.

탕정면 일대에서는 용두리 진터 유적, 명암리 밖지므레 유적, 갈산리 유적, 명암리 유적 등의 분묘 유적을 비롯하여 생활 유적과 생산 유적 등 다양한 양상이 확인되었다. 그중 진터 유적·밖지므레 유적·갈산리 유적은 2세기부터 3세기 말까지 조성된 분묘군으로, 마한 관련 유적으로서 주목된다. 즉 이들 세력은 2세기에 새로운 문화의 유입을 통해 성장한 후 3세기에 주변세력과의 교류를 통해 중층유리구슬을 소유하면서 아산 일대에서 월등한 위상을 점했던 마한 세력으로 이해되는 것이다.[11]

배방읍 일대에서는 생활 유적인 갈매리유적과 분묘 유적인 북수리 유적 등이 조사되었는데, 대체로 4세기 이후 조성된 것으로 알려져 있으며, 직구호 등의 백제 한성기 유물이 확인된 바 있다. 이

9　최욱진, 2018, 앞의 논문, 229쪽.

10　강유나, 2023, 「백제 연씨 세력의 재지기반과 그 활동」, 『한국고대사연구』 110, 한국고대사학회, 188쪽의 그림 1 인용.

11　최욱진, 2018, 앞의 논문, 243~244쪽.

〔그림 1〕 아산 지역 고대 주요 유적 분포도

를 통해 배방읍 일대의 세력이 4세기 이후 백제와의 관계 속에서
탕정 세력의 뒤를 이어 아산 지역의 중심 세력으로 발전한 것으로
추정하기도 한다.[12] 그러나 배방읍의 공수리 유적에서 출토된 유개
대부호는 2세기 중엽~3세기 전엽으로 편년되는 영남지역 출토품
과 유사하고, 탕정면의 용두리 진터 유적에서도 출토된 바 있으므
로, 곡교천 남쪽의 공수리 유적과 북쪽의 진터 유적은 동일한 시기
에 공존했던 분묘 유적으로 보아야 할 것이다.[13] 이처럼 곡교천 남

---

12 최욱진, 2018, 앞의 논문, 244쪽.

13 이현숙, 2025, 「마한·백제유적으로 본 아산 역사문화권의 특성」, 『아산 마한·

북의 유적·유물 양상에 큰 차이가 없으므로, 아산 지역 내 마한을 탕정·배방 세력으로 구분하여 이해하기는 어렵다고 할 수 있다.

영인면 일대에서는 생활 유적인 구성리유적, 분묘 유적인 와우리·신법리 유적과 둔포면 신남리 유적 등이 확인된다. 입지상 아산만을 중심으로 성장했던 세력으로 여겨지나, 분묘 규모 등으로 볼 때 탕정·배방 세력에 비해 상대적으로 작은 세력이었던 것으로 추정되고 있다.

마지막으로 아산 시내권에서는 초사동유적, 풍기동 앞골 유적, 밤줄길 유적 등의 분묘 유적과 생산·생활 유적이 함께 조사되었다. 탕정면 일대·배방읍 일대의 유적처럼 이른 시기의 유물은 확인되지 않는 특징을 보이는데, 이를 통해 아산 시내권의 유적은 대체로 5세기 이후에 조성된 것으로 파악되고 있다. 그에 따라 아산 시내권 일대는 백제의 아산 지역 진출 이후에 부상했던 곳으로 추정되나, 백제 중앙과의 상호 관계를 상정할 수 있는 위세품이나 횡혈식 석실분은 발견되지 않아 재지 세력의 규모는 그리 크지 않았던 것으로 이해된다.

이처럼 아산 지역에서 조사된 유적의 조성 시점 및 영위 시기를 고려할 때, 아산 지역의 마한 문화는 대체로 3세기 후반이나 늦어도 4세기 초까지 유지되었던 것으로 볼 수 있다.[14] 또한 그 마한 세력의 중심 권역은 곡교천 남북 지역을 아우르는 탕정·배방 일대로 이해된다. 다만 탕정·배방 일대를 비롯하여 아산 지역의 유적에서

백제사와 역사문화권』(아산 고대역사문화 가치 발굴을 위한 학술대회 발표자료집), 42~43쪽.

14 지원구, 2024, 앞의 논문, 73쪽.

금동관모·금동신발 같은 착장형 위세품은 발견되지 않았기 때문에, 아산 지역의 재지 세력은 공주 수촌리·천안 용원리·서산 부장리 세력과 달리 백제 중앙과 위세품을 매개로 한 정치적 관계를 맺지 못했던 것으로 이해된다.

아산 지역의 백제 영향력 확산, 혹은 백제화 과정과 관련해서는 탕정면 일대의 분묘군에 4세기 초·중반부터 백제계 석곽묘가 소규모로 조성되기 시작했다는 점,[15] 배방읍 일대에 위치한 북수리 유적에서는 4세기 후반에 백제 한성기 토기가 주류를 이루고 있다는 점이 주목된다.[16] 이로 볼 때, 백제가 아산 일대에 본격적인 영향력을 미친 시점은 대략 4세기 이후로 파악해볼 수 있을 것이다.

한편 백제의 아산 일대 진출과 관련하여 주목해볼 유적은 최근에 새로 조사된 승계산성이다. 이 유적은 아산시 영인면 신봉리와 둔포면 신항리 경계의 승계산 정상부(해발 175.8m)에 위치하고 있으며, 자연지형을 이용하여 조성한 토축성이다. 성의 둘레는 880m, 토루 높이는 약 4.9~11m, 토루 상단의 너비는 3m 정도이다. 산성 내에서는 삼족토기편·회청색경질토기편·중국제 시유도기편 등이 다수 확인되었는데, 삼족토기편은 백제 한성기 유물로서 4세기 말~5세기 중반으로 편년된다고 한다.[17] 또한 승계산성 출토 시유도기편은 부안 죽막동 제사유적·서울 풍납토성 현대연합부지 토기폐기장 유구에서 출토된 것과 거의 동일한 기형이라 하는데, 풍납토성

---

15 지원구, 2024, 앞의 논문, 71쪽.

16 지원구, 2024, 위의 논문, 73쪽.

17 비전문화유산연구원, 2022, 『아산 승계산성 정밀지표조사 보고서』, 아산시·비전문화유산연구원, 96~97쪽.

경당지구 196호 유구 시유도기옹 33점의 경우 그 제작 시점은 3세기 후반~4세기 전반으로 편년되고 있다.[18] 다만 시유도기의 제작 이후 백제로 유입·사용·폐기되는 시점은 그보다 후행할 가능성이 있고, 저장 용기로 사용되면 장기간 사용 후 폐기 가능성도 있을 것이다.[19]

이와 같은 출토 유물로 볼 때, 승계산성은 백제 한성기인 4세기대에 조성된 성곽으로 여겨진다. 또한 아산만 일대에 위치한 입지조건 및 주변 교통로 등을 고려하면, 한성기 백제가 안성천 이남으로 확장해나가는 과정에서 전초 기지로서 축성되었으며, 시유도기편의 존재로 볼 때 해상 교류의 거점 역할도 했을 것으로 추정된다.[20]

주지하듯 한강 유역을 중심으로 성장한 백제는 고대국가로의 발전과정에서 점차 경기 남부 지역까지 영향력을 확산시켜 나갔다. 탄천을 비롯한 하천 주변의 교통로를 중심으로 경기 남부의 화성·오산·평택·안성 등 안성천 일대로 진출하였는데, 당시 백제의 영향력 확대 및 지방세력과의 관계는 화성 길성리토성·소근산성·평택 자미산성·안성 도기동산성 등의 성곽과 화성 마하리고분군·요리 고분군 등의 분묘 유적을 통해 알 수 있다.

그 후 백제는 마한 국읍을 병탄하고 안성천 이남·곡교천 유역에 진출하면서 아산·천안 일대에도 영향력을 행사하기 시작했다. 앞서

---

18 한지수, 2010, 「百濟 風納土城 출토 施釉陶器 연구―경당지구 196호 유구 출토 품과 중국 자료와의 비교를 중심으로」, 『百濟研究』 51, 3~34쪽.
19 임동민, 2022, 「백제 한성기 해양 네트워크 연구」, 고려대학교 박사학위논문, 82쪽.
20 지원구, 2024, 앞의 논문, 77쪽.

검토한 마한-백제 전환기에 조성된 분묘·생활 유적과 승계산성은 백제의 아산 지역 진출 및 영향력 확산을 잘 보여주는 유적이라 할 수 있다. 이들 출토 유물 및 유적의 변화 양상으로 볼 때, 백제의 아산 지역 진출 시점은 대략 4세기 이후로 파악된다. 또한 백제는 기층의 마한 문화에 기반하고 있는 재지 사회의 거점지 즉 탕정·배방 일대를 의도적으로 배제하고, 주변의 새로운 공간으로 지역 중심지를 이동시켰던 것으로 여겨진다.[21] 즉 기존 마한 세력의 규모가 크지 않았던 아산 시내권과 영인면 일대에는 축성 등을 통해 좀 더 직접적인 영향력을 행사했다고 이해되는 것이다.

한편 문헌 기록상 백제의 아산 지역 관련 기사는 앞서 살펴본 고고 자료보다 훨씬 이른 시점부터 등장하는데, 당시 사건의 전체적인 맥락과 흐름을 파악하기 위해 마한 관련 기사를 함께 제시하면 다음의 사료 A군과 같다.

A-1. (기원전 6년) 8월에 마한에 사신을 보내 도읍을 옮긴다는 것을 알렸다. 마침내 강역을 구획하여 정하니, 북쪽으로는 浿河에 이르고, 남쪽으로는 熊川이 경계이며, 서쪽으로는 큰 바다에 닿고, 동쪽으로는 走壤에 이르렀다.[22]

A-2. (기원후 8년) 겨울 10월에 왕이 군사를 보내 거짓으로 사냥을 한다고 말하면서 몰래 마한을 습격하여 마침내 그 國邑을 병합하였다. 오직 圓山·錦峴 두 성만은 굳게 수비하고 항복하지

---

21 이현숙, 2025, 앞의 논문, 46쪽.

22 "八月 遣使馬韓告遷都 遂畫定疆場 北至浿河 南限熊川 西窮大海 東極走壤"
　　(『三國史記』卷23, 百濟本紀 1 溫祚王 13年)

않았다.[23]

A-3. (기원후 9년) 여름 4월에 두 성이 항복하니, 그 백성들을 한산 북쪽으로 이주시켰다. 마한이 마침내 멸망하였다. 가을 7월에 大豆山城을 쌓았다.[24]

A-4. (기원후 13년) 봄 정월에 나라 안의 民戶를 나누어 南部와 北部를 만들었다.[25]

A-5. (기원후 15년) 가을 8월에 東部와 西部의 2부를 추가로 설치하였다.[26]

A-6. (기원후 18년) 가을 7월에 湯井城을 쌓고, 大豆城의 民戶를 나누어 그곳에 거주하게 하였다. 8월에 원산과 금현의 두 성을 보수하고 古沙夫里城을 쌓았다.[27]

A-7. (기원후 25년) 가을 8월에 왕이 아산의 벌판(牙山原)에서 5일 동안 사냥하였다.[28]

사료 A군의 큰 흐름을 짚어보면, 백제 시조 온조왕대에 마한을 멸망시킨 후 대두산성을 축성했고, 다시 백제의 영역을 남부(南部)·북부(北部)·동부(東部)·서부(西部)로 구획한 지 3년 후에 탕정성과

---

23 "冬十月 王出師 陽言田獵 潛襲馬韓 遂幷其國邑 唯圓山錦峴二城 固守不下" (『三國史記』 23 百濟本紀 1 溫祚王 26年)

24 "夏四月 二城降 移其民於漢山之北 馬韓遂滅 秋七月 築大豆山城"(『三國史記』 23 百濟本紀 1 溫祚王 27年)

25 "春正月 分國內民戶爲南北部"(『三國史記』 23 百濟本紀 1 溫祚王 31年)

26 "秋八月 加置東西二部"(『三國史記』 23 百濟本紀 1 溫祚王 33年)

27 "秋七月 築湯井城 分大豆城民戶居之 八月 修葺圓山錦峴二城 築古沙夫里城" (『三國史記』 23 百濟本紀 1 溫祚王 36年)

28 "秋八月 王田牙山之原五日"(『三國史記』 23 百濟本紀 1 溫祚王 43年)

고사부리성(古沙夫里城)을 축조했다는 내용이다. 그중 대두산성·탕정성은 일반적으로 아산 일대에 위치했던 것으로 이해되고 있는데, 이는 마한 병합 직후의 축성과 영역 완성·구획 직후의 축성이 아산 지역과 관련되고 있음을 잘 보여준다. 또한 온조왕 43년(A.D.25)에는 아산의 벌판, 즉 지금의 아산시 영인면 일대[29]에서 5일 동안 왕의 전렵(田獵)이 이루어졌는데, 이들 기사를 통해 아산 지역이 백제 초기 역사에서 중요한 비중을 차지하고 있었음을 짐작할 수 있다.

앞서 검토한 고고 자료로 볼 때, 백제 한성기의 곡교천 유역 진출은 4세기대에 이루어졌던 것으로 이해되므로, 사료 A군의 내용은 시조 온조왕대의 사실이라고 보기는 어렵다. 즉 기왕의 연구에서 충분히 지적되었듯이, 3세기 후반~4세기 이후 장기간에 벌어진 사건이 모두 시조 온조왕대로 소급되어 압축·정리된 기사라 할 수 있다.[30] 이처럼 압축·정리된 기사에서 각 사건의 구체적인 시점을 정확하게 파악하기는 어려우므로, 일단 본고에서는 시점 문제를 차치하고 '마한 병합·영역 국가 완성'으로 구성된 텍스트의 기본 구조와 흐름을 당대인의 인식이라는 측면에서 살펴보도록 하겠다.

사료 A군의 서사는 기본적으로 마한 병합을 통한 국가 영역 확대, 그리고 영역의 완성과 지방지배에 관한 이야기를 주요 골자로 하고 있다. 구체적으로는 살펴보면, '웅천(熊川) 등을 경계로 한 초기 영역 획정(A-1) → 마한 국읍 병탄(A-2) → 마한 멸망 및 대두산성 축조(A-3) → 4部 설치를 통한 지방 구획(A-4·5) → 탕정성·고

---

29 "陰峯〔一云陰岑〕縣 本百濟牙述縣 景德王改名 今牙州"(『三國史記』 卷36, 雜志5 地理3 新羅 湯井郡).

30 노중국, 1988, 『百濟政治史研究』, 일조각, 27쪽.

사부리성 축조(A-6)'라는 각 사건과 서사 흐름이 모두 온조왕대의
시점에 압축적으로 정리된 것이라 하겠다.

　여기서 주목되는 것은 백제 영역의 남쪽 지역과 관련되는 탕정
성·고사부리성 축조 기사 이후에는 『삼국사기』 백제본기에서 더
이상 마한 관련 기사가 등장하지 않는다는 점이다.[31] 또한 7세기 초
아막성 전투까지 백제의 남쪽 영역과 관계된 전투 기사나 가야와의
분쟁 기사도 『삼국사기』에 보이지 않는다. 따라서 사료 A군의 전체
서사는 마한 병합과 백제의 성장 그리고 '백제 남쪽 방면 영역의
완성 및 지배'을 함께 보여주기 위한 것이라고 이해할 수 있다. 달
리 말하자면, 사료 A군의 작성 목적은 일련의 사건을 통해 '백제
초기 영역의 기본적인 틀'이 완성되었음을 보여주기 위한 것이며,
그 '압축적인 서사'는 백제 초기의 국가 발전 및 영역 확장 과정에
대한 당대 백제인의 역사 인식이었다고 할 수 있다.

　이와 같은 서사·역사 인식이 완성된 시점은 현존 자료로 볼 때
일단 4세기 후반 근초고왕(近肖古王)대의 『서기(書記)』 편찬 단계를
지목해볼 수 있다.[32] 또한 630~640년대인 백제 무왕(武王)·의자왕
(義慈王) 때 『서기』를 개서(改書)하여 백제의 역사를 다시 한번 정

31　그러나 『삼국사기』 신라본기와 고구려본기에서는 온조왕대의 시점 이후에도
　　'이미 멸망한 마한의 존재'가 몇 차례 언급되곤 한다. 이는 『삼국사기』 백제본기
　　의 온조왕대 마한 관련 사건이 후대에 정리된 백제인들의 인식일뿐이며 실제
　　사실과 다를 수 있음을 보여주는 자료라 할 수 있다.

32　이와 관련하여 사료 A군 기사를 '한성시대 백제의 국경에 대한 관점'을 온조왕
　　대에 집약시켜 놓은 것으로 이해하고, 그 인식의 획기를 근초고왕대로 본 연구
　　가 앞서 제출된 바 있다(이근우, 1997, 「熊津時代 百濟의 南方地域에 대하여」,
　　『百濟研究』 27, 48쪽).

리한 것으로 보는 견해를 감안하면,[33] 7세기 전반 백제인의 인식도 사료 A군의 서사에 투영되었다고 볼 수 있을 것이다. 따라서 『서기』 편찬 단계에서 완성된 '온조왕대 마한 병합·국가 영역 확정'이라는 서사가 4세기 후반부터 7세기 전반까지 당대 백제인들에게 공유되었던 백제 초기 역사에 대한 인식이라 하겠다.

물론 그 서사가 당시의 사실관계를 그대로 보여주는 것은 아니며, 어디까지나 당대 백제인들의 인식이었다는 점은 주의할 필요가 있다. 전술한 대로 백제의 마한 병합, 아산 지역 진출, 고사부리성 축성 등은 온조왕대의 사실로 볼 수 없기 때문이다. 그러나 사건의 시점 문제를 제외한 일련의 영역 확대 과정, 지방구획 등의 사건 그 자체는 당시의 영역적 지향과 진출 과정을 압축적으로 정리한 것으로서 충분히 신빙할 수 있다고 본다. 또한 함께 기록으로 정리된 축성 기사 역시 국가권력 확산 및 영역 완성이라는 큰 흐름 속에서 중요한 의미를 갖는 실체적 사건으로 볼 수 있을 것이다. 물론 후대의 관념이 어느 정도 투영되었을 가능성을 배제할 수 없지만, 개별 사건 자체를 변개할 이유는 특별히 없기 때문이다.

여기서 주목되는 점은 대두성·탕정성 일대로 비정되는 아산 일대가 '마한 병합·영역 확대 및 완성'이라는 서사의 흐름 속에서 함께 등장한다는 것이다. 4세기 후반~7세기 전반 당대 백제인의 인식 속에서 이들 성곽은 백제의 국가적 성장과 관계되는 매우 중요한 거점으로 여겨졌다고 할 수 있다. 그렇다면 아산 일대는 백제 한성기의 지방지배 양상에서 어떠한 위상을 가지고 있었을까?

---

33 전덕재, 2018, 『三國史記 본기의 원전과 편찬』, 주류성, 449~450쪽.

『삼국사기』 백제본기 온조왕대 기록에서는 백제가 웅천(熊川) 이남, 즉 안성천[34] 이남의 마한 국읍을 병합한 뒤 마한 전역을 영역화한 것으로 서술되었지만, 실제 백제 한성기의 지방지배는 다양하고 복잡한 양상으로 이루어졌던 것으로 이해되고 있다. 당시 백제의 지배력은 영역 내 모든 지역에 面적인 단위까지 균일하게 관철되지 않았는데, 백제에서 사여된 금동관모·금동신발 등 착장형 위세품의 존재 양태와 지배 강도에 따라 ①백제의 직할지 ②재지세력을 통한 간접 지배 지역 ③차별대우를 받았던 지역 등으로 구분되기도 한다.[35]

그중 기존 마한 소국의 중심지였거나 전력적 요충지에 해당되는 지방 거점 세력은 위세품을 매개로 백제 중앙과 관계를 맺고, 지역 내에서 자율성과 독자성을 일정 부분 보장받았다. 반대로 백제는 이들 재지 세력을 매개로 중앙의 지배력을 간접적으로 행사하였는데, 대표적으로 천안 용원리 유적·공주 수촌리 유적·서산 부장리 유적 등의 재지세력을 그 사례로 들 수 있다. 이처럼 백제로부터 최고급 착장형 위세품을 사여받았던 지역은 백제 한성기의 주요 지

---

34 온조왕대 기사의 웅천의 위치에 대해서는 안성천으로 보는 견해(이병도, 1976, 『한국고대사연구』, 박영사, 248쪽)와 금강으로 보는 견해가 있다.(전영래, 1985, 「百濟南方境域의 變遷」, 『千寬宇先生還曆紀念史學論叢』, 정음문화사, 138쪽) 다만 온조왕대의 기사에서는 '웅천→마한 병합→대두산성 축성→탕정성 축성'의 단계로 진행되고 있으므로, 이 기록의 웅천은 안성천 일대로 보는 것이 좀 더 합리적이라 하겠다.

35 권오영, 2007, 『고고자료로 본 지방사회』, 『百濟의 政治制度와 軍事』(백제문화대계 연구총서 8), 충청남도역사문화연구원, 242~252쪽. 그 밖에도 백제의 영역은 아니었으나, 착장형 위세품을 사여하면서 백제의 지방으로 편입시키기 위해 노력한 지역도 상정된 바 있다.

방 거점으로 이해되며, 백제가 각 지방을 지배해나가는 과정에서 가장 공을 들였던 지역이라 하겠다.[36]

하지만 아산 일대의 재지 세력은 천안 용원리·공주 수촌리·서산 부장리 세력만큼의 위상을 가지지는 못했던 것으로 보인다. 앞서 살펴본 바와 같이, 탕정·배방면 일대의 세력은 2~3세기에 강성했던 마한의 국읍 세력으로 여겨지지만, 이곳에서 최고급 착장형 위세품 및 중국도자는 아직까지 발견된 바 없으며, 4세기 백제의 진출 이후에는 아산 일대 중심지로서의 위상을 잃게 된다. 현재까지 조사된 고고학적 출토양상으로 미루어 볼 때, 아산 일대의 재지 세력은 백제 중앙과 위세품을 매개로 한 상호적 관계를 맺지 않았던 것으로 여겨진다.[37] 따라서 아산 권역 내 탕정·배방 지역의 재지 세력은 백제 중앙으로부터 큰 우대를 받지 못했던 지방 세력으로 이해해볼 수 있을 것이다.

이처럼 아산 지역의 유력한 재지 세력은 한성기 백제의 지방지배 양상 속에서 특별한 위상을 갖고 있다고 보기 어려울 듯싶다. 그럼에도 『삼국사기』에서는 무슨 이유로 대두성·탕정성을 특별히 기록으로 남겼으며, 당대 백제인들은 두 성을 영역 확대·지방지배와 관련하여 왜 주요한 거점으로 인식했던 것일까? 이를 살펴보기 위해 대두성·탕정성의 구체적인 위치와 성격을 먼저 검토해보자.

대두성의 위치에 대해서는 아산 수한산성(水漢山城)[38], 아산 영인산성[39], 공주 부근[40], 대전 일대[41] 등 다양한 견해가 제기된 바 있다.

---

36 권오영, 2007, 위의 논문, 245쪽.
37 최욱진, 2018, 앞의 논문, 245쪽.
38 이기백, 1978, 앞의 논문, 16~17쪽.

그러나 대두성과 연결지어 볼 지명이나 뚜렷한 근거가 확인되지 않아, 그 구체적인 위치는 알 수 없는 실정이다. 다만 대두성의 민호를 탕정성으로 사민했다는 점에 착안하여 탕정성과 대두성이 인접했을 것으로 이해하고, 그 대략적인 위치를 아산 일대로 보는 것이 일반적인 경향이다.

사료상에서 대두성은 마한을 멸망시킨 후 백제에 의해 축조된 것으로 전해지는데, 그 위치에 대해서는 크게 두 가지 가능성을 제기해볼 수 있다. 하나는 마한 국읍의 중심 지역에 축조되었을 가능성, 다른 하나는 마한 국읍의 재지 기반을 해체시킨 후 그 중심 지역에서 벗어난 다른 지역에 새로운 거점을 마련했을 가능성이다. 현 단계의 자료로는 어느 하나로 단정하기 쉽지 않은데, 그런 점에서 대두성의 위치를 구체적으로 특정하기는 어려운 상황이라 하겠다. 다만 그 성격의 경우, 축성 주체가 백제였다는 점과 탕정성 축조 후 대두성의 민호(民戶)를 나누어 사민했다는 사실이 참고되는데, 그만큼 백제의 국가권력이 직접적으로 대두성에 강하게 관철되었다는 사실을 알 수 있다.

이와 관련하여 『삼국사기』의 대두성을 최근 조사된 승계산성으로 비정한 견해가 주목된다.[42] 지표조사에 수습된 삼족토기편과 중국제 시유도기편 등의 유물로 볼 때, 아산 권역 내 다른 지역에 비해 한성기 백제의 영향력이 직접적으로 미쳤던 곳으로 여겨지기 때

39　유원재, 1992, 「百濟 湯井城 硏究」, 『百濟論叢』 3, 98~100쪽.

40　노중국, 1978, 「백제 왕실의 남천과 지배세력의 변천」, 『한국사론』 4, 102쪽.

41　김기섭, 1995, 「근초고왕대 남해안진출설에 대한 재검토」, 『백제문화』 24, 22쪽.

42　지원구, 2024, 앞의 논문, 78쪽.

문이다. 또한 아산 권역 내에서 확인된 백제 한성기 성곽이라는 점, 후술할 탕정성과의 인접성 등을 고려할 때 그 가능성은 작지 않다고 여겨진다. 다만 아직까지 지표조사만 이루어진 상황이기 때문에, 향후 발굴조사 성과를 기반으로 하여 승계산성의 초축 시점 및 성격에 대한 논의가 좀 더 구체적으로 이루어질 필요가 있다.

한편 탕정성의 위치에 대해서는 일찍이 아산 시내권역의 읍내동산성으로 비정되었으나,[43] 출토 기와에 대한 분석을 통해 한성기의 성곽으로 볼 수 없다는 견해도 제기된 바 있다.[44] 향후 발굴조사를 통해 좀 더 명확한 성격이 밝혀질 필요가 있지만, 지명 및 후대의 치소·온주 관아에서 출토된 '湯井'명 명문와[45] 등을 감안하면, 탕정성은 읍내동산성일 가능성이 매우 높다고 생각된다.

기록상의 탕정성은 백제에 의해 축조되었으며, 축성 후 대두성의 민호를 이곳에 사민했다고 한다. 그런 점에서 탕정성 역시 백제 중앙의 직접적인 영향력이 행사되던 곳이라 할 수 있다. 또한 탕정성 일대의 아산 시내권역에서는 백제 진출 이전의 유적·유물이 두드러지지 않다가 5세기 이후 조성된 유적이 주류를 이루고 있다.[46] 이러한 양상은 백제가 아산 지역 진출 이후 곡교천 남쪽의 아산시 일대를 새로운 거점으로 조성했을 가능성을 시사하는데, 탕정성 축조·대두성 민호 사민이라는 사료적 맥락에도 부합하는 것이기도 하다.

---

43 유원재, 1992, 앞의 논문, 67~68쪽.

44 정치영·주혜미, 2009, 「牙山 邑內洞山城 기와의 特徵과 年代」, 『전통문화논총』 7, 179~218쪽.

45 비전문화유산연구원, 2024, 「아산 온주아문 정비사업부지 내 유적 현장설명회 자료집」.

46 최욱진, 2018, 앞의 논문, 231쪽.

이처럼 탕정성·대두성은 백제 중앙의 국가권력이 직접적으로 관철되는 곳이었다. 아산 권역 내의 탕정면 일대·배방읍 일대의 세력이 백제 중앙으로부터 차별대우를 받았던 것과는 달리, 탕정성 주변의 아산 시내권역과 승계산성 주변의 영인면 일대에서는 백제 중앙의 영향력이 보다 강하게 미치고 있었던 것이다. 그런 점에서 '직할지/간접지배 지역/차별대우 지역'으로 구분되는 한성기 지방 세력의 존재 양태를 탕정성과 대두성에 적용해본다면, 착장형 위세품은 발견되지 않으나 수입 청자 등이 출토되는 양상을 보이는 직접지배 지역,[47] 즉 '백제의 직할지로 편입된 지역'이라고 규정해볼 수 있다.

다음으로 백제의 대두성·탕정성 축조 목적과 그 의미를 살펴보도록 하자. 이 문제에 대해서는 마한 멸망 후 아산·천안 일대에 대한 지배를 공고히 하기 위한 목적에서 대두성과 탕정성이 축조되었다고 보는 견해가 앞서 제출된 바 있다.[48] 또한 사료상에서 대두성은 마한 국읍의 멸망 직후 축조된 것으로 나타나므로, 그 축성에는 마한 세력에 대한 정치적 복속과 견제의 의미도 담겨있다고 볼 수 있을 것이다.

그렇다면 대두성·탕정성의 축조는 아산 일대 및 그 주변 지역에 대한 복속·지배 문제에 국한되는 것일까? 관련하여 온조왕대 일련의 기사가 백제의 '영역적 지향'을 잘 보여주고 있다는 지적[49]이 크

---

47 권오영, 2007, 앞의 논문, 243~244쪽.

48 유원재, 1998, 「百濟 領域變化와 地方統治」, 『百濟의 地方統治』, 학연문화사, 17쪽.

49 이강래, 2011, 『삼국사기 인식론』, 일지사, 343~344쪽.

게 주목된다. 이 점에 유의하여 사료 A군을 다시 살펴보면, 탕정성은 '영역 확대 → 지방 구획(4部) → 백제 초기 영역의 완성' 과정의 마지막 단계에서 고사부리성과 함께 축조된 것으로 나타난다.

고사부리성은 지금의 전북 정읍시 고부면 일대에 위치했으며, 최근 조사를 통해 고부구읍성으로 비정되고 있다.[50] 이곳은 백제 사비기의 중방성(中方城)인 고사성(古沙城)으로, 중방(中方)은 사비기 지방통치의 최상위 단위로 잘 알려져 있다. 그런 면에서 온조왕대의 고사부리성 축성 기사는 전북 지역에 대한 영토적 복속을 상징하는 것이며, 실제로는 영산강 유역에서의 교역 거점 확보라는 의미를 담고 있다고 보는 견해[51]가 크게 참고된다.

사료 A-6의 탕정성 축조 기사 역시 같은 맥락, 즉 '영역적 지향'이라는 관점에서 음미해볼 필요가 있다. 고사부리성 축조 기사가 전북 일대에 대한 복속과 백제의 영역적 지향을 상징적으로 보여주는 것이라면, 탕정성 축조 기사는 어느 방면에 대한 영역적 지향을 의미할까?

아산 지역의 지리적 환경과 지정학적 조건을 살펴보면, 이곳은 안성천 이남~차령산맥 이북에 위치하며, 서쪽으로는 바다로 나갈 수 있는 아산만 일대를 끼고 있다. 백제 한성기의 아산 일대는 수도 한성(漢城)에서 오산·평택을 거쳐 예산·당진·서산·태안·홍성 등 태안반도 일대의 여러 지역으로 진출할 수 있는 중간 거점이며, 해상 교통에 유리한 아산만 일대를 품고 있는 연안 항로의 기착지이기도

---

50 김낙중, 2024, 『전북지역 마한·백제의 고고학』, 진인진, 412~413쪽.
51 김영심, 2000, 「榮山江流域 古代社會와 百濟」, 『지방사와 지방문화』 3-1, 311쪽.

하다. 이처럼 아산 일대는 수도 한성에서 태안반도로 향하는 육상 교통로·해상교통로의 중간 거점에 해당된다. 이로 볼 때, 온조왕대의 탕정성 축조 기사는 아산·천안 일대뿐만 아니라 예산·당진·서산·태안·홍성 등 태안반도 방면에 대한 영토적 복속 및 영역적 지향을 상징하는 것으로 이해할 수 있지 않을까 한다.

물론 탕정성 축조가 곧 해당 방면에 대한 전면적인 백제화, 강력한 면적 지배를 의미하는 것은 아니다. 주지하듯 백제는 4세기 후반부터 5세기 후반까지 자신의 필요에 따라 주요 요충지에 '점' 단위로 위세품을 사여하여 간접 지배를 시도하는 한편,[52] 다른 지역에서는 지배 강도를 점차 높여나가면서 국가권력을 확산시켰다. 그 결과 서산 부장리 세력처럼 5세기대에 중앙과 관계를 맺으면서도 기존의 문화와 자율성을 유지하는 곳이 있는가 하면,[53] 홍성 신금성과 같이 백제의 영향력이 매우 강하게 침투되는 곳도 있었다.[54]

이처럼 이원적인 한성기 지방지배 양상을 고려하면, 온조왕대 탕정성 축조 기사는 아산·천안 일대 및 태안반도 방면에 대한 영토적 복속을 상징하지만, 실제로는 백제 중앙과 해당 지방을 이어주는 '연결 거점의 구축'이라는 의미를 담고 있는 것으로 추정된다. 이때 연결 거점으로서의 탕정성은 재지 세력의 존재 양태 및 중앙과의 관계에 따라 다른 역할과 기능을 담당했을 것으로 여겨지는

52　임동민, 앞의 논문, 2022, 195~196쪽.

53　김낙중, 2021, 『고고학으로 백제문화 이해하기』, 진인진, 453~454쪽.

54　성정용, 1994, 「洪城 神衿城址 出土 百濟土器에 대한 考察」, 『韓國上古史學報』 15; 이혁희, 2017, 「홍성 신금성의 구조와 성격 재검토」, 『야외고고학』 30, 130~136쪽.

데, 하나는 위세품을 사여하고 정치적으로 우대했던 지방 주요 세력과 중앙을 연결하는 '교류 거점'으로서의 성격이고, 다른 하나는 그 이외 지역에 백제의 국가권력을 직접적으로 침투시켜 나가는 '진출 교두보'로서의 성격을 상정해볼 수 있을 것이다. 다만 전자 역시 강력한 재지 세력을 중앙에 포섭하고 통제하에 두면서 궁극적으로는 백제의 영향력을 확대하는 과정에 있으므로, 큰 틀에서는 두 가지 모두 백제 국가권력 확대의 거점으로 보아도 좋을 것이다.

이상의 논의를 정리하면, 백제는 4세기대에 아산 지역으로 진출하여 대두성·탕정성을 축조하였다. 이들 성곽이 위치한 영인면·곡교천 이남의 아산 시내 권역은 이른 시기에 백제의 직할지로 편입되었고, 백제는 탕정성을 중심으로 천안을 비롯한 주변 지역 및 태안반도 일대의 각 지방 세력과 정치적 관계를 맺으면서 교류하거나 직접적인 영향력을 확산시켜 나간 것으로 이해된다. 그 결과 대두성·탕정성은 당대 백제인들에게 영역 확장 및 국가권력 확산의 주요 거점으로 인식되었고, 4세기 후반『서기』편찬 때 백제 초기 역사의 중요한 거점성으로서 정리·기록된 것으로 보인다.

지금까지 아산 지역과 관련된 문헌 기록과 고고 자료를 중심으로 백제의 아산 지역 진출 및 아산의 지역성을 검토해보았다.『삼국사기』백제본기 온조왕대 대두성·탕정성 축조 기사에 주목하여 아산 지역이 백제 한성기 역사에서 중요한 거점 지역으로 인식되었음을 논의하였다. 단편적인 문헌 기록을 중심으로 탕정성의 직할지적 성격·역할·위상 등을 추정해보았는데, 사실 탕정성으로 추정되는 읍내동산성의 발굴조사가 이루어지지 않았다는 점에서 본고의 한계는 뚜렷할 수밖에 없다. 향후 승계산성·읍내동산성 등 아산 권역에 소재한 유적의 발굴조사가 본격적으로 이루어진다면, 백제의 구체적인 진출 시점·아산 지역의 지역성과 위상 등이 좀 더 명확하게 규명될 수 있을 것이다.

Ⅲ. 웅진·사비기 北境의 군사적 요충지

475년 9월 백제는 고구려군의 공격으로 수도 한성이 함락되고 개로왕이 피살되는 비극을 겪었다. 결국 그해 10월 금강 이남에 위치한 웅진으로의 천도가 단행되었는데, 그로 인해 아산 지역 역시 큰 변화를 맞게 되었다. 앞서 한성기에 수도와 한반도 중서부지역 등을 연결하는 지방 거점의 성격을 강하게 보였다면, 웅진기에는 새로운 수도 웅진을 보호하는 北境의 군사적 방어 거점으로 자리잡게 된 것이다. 특히 고구려의 남진 위협이 계속되는 가운데, 아산 일대는 대고구려 전선의 최전방 방어 기지로서 그 군사적 성격이 좀 더 강조될 수밖에 없었다.

웅진 천도 직후 아산 지역과 관련되는 문헌 기록으로 다음의 대두산성 및 삼근왕대의 반란 관련 사건이 확인된다.

> B. (476년) 봄 2월에 대두산성을 수리하고 漢北의 民戶를 이주시켰다.[55]
>
> C. (478년) 봄에 佐平 解仇가 恩率 燕信과 무리를 모아 대두성

---

55 “春二月 修葺大豆山城 移漢北民戶”(『三國史記』卷26, 百濟本紀4 文周王 2年)

을 거점으로 반란을 일으켰다. 왕이 佐平 眞男에게 명령하여 군사 2천 명으로 토벌하게 하였으나, 이기지 못했다. 다시 德率 眞老에게 명하여 정예 군사 5백 명을 거느리고 해구를 공격하여 죽였다. 연신이 고구려로 달아나자, 그의 처자를 잡아 웅진 저자에서 목을 베었다.[56]

D. (479년) 가을 9월에 대두성을 斗谷으로 옮겼다.[57]

사료 B에 따르면, 백제 문주왕(文周王)은 웅진 천도 이듬해인 476년 2월에 대두산성을 수리하고, 한강 북쪽의 민호를 그곳에 이주시켰다고 한다. Ⅱ장에서 검토한 것처럼, 대두산성의 구체적인 위치는 분명하게 알 수 없지만, 탕정성과의 인접 관계를 상정하여 대략 아산 일대에 있었다고 보는 것이 일반적이다. 또한 여기서의 한북(漢北) 민호(民戶)는 475년 한성 함락 및 한강 유역 상실로 인해 한강 북쪽의 본래 재지 기반을 상실했던 집단으로 이해된다.

따라서 이 기사는 웅진 천도 이후 아산 일대의 군사적 성격을 파악해볼 수 있는 자료라 할 수 있다. 즉 기사에 보이는 한북 민호는 고구려와의 전쟁을 경험하고 전투에 능했던 집단이었으며, 이들을 대두성에 사민했던 것은 아산 북쪽 방면에서 새롭게 형성된 대고구려 전선의 군사적 방비를 강화하기 위한 정책으로 이해할 수 있는 것이다.[58]

56　"春 佐平解仇與恩率燕信聚衆 據大豆城叛 王命佐平眞男 以兵二千討之 不克 更命德率眞老 帥精兵五百 擊殺解仇 燕信奔高勾麗 收其妻子 斬於熊津市"(『三國史記』 卷26, 百濟本紀4 三斤王 2年).

57　"秋九月 移大豆城於斗谷"(『三國史記』 卷26, 百濟本紀4 三斤王 3年)

사료 C는 백제 三斤王 2년(478) 좌평 해구(解仇)가 은솔(恩率) 연신(燕信)과 함께 대두성에 웅거하여 반란을 일으켰던 사건을 전하고 있다. 해구는 웅진 천도 이후 문주왕대에 전횡하던 인물로, 그 세력을 잃게 되자 대두산성에서 반란을 일으켰던 것이다. 결국 진압군의 두 차례 공격 끝에 해구가 사망하고 연신은 고구려로 달아남으로써 반란은 종식되었다.

당시 반란의 거점지로 대두성을 선택했던 것은 아무래도 그곳이 해씨 세력의 새로운 근거지였기 때문으로 여겨진다.[59] 주지하듯 해씨 세력은 한성기 사료에서 북부인(北部人)으로 표현되었는데, 대두산성으로 사민되었던 한북의 민호 역시 해씨 세력과 일정 부분 관계된다고 볼 수 있다. 475년 한성 함락 후 한강 북쪽의 재지 기반을 상실했던 해씨 세력이 대두성으로 사민된 한북 민호와 함께 새로운 근거지를 마련했고, 그 세력을 바탕으로 478년에 반란을 일으킬 수 있었다는 것이다.

이와 관련하여 좌평 해구와 은솔 연신이 함께 반란을 일으켰던 점에 주목하여, 해씨 세력의 새로운 근거지인 대두산성 인근에 연씨 세력의 근거지가 있었을 것으로 보고, 탕정성 즉 아산 일대를 연씨 세력의 재지 기반으로 이해하는 것이 일반적인 경향이다.[60] 웅진기에 들어와 연씨 세력은 군사적 활동에서 두각을 보이는데, 이 세력은 국경 지역에 해당되는 아산 일대에서 군사적 기반을 갖출 수 있었으며 그를 바탕으로 대고구려전을 수행했던 것으로 이해된다.[61]

---

58 유원재, 1997, 앞의 책, 54쪽.

59 이기백, 1978, 앞의 논문, 10~13쪽.

60 이기백, 1978, 위의 논문, 15~17쪽; 유원재, 1997, 앞의 책, 97~98쪽.

사료 D는 삼근왕 3년(479) 해구 반란 진압 후 그 근거지였던 대두산성을 두곡(斗谷)으로 옮긴 내용을 전하고 있다. 두곡의 위치는 예산[62], 예산 신암면 두곡리(豆谷里)[63], 공주 두곡역 혹은 서천 두곡역[64] 등으로 추정되는데, 그 정확한 위치는 알 수 없다. 사료 D의 조치는 반란을 일으켰던 세력의 기반을 해체·약화시켜려 한 것이며, 그 후 대두산성의 위상은 크게 저하되었을 것으로 여겨진다.

한편 이들 기사의 '사민'·'지명 이동'에 주목하여, 사료 B·D를 백제의 실제 교치(僑置) 사례로 보는 연구가 최근 제출된 바 있다. 교치는 특정 주·군·현을 상실한 후 그 지역 출신자를 기반으로 하여 다른 지역에 주·군·현을 다시 설치하는 행위를 말한다. 교치된 주·군·현은 각각 교주(僑州)·교군(僑郡)·교현(僑縣)으로 불리는데, 중국의 서진·동진·남조에서 교치의 구체적 양상이 확인된다고 한다. 이 연구에서는 사료 D가 교치의 유사한 모습이라는 점, 사료 B의 한북 민호가 남쪽의 다른 지역으로 사민되었다는 점에 주목하여 중국 남조 정권에 행해지던 교치가 백제 웅진기에도 실제로 실시되었을 가능성이 매우 높은 것으로 보았다.[65] 사료의 내용과 시대적 맥락으로 볼 때 타당한 견해로 여겨지는데, 웅진 천도 직후 지방사회 재편

---

61 강유나, 2023, 앞의 논문, 179~180쪽.

62 이도학, 1985, 「漢城末 熊津時代 百濟王位繼承과 王權의 性格」, 『韓國史研究』 50·51, 한국사연구회, 15쪽.

63 지원구, 2024, 「백제의 예산지역 경영과 예산산성」, 『백제의 산성, 예산산성(예산 산성 사적지정을 위한 학술대회 자료집)』, 예산군·충남역사문화연구원, 110쪽.

64 천관우, 1976, 「韓國의 國家形成(下)」, 『韓國學報』 3, 일지사, 130쪽.

65 정동준, 2025, 「웅진·사비기 백제의 대고구려관계―고구려적 문화요소의 등장 배경을 중심으로」, 『백제 사비기 토기문화와 고구려(제26회 쟁점백제사 학술회의 자료집)』, 한성백제박물관, 137~143쪽.

및 웅진기 한강유역 영유 문제 등과 관련한 향후 연구에 몇 가지 시사점을 제공할 수 있을 것이다.

사료 B·C·D에 대한 검토를 통해 알 수 있듯이, 대두산성은 웅진 천도 직후에도 중요한 역할을 하였으며, 특히 대고구려 방어 전선의 주요 거점이었다. 475년 한성 함락으로 그 재지 기반을 상실했던 한북 민호가 대두성으로 사민되었으며, 본래 한성기 북부인(北部人)으로 표현되었던 해씨(解氏) 세력의 새로운 근거지이기도 했다. 다만 해구의 반란을 진압한 후 대두성을 두곡으로 옮기면서 그 세력 기반이 해체되고, 대두성의 위상 역시 점차 낮아졌을 것으로 보이는데, 위 기사를 끝으로 대두성은 더 이상 『삼국사기』에 등장하지 않는다.

웅진기 이후 사료상에서 대두성·탕정성 등 아산 지역과 직접적으로 관련되는 『삼국사기』 본기 기사는 확인되지 않는다. 다만 앞서 언급했듯이 아산지역은 웅진기에 경계 지역·접경 지역에 위치한 최전방 방어 거점으로서 그 성격을 주목해볼 수 있다.

그에 앞서 웅진기 백제의 북방 경계에 대해 간략하게 살펴보면, 매우 다양한 견해가 제기되어 있는 상황이다. 큰 틀에서는 『삼국사기』 백제본기의 웅진기 한강 유역 경영 기사를 부정하느냐 아니면 긍정하느냐에 따라 견해가 크게 구분되는데, 부정론에서는 백제 웅진기의 북방 경계를 아산만 일대로 보고 있다.[66] 반면 긍정론은 한강 유역 및 임진강 이남 지역을 북방 경계로 파악하는 가운데, 529

---

66 이기백, 1978, 앞의 논문, 14~15쪽; 노중국, 2006, 「5~6세기 고구려와 백제의 관계—고구려의 한강유역 점령과 상실을 중심으로」, 『북방사논총』 11, 동북아역사재단, 22~26쪽.

년 오곡원(五谷原) 전투를 계기로 한강 유역을 상실한 이후에는 아산만 일대를 경계로 고구려와 대치했다고 보는 것이 일반적인 경향이다.[67] 또한 긍정론 내에서도 문주~동성왕대까지는 아산만 일대를 북방 경계로 삼았다가, 무령왕 때 비로소 한강 유역을 확보했다는 일종의 절충론·수정론도 존재한다.[68]

이처럼 웅진기 백제의 북방 영역과 경계에 대해서는 이견이 큰 편이다. 다만 웅진기의 전 시기이건 일시적이었건 간에, 아산만 일대가 고구려와의 군사적 대치 전선에서 최전방 지역이었다고 이해하는 점은 모두 동일하다. 대체로 곡교천 유역의 아산·영인면·천안·목천 일대가 웅진기 북쪽 경계 지역에 있었던 최전방 방어 거점으로 이해되고 있는 것이다. 따라서 웅진기에 들어와 아산 일대는 고구려의 남진 및 수도 공격을 1차적으로 방어해야 하는 군사적 요충지로 부상하였고, 곡교천 일대 및 차령산맥 이북을 관장하면서 수도 웅진을 보호하는 핵심 방어 거점으로 자리잡게 되었다고 볼 수 있다.

한편 백제 사비기에 들어와 아산 지역은 '방(方)-군(郡)-성(城)' 지방통치구조에 편제되었다. 『삼국사기』 지리지에 따르면, 아산 일대에는 탕정군(湯井郡)·아술현(牙述縣)·굴직현(屈直縣)의 1군 2현이 있었던 것으로 전해진다. 그 위치는 비교적 명확하게 파악되는데, 탕정군의 위치는 지금의 아산시 읍내동 일대로, 아술현의 위치는 아산시 영인면 아산리 일대로, 굴직현의 위치는 아산시 신창면 읍

---

67 김영관, 2000, 「백제의 웅진천도 배경과 한성경영」, 『충북사학』 11·12, 79~83쪽.
68 양기석, 1980, 「웅진시대의 백제지배층 연구」, 『사학지』 14, 22~23쪽.

내리 일대로 비정되고 있다. 다만 백제 사비기의 지방통치 단위는 '군-성(城)'이며, 백제 당대에 지방통치단위로서 '현(縣)'이 사용된 사례나 자료가 아직까지 보이지 않고 있으므로, 실제로는 '탕정군-아술성·굴직성'의 지배구조로 이해된다.

그렇다면 탕정군·아술성·굴직성은 5방(五方) 중 어느 방(方)의 관할 하에 있었을까? 이에 대해서는 차령산맥을 주요한 분기점으로 보고 탕정군 등의 아산 일대가 서방성(西方城)의 관할 하에 있을 것으로 보는 반면,[69] 곡교천을 비롯한 주요 하천의 흐름을 중요한 기준으로 보고 탕정군 등의 아산 일대가 북방성(北方城)에 편제되었을 것으로 보기도 한다.[70] 현재 그와 관련된 자료가 전무한 상황이라 확실하게 판단하기 어려운 문제이다. 다만 아산 일대가 차령산맥으로 가로막힌 공주보다는 예산·서산 방면으로 교통로 상 보다 쉽게 연결되며, 조선시대『택리지(擇里志)』에서 언급된 내포의 지리적 범위에 아산 지역이 포함된다는 지적[71]을 고려하면, 탕정군·아술성·굴직성은 서방성의 관할 하에 있지 않았을까 한다.

아산 일대의 지역성은 사비기에도 큰 변화 없이 최전방 방어 거점이라는 성격을 유지했다. 6세기 중반에는 '551년 한성 수복-553년 신라의 한강 유역 탈취-554년 관산성 전투' 등 국제 정세를 뒤흔들었던 사건이 연이어 발생했고, 그 결과 백제는 다시 아산만 일대를 경계로 삼아 신라와 영역을 직접적으로 맞대게 되었다.

당시 양국의 경계를 좀 더 구체적으로 살펴보면, 북계(北界)에 접

---

69 지원구, 2022,「百濟 五方城 研究」, 고려대학교 박사학위논문, 164~165쪽.
70 김근영, 2024,「百濟의 5方制 연구」, 공주대학교 박사학위논문, 144~146쪽.
71 지원구, 2022, 앞의 논문, 164쪽.

했던 백제의 영역은 아산시 영인면(牙述城)·아산시(湯井郡)·천안시 목천읍(大木岳郡)으로 확인된다. 여기에 접한 신라의 군현 지역은 경기도 평택시 안중읍(上忽縣)·충남 천안시 직산읍(蛇山縣, 本高句麗縣)·충북 진천군 진천읍(今勿奴郡)·증평군 도안면(道西縣) 등이다. 따라서 백제는 둔포천 이남의 영인면 일대, 곡교천 유역의 아산·천안시 일대, 목천읍 일대를 최전방 지역으로 영유하면서 그 북쪽 방면에서 신라와 접경지대를 형성했다고 볼 수 있다.

이와 관련하여 7세기 전반 아산·천안 일대의 군사적 분쟁 및 대치 상황을 살펴볼 수 있는 내용이 『삼국사기』 소나 열전에 전해지는데, 그 내용은 다음과 같다.

E. 素那〔혹은 金川이라고도 한다〕는 白城郡의 蛇山 사람이다. 그의 아버지 沈那〔혹은 煌川이라고도 부른다〕는 힘이 남들보다 세고, 몸이 가볍고도 민첩하였다. 蛇山의 경계가 백제와 서로 뒤섞이어 엇갈려 있었기 때문에, 서로 간에 침입과 공격이 없는 달이 없었다. 沈那가 전쟁에 나갈 때마다 (그를) 대적할 수 있는 강한 군사가 없었다. 仁平 연간(634~637)에 白城郡에서 군사를 내어 가서 백제의 변방 고을을 빼앗았는데, 백제에서 정예 군사를 내어 급히 신라군을 치니, 우리 군사들이 어지럽게 물러났다. 심나는 홀로 서서 검을 뽑아 눈을 부릅뜨고 크게 소리를 지르며 수십여 명의 목을 베어 죽였다. 적이 두려워 감히 당해내지 못하고 마침내 병사를 이끌고 달아났다. 백제인이 심나를 가리켜 말하길, "신라의 용맹하고 날쌘 장수"라고 하였다. 이로 인하여 서로 이르기를, "심나가 아직

살아있으니 白城에 접근할 수 없다.”라고 하였다.[72]

　　사료 E에 따르면, 인평(仁平) 연간(634~637)에 사산(蛇山)[73] 즉 지금의 충남 천안시 직산읍 일대가 백제의 땅과 맞물려 있었다고 한다. 그에 따라 양국의 공격이 달마다 계속해서 이어졌고, 결국 백성군(白城郡)에서 군사를 내어 침공하는 등 7세기 전반에 양국 간의 국지전(局地戰)이 지속되었다고 한다.

　　당시 신라의 최전방 지역이 천안 직산읍 일대이므로, 지리적 환경상 그에 접하는 백제의 최전방 지역은 아산시 영인면 일대와 천안시 일대에 해당된다. 또한 그 일대 하천과 산지 지형 등의 환경을 고려하면, 당시 백제와 신라의 접경지대는 둔포천 및 천안 시내 일대를 경계로 하여 형성되었을 것으로 추정된다.[74] 따라서 소나 열전(사료 E)의 나제(羅濟) 간 국지전은 백제 아술성(아산 영인면)과 신라 사산성(천안 직산) 사이에서 벌어진 군사적 충돌로, 그 주요 무대는 지금의 아산시 영인면 일대 및 천안·직산 일대로 이해된다.

　　다만 위 사료의 내용은 7세기 전반의 상황으로, 백제와 신라의 대치 양상을 6세기 중엽까지 소급·적용할 수 있을지는 확실하지 않

72　“素那〔或云金川〕白城郡 蛇山人也 其父沈那〔或云煌川〕旅力過人 身輕且捷 蛇山境與百濟相錯 故互相寇擊無虛月 沈那每出戰 所向無堅陣 仁平中 白城郡 出兵 往抄百濟邊邑 百濟出精兵 急擊之 我士卒亂退 沈那獨立拔劒 怒目大叱 斬殺數十餘人 賊懼不敢當 遂引兵而走 百濟人指沈那日 新羅飛将 因相謂日 沈那尚生 莫近白城”(『三國史記』卷47, 列傳7 素那)

73　“蛇山縣 本高句麗縣 景德王因之 今稷山縣”(『三國史記』卷35, 雜志4 新羅 漢州 白城郡)

74　박종욱, 2021, 「백제 사비기 신라와의 전쟁과 영역 변천」, 고려대학교 박사학위논문, 33쪽.

으나, 아직까지 이것을 반증할 만한 자료는 보이지 않는다. 6세기 중엽 이후부터 660년 백제 멸망 때까지 이 방면에서의 큰 전투는 사료상에서 보이지 않고, 영역적인 큰 변동도 확인되지 않기 때문이다.[75] 그런 면에서 소규모 국지전으로 인해 양국 간 경계와 영역은 어느 정도 유동적이었겠으나, 큰 틀에서 볼 때 아산만-천안 일대에서 조성된 백제와 신라의 군사적 대치는 6세기 중엽부터 7세기 중엽까지 대체로 비슷하게 유지되었을 것으로 여겨진다.

지금까지 살펴본 것처럼, 아산 지역은 웅진·사비기에 들어와 지정학적 요인으로 인해 고구려·신라와 경계를 맞대는 접경지대에 위치하게 되었고, 자연히 군사적 중요도가 매우 높은 지역이 되었다. 이러한 아산의 군사적 성격과 관련해서는 곡교천 유역에 조성된 수많은 산성 유적이 주목된다. 현재 곡교천 유역에는 읍내동산성·배방산성을 비롯한 산성 19개소가 집중적으로 분포된 것으로 알려져 있다.[76] 또한 곡교천의 유로를 따라 산성의 분포가 동서 방향으로 이어지는 특징을 보여주고 있는데,[77] 천안 동남부부터 곡교천·아산만 방향으로 서림산성·동성산성·세성산성·목천토성·백석동토성·수한산성·영인산성 등이 분포하는 양상을 보인다.

하지만 아산 일대의 성곽에 대해서는 대부분 지표조사 정도만 이루어졌을 뿐, 본격적인 발굴조사는 시행되지 않았다. 그로 인해

---

75 전덕재, 2018, 「4~7세기 백제의 경계와 그 변화」, 『百濟文化』 58, 공주대학교 백제문화연구소, 81쪽.

76 유원재, 1997, 앞의 책, 80~89쪽.

77 김근영, 2024, 「백제 웅진기의 왕도 방어체계와 대외관계」, 『한국고대사연구』 115, 139쪽.

백제 성곽의 여부를 비롯하여 초축 시기·운영 시기·폐성 시점 등 아산 일대 성곽의 성격과 양상을 명확하게 파악하기 어려운 실정이다. 물론 시대적·지정학적 상황과 입지·교통·지리적 조건 등을 고려할 때, 이들 성곽 중의 상당수는 대체로 백제에 의해 조영·운영되었을 것으로 추정된다. 최근 승계산성·읍내동산성 등 아산 권역 내 성곽에 대한 발굴조사가 추진되고 있는데, 앞으로 아산 일대의 고대 성곽에 대한 조사 및 관련 연구가 활발해지고, 이를 통해 웅진·사비기 아산의 시기별 변화 양상과 지역성을 구체적으로 규명해갈 수 있기를 기대한다.

Ⅳ. 맺음말

지금까지 백제와 관련된 문헌 기록과 고고 자료를 바탕으로 아산 지역의 역사성을 한성기·웅진사비기로 나누어 살펴보았다. 최근 들어 활발하게 추진된 발굴조사 및 관련 연구를 통해 백제의 아산 지역 진출 시점, 마한에서 백제로의 전환 양상, 각 시기 지역별 중심 세력 등이 점차 규명되고 있다. 본고에서는 이러한 조사·연구 성과를 기반으로 아산 지역의 百濟史的 위상을 살펴보면서, 특별히 온조왕대의 탕정성 축조 기사를 당대 백제인의 인식이라는 측면에서 접근하여 백제의 아산 지역 지배와 탕정성 축조의 목적과 그 의미에 대해서도 검토해보았다. 이하에서는 앞서 살펴본 내용을 요약·정리하는 것으로 맺음말을 대신하고자 한다.

2장에서는 백제 한성기의 아산 지역에 대해 살펴보았다. 최근 아산 지역에서 확인된 유적으로 볼 때, 아산 지역의 마한 문화는 탕정·배방 일대를 중심으로 대략 3세기 후반까지 유지된 것으로 이해된다. 그 후 백제는 기존 마한 문화에 기반하고 있던 재지사회의 거점지였던 탕정·배방 지역을 의도적으로 배제하고 그 주변 지역에 대두성·탕정성을 축조하였다. 이들 성곽이 위치한 영인면·곡교천 이남의 아산 시내 권역은 이른 시기에 백제의 직할지로 편입되었고, 백제는 탕정성을 중심으로 천안을 비롯한 주변 지역 및 태안반도 일대의 각 지방세력과 정치적 관계를 맺으면서 교류하거나 직접적인 영향력을 확산시켜 나간 것으로 이해된다. 그 결과 대두성·탕정성은 당대 백제인들에게 영역 확장 및 국가권력 확산의 주요 거점으로 인식되었고, 4세기 후반『서기』편찬 때 백제 초기 역사의 중요한 거점성으로서 정리·기록된 것으로 여겨진다.

3장에서는 北境의 군사적 요충지라는 측면에서 웅진·사비기 아산 지역의 성격을 검토해보았다. 475년 웅진 천도로 인해, 아산 지역은 새 수도 웅진을 보호하는 北境의 군사적 거점으로 자리잡게 되었다. 이 시기 문헌 기록에서 확인되는 대두산성 수리 및 漢北民戶 사민은 대고구려 전선의 군사적 방비를 강화하기 위한 정책으로 이해된다. 또한 좌평 해구와 은솔 연신이 함께 대두성에서 반란을 일으켰던 사건을 통해서, 대두성은 해구를 비롯한 해씨 세력의 새로운 근거지로, 그 인근에 있었던 아산 일대는 웅진기에 들어와 군사적 활동에서 두각을 보였던 연씨 세력의 재지 기반으로 이해해 볼 수 있다. 5세기 후반 이후 아산 지역과 관련된 문헌 기록은 더 이상 확인되지 않지만, 이 일대는 고구려와의 군사적 대치 전선에서 최전방 방어 거점으로 파악되고 있다. 또한 방·군·성 지방통치

구조 하에서 탕정군·아술성·굴직성으로 편제된 사비기에도 아산 일대는 신라와 영역을 맞댄 최전방 지역이었던 것으로 이해되는데, 『삼국사기』 소나 열전에 보이는 백제와 신라의 국지전은 아산시 영인면·천안시·직산읍 방면에서 벌어진 사건으로 볼 수 있다.

아산 시내 및 영인면 일대의 발굴조사 성과가 아직까지 미미한 상황에서, 아산 지역의 역사적 성격과 위상을 강조한 본고의 한계는 뚜렷하다. 향후 승계산성·읍내동산성 등 아산 권역에 소재한 유적의 발굴조사가 본격적으로 이루어진다면, 백제의 구체적인 진출 시점·아산 지역의 지역성과 위상 등이 좀 더 명확하게 규명될 수 있을 것이다.

마한·백제유적으로 본 아산 역사문화권의 특성

이현숙

Ⅰ. 머리말

곡교천유역의 아산지역은 『三國史記』에 기록된 마한 목지국의 위치와 백제의 탕정성, 대두성과 같은 역사적 공간으로 인지되면서, 일찍부터 문헌과 고고학적 연구가 집중되었다, 이는 백제가 고대 영역국가로 성장하는 과정에서 이루어진 백제국의 성장과 목지국의 해체라는 관점에서, 아산이 중요한 지역으로 인지된 것이다. 더불어 고고학 자료의 축적과 더불어 아산지역 내 마한사회의 성격과 백제국의 영역확대 과정에서 보이는 지방사회의 통합, 그리고 백제 중앙과 재지세력 사이의 상호 작용 등에 대하여 다양한 연구가 진행되고 있다. 그러나 마한이란 정치체의 시·공간적 실체와 상황은 매우 복잡하여, 고고학과 문헌사학의 연구 성과도 매우 다양하다.

최근 발굴조사로 확인된 고고학적 자료 가운데 목지국과 관련하여 주목할 수 있는 유적으로는 곡교천의 북쪽 탕정면과 남쪽 배방면에 위치하는 2~5세기대 고분군과 생활유적이 있다. 즉 곡교천 북쪽의 탕정면에는 용두리 진터유적, 갈산리유적, 명암리 밖지므레

유적, 명암리 12지점 유적이 있고, 곡교천 남쪽의 배방면에는 공수리유적, 매곡리유적, 북수리유적, 초사동유적, 갈매리유적 등이 있다. 이 가운데 고분 문화상은 2~4세기대에 이르기까지 연속적인 변화상을 보이고 있어서, 축조집단의 연속성을 유추할 수 있다. 반면, 4세기말~5세기대 백제 한성기유적은 매우 제한적으로 확인된다.

이에 유적이 집중된 곡교천의 지리적 특징과 강점을 파악한 후, 아산지역 2~5세기대 유적의 분포상을 기초로 마한·백제 문화유산의 특성과 가치를 검토해 보고자 한다. 이를 통하여 아산지역을 중심으로 존재했던 마한사회의 성격에 대한 이해와 더불어, 아산지역이 백제영역화 과정에서 나타나는 마한문화의 변화상을 구체적으로 살펴볼 수 있을 것으로 기대된다.

Ⅱ. 아산과 곡교천유역의 문화환경

아산지역이 역사상 주목되는 내용은 목지국의 위치, 그리고 한성기 백제의 강역과 관련하여 웅천의 위치에 대한 문제와[1] 백제 온조왕대 大豆山城과 湯井城 축성기록이다.[2] 이는 아산지역이 마한·백제사의 전개에 있어서 매우 중요한 지역이었음을 살필 수 있는 내용이다. 이에 아산지역을 중심으로 마한·백제사의 쟁점과 역사·

---

1   『三國史記』「百濟本記」溫祚王 13年, 八月 遣使馬韓 告遷都 遂畫定疆場 北至浿河 南限熊川 西窮大海 東極走壤
2   『三國史記』「百濟本記」溫祚王 36年 秋七月 築湯井城 分大豆城民戶居之 八月 修葺圓山錦峴二城 築古沙夫里城

지리 환경에서 중요한 영향을 주는 곡교천을 중심으로 유적의 조사 현황을 검토하여, 아산지역 마한·백제 문화유산의 특성과 가치를 살피는 기초자료로 활용하고자 한다.

1. 아산지역 마한·백제사의 쟁점

아산지역의 마한·백제 역사상에서 주목되는 내용은 목지국의 입지와 한성백제의 강역에 해당하는 남쪽 웅천의 위치 문제, 그리고 온조왕대 대두산성과 탕정성의 위치에 관한 것이다. 이에 대한 내용은 중국의 문헌기록과 국내의 『삼국사기』에서 그 단서를 확인할 수 있으나, 고고학증거를 구체적으로 파악하여 함께 검토할 필요가 있다.

목지국과 관련한 기록으로는 『翰苑』에서 인용한 『魏略』과[3] 『三國志』[4], 『後漢書』[5]에서 목지국에 관한 서술에 기초하여, 적어도 서

---

3 "魏略曰 三韓各有長帥 其置官 大者名臣智 次曰邑次 凡有小國五十六 總十餘萬戶 辰王治目支國 〔目〕支國置官 亦多曰臣智 … 辰韓人常用馬韓人作主 代代相承"(『翰苑』 蕃夷部 三韓).
　　『위략』에 이르기를, 삼한에는 각각의 수장이 있다. 관을 두는데, 큰 자는 신지라 하고, 다음은 읍차라 한다. 56개의 소국이 있고, 모두 10여만 호이다. 진왕은 목지국을 다스린다. 목지국은 관리를 두는데, 그들 또한 신지라 일컫는 자가 많다. … 진한 사람들은 항상 마한 사람을 써서 왕(主)을 삼는데, (그 왕은) 대대로 이어 한다.

4 "凡五十餘國 大國萬餘家 小國數千家 總十餘萬戶 辰王治月支國 臣智或加優呼臣雲遣支報安邪踧支濆臣離兒不例拘邪秦支廉之號　其官有魏率善邑君歸義侯中郎將都尉伯長 … 弁辰韓合二十四國 大國四五千家 小國六七百家 總四五萬戶 其十二國屬辰王 辰王常用馬韓人作之 世世相繼 辰王不得自立爲王"(『三國志』 卷30, 魏書 烏丸鮮卑東夷傳 第30 韓)

기 3세기 전반에는 목지국이 마한의 대표 국가였다. 목지국은 백제가 고대 영역 국가로 성장하기 직전 한반도 중남부 지역에서 가장 강성했던 나라였으며, 그 위치는 한강유역에 존재했던 백제국보다 남쪽에 위치한 것으로 파악되고 있다.[6] 그리고 목지국의 입지는 중국 군현과의 교섭에 있어서 커다란 불편이 없으며, 마한제국에 대한 영도가 가능한 교통의 요충지에 있었을 것으로 보는 견해[7]가 주목된다.

따라서 목지국의 위치에 대해서는 다양한 견해가 제기되었다. 仁川,[8] 평택~천안,[9] 천안 직산,[10] 천안 일대,[11] 그리고 주구토광묘의 존

(마한은) 무릇 50여 국이다. 큰 나라는 만여 가, 작은 나라는 수천 가인데 모두 10여만 호이다. 진왕은 월지국을 다스린다. 신지 중에 간혹 호칭을 더하기도 하는데, 臣雲遣支報, 安邪踧支, 濆臣離兒不例, 拘邪秦支廉의 호칭이 그것이다. 그 관직으로는 위솔선, 읍차, 귀의후, 중랑장, 도위, 백장이 있다. … 변한과 진한은 합하여 24국이다. 대국은 4~5천 가, 소국은 6~7백 가, 총 4~5만 호이다. 그 12국은 진왕에 속하는데, 진왕은 항상 마한 사람으로 하고, 대대로 서로 잇는다. 진왕은 스스로 왕이 될 수 없다.

5　"皆古之辰國也 馬韓最大 共立其種爲辰王 都目支國 盡王三韓之地 … 初朝鮮王準爲衛滿所破 乃將其餘衆數千人走入海 功馬韓破之 自立爲韓王 準後滅絶 馬韓人復自立爲辰王"(『後漢書』 卷85, 東夷列傳 第75).
　　(삼한은) 모두 옛적에 진국이다. 마한이 가장 큰데, 그 종족에서 함께 진왕을 세운다. 진왕은 목지국을 도읍으로 하며, 삼한 땅 전체의 왕이다. … 처음 조선왕 준이 위만에게 패하여, 자신의 남은 무리 수천 명을 거느리고 바다로 달아나, 마한을 공격하여 깨트리고 스스로 한왕이 되었다. 준의 후손이 끊기자, 마한 사람이 다시 자립하여 진왕이 되었다

6　전진국, 2023, 「목지국 위치 비정」『한국고대사연구』 111, 한국고대사학회.

7　이도학, 1998, 「새로운 모색을 위한 점검, 목지국 연구의 현단계」, 『마한사연구』, 충남대학교출판부.

8　천관우, 1979, 「목지국고」, 『한국사연구』 24, 한국사연구회, 26~29쪽.

9　李丙燾, 1976 『韓國古代史研究』, 博英社, 242~248쪽.

10　이병도, 1976 앞의 책 ; 盧重國, 1990, 「目支國에 대한 一考察」, 『백제논총』

재를 기초로 牙山灣 일대로[12] 보는 견해가 있다. 그리고 안성,[13] 公州(웅천)(신채호 1979: 127~130), 禮山[14], 금강유역,[15] 益山,[16] 羅州[17]로 보기도 하며, 최근에는 청주지역에서 많은 유적이 조사되는 것에 주목하여 청주를 목지국으로 보는 설도 있다.[18] 이와같이 다양한 지

2, 백제문화개발연구원. ; 강봉룡, 1997, 「백제의 마한 병탄에 대한 신고찰」, 『韓國上古史學報』 26, 한국상고사학회.

11 權五榮, 1996, 「三韓의 「國」에 대한 研究」, 서울대학교 박사학위논문, 202쪽.

12 朴燦圭, 1995, 「百濟의 馬韓征服過程 研究」, 檀國大學校 大學院 博士學位論文, 71~81쪽.
이현혜, 1997, 「3세기 마한과 백제국」, 『백제연구총서』 5, 충남대학교 백제연구소, 12~15쪽.
이도학, 1998, 「새로운 摸索을 위한 點檢, 目支國 研究의 現段階」, 『馬韓史研究』, 忠南大學校 出版部, 120~121쪽.
이현혜, 2022, 『마한·진한의 정치와 사회』, 일조각, 151~154쪽.
중요 해상 교통의 길목이었다는 점에서도 천안-아산 일대를 목지국으로 비정할 수 있다고 보았다.

13 김진영, 2017, 「삼국시대 안성분지의 공간성에 대한 연구시론 -마한·백제를 중심으로-」, 『한국고대사탐구학회 제62차 월례발표회 발표문』, 18쪽.

14 金貞培, 1985, 「目支國小攷」, 『千寬宇先生還曆紀念 韓國史學論叢』, 정음문화사; 1986, 『韓國古代의 國家起原과 形成』, 高麗大出版部, pp.287~301.

15 박대재, 2006, 『고대한국 초기국가의 왕과 전쟁』, 경인문화사, 111~116쪽.

16 조선 실학자들의 위치비정은 익산설로 대표된다. 이는 삼한정통론의 입장에서 조선과 마한을 병렬적으로 인식하고 마한의 맹주국의 역할을 수행하던 목지국에 1차적인 관심이 있었다.
丁若鏞, 與猶堂全書 第六集 疆域考 卷1, 馬韓考 ; 韓鎭書, 海東繹史續 卷第1 地理考1 古今地分沿革表 全羅道.
박찬규, 2010, 「문헌을 통해서 본 마한의 시말」, 『백제학보』 3, 백제학회, 12~13쪽.

17 崔夢龍, 1990, 「馬韓-目支國 研究의 諸問題」, 『백제논총』 2, 백제문화개발연구원, 269~278쪽.
여기에서는 직산에서 나주 반남면 일대로 이동했다고 보는 견해이다.

18 강유지, 2022, 「청주지역 마한계 취락과 조영 세력」 韓國古代史研究105, 23~

역이 목지국의 위치로 비정되고 있는데, 대부분 큰 하천변이나 교통의 결절지에 해당하는 곳이다.

이 가운데 천안·아산 일대는 주구토광묘 조사와 더불어 다른 지역에 비하여 2~4세기대 유구의 밀집도가 높아, 가장 유력한 지역으로 인식되고 있다. 더불어『삼국사기』백제본기에 등장하는 마한과 목지국은 같은 실체라 판단하기도 한다.[19] 따라서 온조왕이 병합한 마한에 대한 내용은 목지국의 멸망으로 이해하는 또 다른 자료가 되기도 한다.

특히『삼국사기』온조왕조 기록에서 마한 관련 기록은 아산지역과 연관지어 검토할 수 있다. 특히 온조왕조 백제의 사방경계 확정에서 확인된 남쪽의 웅천에 대한 지명과 대두산성과 탕정성의 지명이 아산지역 일대의 마한사회를 이해하는데 중요한 자료로 활용된다. 백제 온조왕조의 마한 관련 기록은 아래와 같다.

> 가-1.　10년(B.C.9) 가을 9월, 임금이 사냥을 나가 신록을 잡아 마한에 보냈다.[20]
>
> 가-2.　13년(B.C. 6) 8월, 마한에 사신을 보내어 도읍을 옮길 것을 알렸다. 드디어 경계를 그어 국경을 정하였으니, 북쪽으로는 패하, 남쪽으로는 웅천, 서쪽으로는 대해, 동쪽으로는 주양에

33쪽.

[19]　전진국, 2023, 앞의 논문, 39~40쪽
　　지원구, 2024, 앞의 논문, 56~57쪽.

[20]　『三國史記』「百濟本記」溫祚王 10年, 秋九月 王出獵 獲神鹿 以送馬韓（『三國史記』卷26, 百濟本紀　溫祚王10年）

이르렀다.[21]

가-3. 18년(B.C. 1) 겨울 10월, 말갈이 습격을 하여 임금이 병사를 거느리고 칠중하에서 맞아 싸웠다. 추장 소모를 사로잡아 마한으로 보내고 나머지 적들은 모두 묻어 죽였다.[22]

가-4. 24년 (06) 가을 7월, 임금이 웅천에 목책을 세우니 마한왕이 사신을 보내어 "왕이 처음에 강을 건너왔을 때에 발을 디딜 곳이 없어서, 내가 동북의 1백 리 땅을 내주어 편하게 살게 하였다. 이는 왕을 후하게 대접한 것이니, 왕은 마땅히 보답을 생각해야 할 것이다. 그런데 지금 나라가 완비되고 백성들이 모여드니 스스로 대적할 자가 없다고 생각하여 성을 크게 쌓고 우리 땅을 침범하려 하는데, 이것을 의리라고 할 수 있겠는가?"고 책망하니, 임금이 부끄러워 마침내 목책을 헐어버렸다.[23]

가-5. 25년 (07) 봄 2월, 왕궁의 우물이 갑자기 넘쳤다. 한성의 민가에서 말이 소를 낳았는데 머리 하나에 몸이 둘이었다. 일관이 "우물이 갑자기 넘친 것은 대왕이 크게 일어날 징조이고, 소가 머리 하나에 몸이 둘인 것은 대왕이 이웃나라를 합병할 징조입니다."고 말하니, 임금이 듣고 기뻐하며 드디어 진한과 마한을 합병할 마음을 가졌다.[24]

---

21 『三國史記』「百濟本記」溫祚王 13年, 八月 遣使馬韓 告遷都 遂畫定疆場 北至 浿河 南限熊川 西窮大海 東極走壤

22 『三國史記』「百濟本記」溫祚王 18年, 冬十月 靺鞨掩至 王帥兵 逆戰於七重河 虜獲酋長素牟 送馬韓 其餘賊盡坑之

23 『三國史記』「百濟本記」溫祚王 24年, 秋七月 王作熊川柵 馬韓王遣使責讓曰 王初渡河 無所容足 吾割東北一百里之地 安之 其待王不爲不厚 宜思有以報之 今以國完民聚 謂莫與我敵 大設城池 侵犯我封疆 其如義何王慙 遂壤其柵

가-6. 26년 (08) 가을 7월에 임금이 "마한이 점점 약해지고 윗사람
과 아랫사람이 서로 다른 생각을 하니 나라가 오래 갈 수 없으
리라. 혹시 다른 나라에게 병합되면 순망치한의 격이 될 것이
니 뉘우쳐도 소용이 없을 것이다. 남보다 먼저 마한을 손에
넣어 후환을 없애는 것이 좋겠다."고 말했다. 겨울 10월에 임
금이 사냥을 한다는 핑계로 병사를 내어 마한을 습격하여 드
디어 국읍을 합병하였으나, 오직 원산과 금현 두 성은 항복하
지 않았다.[25]

가-7. 27년 (09) 여름 4월에 원산과 금현 두 성이 항복해서 그 백성
을 한산의 북쪽으로 옮기었다. 이것으로 마한이 드디어 멸망
하였다. 가을 7월에 대두산성을 쌓았다.[26]

가-8. 34년 (16) 겨울 10월, 마한의 옛 장수 주근이 우곡성에 웅거
하여 배반하였다. 임금이 친히 병사 5천을 거느리고 가서 치
니 주근이 목을 매어 자살하였다. 그 시체의 허리를 베고 그의
처자도 죽였다.[27]

가-9. 36년 (18) 가을 7월에 탕정성을 쌓고 대두성 백성을 나누어

---

24 『三國史記』「百濟本記」溫祚王 25年, 春二月 王宮井水暴溢 漢城人家馬生牛
一首二身 日者曰 井水暴溢者 大王勃興之兆也 牛一首二身者 大王并鄰國之應
也 王聞之喜 遂有并呑辰馬之心

25 『三國史記』「百濟本記」溫祚王 26年, 秋七月 王曰 馬韓漸弱 上下離心 其勢不
能久 儻爲他所并 則脣亡齒寒 悔不可及 不如先人而取之 以免後艱 冬十月 王出
師 陽言田獵 潛襲馬韓 遂并其國邑 唯圓山錦峴二城固守不下

26 『三國史記』「百濟本記」溫祚王 27年, 夏四月 二城降 移其民於漢山之北 馬韓
遂滅 秋七月 築大豆山城

27 『三國史記』「百濟本記」溫祚王 34年, 冬十月 馬韓舊將周勤 據牛谷城叛 王躬
師兵五千 討之 周勤自經 腰斬其尸 并誅其妻子

살게 하였다. 8월에 원산과 금현 두 성을 수리하고 고사부리 성을 쌓았다.[28]

가-1~4의 기록에 의하면 온조왕 초기 백제는 마한과의 관계에서 매우 우호적이고 약세의 입장을 보인다. 특히 가-2의 『삼국사기』 온조왕 13년(기원전 5년)에 사방으로 경계를 획정하면서 기록된 웅천을 주목할 수 있다. 웅천은 백제와 남쪽의 마한과 경계에 해당하는 것으로 볼 수 있다. 웅천의 위치에 대해서는 직산 일대의 안성천 설[29]과 공주 일대의 금강설[30]이 있으나, 일반적으로 '안성천'에 비정하고 있다. 그러나 기록에 연관된 시기는 온조왕대로 파악하기 보다는 고이왕대[31]나 근초고왕대[32]의 일을 소급한 것으로 보기도 한다. 웅천을 금강으로 비정할 경우, 금강 이북의 아산지역은 초기 백제의 영역이 된다. 반면에 안성천으로 비정할 경우 안성천 이남의 아산지역은 백제 초기 강역의 범위에서 벗어나는 마한의 국에 해당하게 된다. 이에 관해서는 고고학 자료에 대한 분석을 통하여 구체적으로 살필 수 있다. 또한 관련 시기를 고이왕대나 근초고왕대로 볼 때 관련 시기에 대응하는 고고학 자료가 어떠한 형태로 확인되는지를 파악할 필요가 있다.

---

28 『三國史記』「百濟本記」溫祚王 36年, 秋七月 築湯井城 分大豆城民戶 居之 八月 修葺圓山錦峴二城 築古沙夫里城

29 이병도, 1976, 『한국고대사연구』, 박영사, 248쪽

30 전영래, 1985, 「백제남방경역의 변천」『천관우선생환력기념 한국사학논총』, 정음문화사, 138쪽.

31 이병도, 1976, 앞 책, 481쪽.

32 김기섭, 2000, 『백제와 근초고왕』, 학연문화사, 145쪽.

또한 가-7의 온조왕 27년(09) 여름에 백제가 마한을 병합한 직후에 축조한 대두산성이 탕정성(온양) 부근의 아산에 비정되고 있다.[33] 마한의 국읍은 지금의 아산 일대 즉 온조왕 43년의 "牙山之原"에 위치하였을 가능성이 높게 판단되고 있으며, 마한 국읍이 아산에 위치한다고 볼 경우 웅천은 아산의 북쪽을 가로지르는 안성천에 비정함이 자연스럽다.[34] 다만 기록에 나타나는 아산이 현재 행정구역상 아산지역과 동일한 공간으로 이해하기는 어렵다. 이는 목지국의 위치비정에 천안-아산지역, 혹은 아산만지역으로 이해하는 것에서도 알 수 있는데, 지형상 아산시의 곡교천 일원과 안성천 이남의 지역을 함께 아울러 검토할 필요가 있다.

그러나 백제의 웅진천도 이후 대두성과 탕정성의 역할이 주목된다. 일찍부터 백제의 영역에 포함된 것으로 기록되었던 아산지역의 대두성은 웅진천도 직후인 문주왕 2년(476)에 한북의 민호를 옮길 정도로 중요한 거점으로 이해되지만(나-1), 삼근왕 2년(478)에 병관좌평 해구를 도와 반란을 일으키는 거점으로 기록되고 있다.(나-2)

나-1. 문주왕 2년(476) 봄 2월에 대두산성을 수리하고, 한강 북쪽의 백성들을 옮겼다

나-2. 삼근왕 2년(478) 봄에 좌평 해구가 은솔 연신과[35] 더불어 무

---

33 유원재, 1992, 「백제 탕정성 연구」, 『백제논총』 3.

34 박대재, 2024, 「마한의 기원과 실체에 관한 쟁점」, 『한국고대사연구』 116.

35 연씨의 세력 근거지는 현재의 온양 일대로 추정되는 탕정성으로 보는 견해(이기백 ,1978), 아산시 읍내동에 있는 읍내동산성으로 보는 견해(유원재 1997), 공주 부근으로 추정되는 대두성으로 비정하는 견해(노중국, 1978), 사비지역으로 추정하는 견해(이종욱 1978) 등이 있으나, 아산으로 보고 있다.

리를 모아 대두성을 거점으로 삼아 반란을 일으켰다.[36] 왕이 좌평 진남에게 명하여 군사 2,000명으로 이를 토벌하게 하였으나 이기지 못하였다. 다시 덕솔 진로에게 명하여 정예 군사 500명을 거느리고 해구를 공격하여 죽이게 하였다. 연신이 고구려로 달아나자 그 아내와 자식을 붙잡아 웅진 저자에서 목을 베었다.

탕정성과 대두산성의 위치에 관하여 여러 논의가 있는데, 탕정성은 곡교천 남쪽의 아산시 읍내동의 읍내리산성으로 이해하고 있다. 반면 대두산성의 위치에 대해서는 충남 연기로 보는 견해[37], 충남 아산시 음봉면 수한산성으로 보는 견해[38], 충남 아산시 영인산성으로 보는 견해[39], 공주 부근으로 추정하는 견해[40], 대전으로 보는 견해[41] 등으로 다양하다. 그러나 아산 일대로 비정되는 탕정성과의 관련성을 고려하면 대체로 아산 일대로 보는 것이 합당하다고 생각된다. 최근 대두산성의 위치와 관련하여 곡교천 북쪽의 수한(물앙)산성이나 영인면의 승계산성[42]으로 보는 바와같이 곡교천의 북쪽을

---

36 웅진천도 이후 신진세력으로 부상한 연씨세력의 기반인 대두성과 탕정성이 인접하여 있는 것으로 보고 있다.

37 千寬宇, 1976,「韓國의 國家形成(下)」,『韓國學報』3, 一志社, 132쪽.

38 李基白, 1978,「熊津時代 百濟의 貴族勢力」,『百濟研究』9, 4쪽.

39 俞元載, 1992,「百濟 湯井城 研究」,『百濟論叢』3, 百濟文化開發研究院, 83~84쪽.

40 盧重國, 1978,「百濟王室의 南遷과 支配勢力의 變遷」,『韓國史論』4, 서울大學校 國史學科.

41 金起燮, 1995,「近肖古王代 南海岸進出說에 대한 再檢討」,『百濟文化』24, 22쪽.

42 지원구, 2024, 앞의 논문.

주목하고 있다. 따라서 대두산성과 탕정성은 곡교천을 중심으로 북쪽과 남쪽지역을 입지하는 것으로 이해된다.

이와같이 곡교천유역의 아산지역은 마한의 중심영역에 해당하는 것으로 알려져 있지만, 이른 시기부터 백제의 영역화가 이루어진 지역으로 파악하고 있다. 또한 웅진천도 직후 병관좌평 해구와 함께 반란을 일으키는 거점으로 기록되고 있다. 일찍이 백제의 영역화가 되었던 지역이 왜 반란의 거점으로 기록되었을까? 이와같은 의문은 결국 고고학자료이 분석을 통해 비교해볼 필요가 있다. 기록에서 확인되는 곡교천유역 아산지역의 모습이 고고학적으로도 유사한 모습을 보이는지, 혹은 문화상의 연속성과 단절이 이루어지는 시기는 어느 때인지에 대해서 검토해볼 필요가 있다.

2. 곡교천유역의 유적분포

곡교천은 아산·천안을 아울러 아산만에 유입하는 하천인데, 지천의 流路가 매우 짧아서, 다른 하천에 비하여 유역에 인접한 곳에서 유적의 존재가 집중된다.

이 가운데 가장 주목되는 지역인 아산시는 동쪽으로 천안시, 남쪽으로 공주시, 서쪽으로 예산군, 북쪽으로 경기도 평택시와 접하고 있다. 북쪽은 차령산맥의 여맥에 속하는 낮은 구릉성 산지를 이루고 남쪽의 산지에서 발원하는 곡교천이 서류하여 그 유역이 평야를 형성하며, 삽교천에서 통합하여 아산만에 유입한다. 남쪽에 광덕산과 북쪽에는 영인산으로 둘러싸고 있다. 곡교천유역을 중심으로 동서로 길게 형성된 충적평야지대는 개방된 지형환경을 갖추

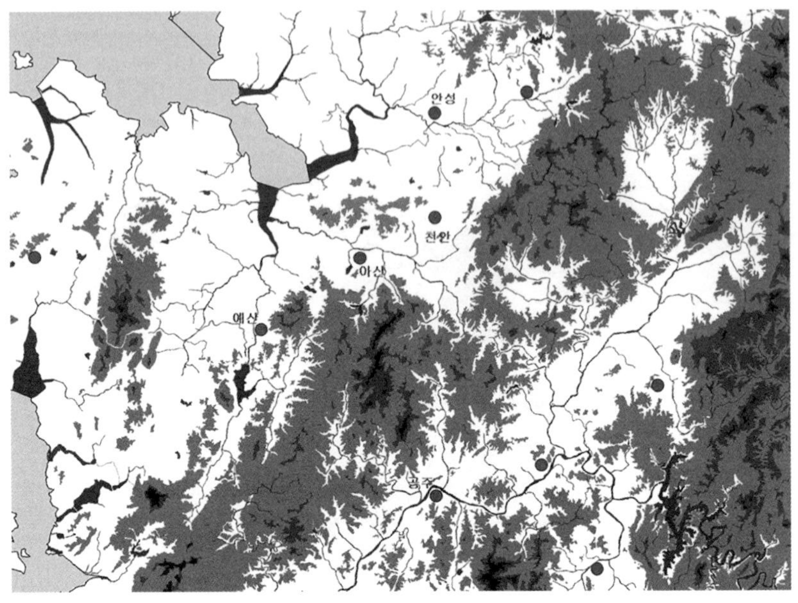

[도판 1] 곡교천유역과 주변 지형환경

고 있다.

　일반적으로 아산지역의 문화상을 살피는데 있어서 아산·천안지역을 함께 이해하는 경향이 다분하다. 이는 곡교천을 중심으로 하상유역을 공유하는 지형적 특성에 주목하기 때문일 것이다. 그러나 구체적으로 살펴보면 곡교천은 천안보다는 아산지역의 인문환경에 지대한 영향을 주고 있다. 아산시의 중심부는 동쪽에서 서쪽으로 흘러 서해에 합수되는 곡교천을 따라서 동서로 도시와 경작지가 자리하고 있다.

　곡교천은 한강·안성천수계권의 남쪽에 해당하는 곳으로, 행정구역상 아산시와 천안시를 아우르는 하천이다. 즉 아산·천안 서남단의 국사봉(해발 403.4m)에서 발원한 곡교천은 북서쪽으로 흐르다가 천안천과 합류하면서 서쪽으로 아산시의 중심지역을 지나 아산만에 닿는 삽교천에 합류한다. 아산·천안지역의 지천이 곡교천에 합류하는데, 곡교천의 북안에서는 천안천-매곡천-용두천이 합류하며, 남안에서는 회룡천-온양천이 합류한다.

따라서 곡교천 상류는 천안시 동남구 광덕면 일대의 해발 400m 내외의 산지에서 발원하여 북서쪽으로 흘러, '풍세천'과 '천안천'에 합류하는 지점에 해당한다. 산지 사이를 지나는 좁은 유로의 곡교천 상부에서 풍세천·천안천과 합수되면서 유로가 안정화된다. 특히 천안천과 합수된 이후부터 서쪽의 아산만에 이르기까지의 중하류는 평탄한 대지를 지나면서는 행정구역상 아산시에 포함된다. 곡교천 주변으로 해발 100m내외의 낮은 산지와 넓고 평평한 충적평야가 형성되어 있으므로, 매우 양호한 인문환경을 형성하고 있다. 곡교천의 강폭은 상류역에서 너비 약 130m내외이며, 중류역인 아산시 중앙에서는 230~270m내외로 매우 넓게 확인된다.

특히 남고북저의 지형인 아산시는 곡교천을 중심으로 중앙이 낮고 평평한 평야가 전개되고 있다. 아산시의 동쪽에 위치한 차령산맥은 북에서 남으로 길게 흘러내리면서 고산지를 이루는데, 이 차령산맥에서 동쪽으로 흘러내린 여맥이 곡교천의 북안과 남안을 지나면서 나지막한 산지를 이루고 있다. 따라서 곡교천 북안의 산지는 북에서 남으로 낮아지면서 남향하는 지형을 이루고 있으며, 동쪽에서부터 매곡천-용두천-음봉천-방축천-와천이 합류한다.

곡교천 남안의 산지는 남에서 북으로 지형이 낮아지면서 구릉성 산지를 이루고 있으며, 동쪽에서부터 회룡천-구룡천-온양천-온천천-오목천-학성천이 합류한다. 즉 아산시는 중앙의 곡교천을 경계로 주변에 평탄하고 넓은 충적평야를 형성하고 있고, 주변의 산지에서 흘러내 지형은 완만한 구릉지대를 이루고 있어 사람이 생활하기에 좋은 조건을 갖추고 있다.

즉 곡교천은 행정구역상 아산시와 천안시를 관류하는 하천이다. 곡교천 주변에 평탄하고 넓은 충적평야를 이루고 있으나, 상류는 천안의 동남쪽 산지에 주로 포함된다. 따라서 곡교천의 중하류 지역은 대부분 아산시에 포함되어 있다. 일반적으로 아산시와 천안시는 천안·아산지역으로 불릴 정도로 매우 인접해 있을 뿐만 아니라, 상당부분 유적의 환경도 공유하고 있다. 다만 세부적으로 살펴보면 천안시와 아산시는 매우 다른 지형환경과 유적분포상을 보인다.

천안시는 안성천과 곡교천 사이에 위치하면서, 동쪽에 차령산맥이 지나고 있다. 지형상 남북으로 길게 형성된 천안의 지형환경에서는 성환천이 북으로 흘러 안성천에 합류하고, 천안천이 남으로 흘러 곡교천에 합류한다. 따라서 천안지역은 하천이 크게 발달하지는 않았다. 다만 지형상으로 북쪽의 안성천에서 남쪽의 곡교천에 이르기까지 완만한 지형으로 연결되어 있으며, 동쪽의 동남구 북면과 성남면, 수신면은 차령산맥을 가로질러 금강유역에 연결되는 교통의 결절지점에 해당한다. 이와같은 지형환경은 유적의 형성에서도 뚜렷한 차이를 보인다.

즉 천안시 중앙의 노태산을 중심으로 주변의 백석동, 불당동, 신방동, 두정동 등지에서는 청동기시대 주거지가 밀집분포하고 있는 것으로 조사되었다. 그리고 천안천(곡교천)변의 청당동유적에서는 원삼국(마한)시기의 주구토광묘가 최초로 조사되어 학계의 주목을 받았다. 이후 천안 북쪽의 입장면 도림리와 두정동, 그리고 동쪽의 성남면 일대의 용원리, 화성리유적에서는 4~5세기대로 편년되는 토광묘와 석곽묘, 석실묘가 밀집되는 분포를 보인다. 그리고 백석동유적에서는 백제 사비기 거점형 성인 백석동토성이 조사되었다. 이와같은 분포상으로 볼 때 천안시 중심부에서는 구릉상의 지형을 중심으로 청동기시대 생활유적이 집중되어 있고, 천안시 북쪽과 동쪽 외곽에서는 4~5세기대 위세품이 부장된 한성백제의 고분군이 자리하고 있다. 천안시 남쪽의 곡교천유역에 해당하는 청당동유적을 제외하면 천안지역에 분포하는 유적은 대부분 청동기시대와 한성백제 유적이 밀집되어 있음을 알 수 있다.

아산지역은 동에서 서쪽으로 흐르는 곡교천을 중심으로 아산시의 중심도시가 형성되어 있으며, 곡교천주변으로 형성된 지천을 중심으로 인문환경이 형성되어 있다. 전체 지형은 서쪽의 아산만, 남쪽과 동쪽은 차령산맥에 연결된 지맥, 그리고 북쪽으로는 차령산맥에 연결된 지맥과 안성천에 인접한 둔포면이 있다. 천안시와는 노태산과 율지천을 경계로 하고 있는데, 낮은 산지를 중심으로 곡교천변에 구릉지대가 잘 발달되어 있다.

아산지역에서 조사된 유적은 주로 곡교천 주변에 형성된 지천을 중심으로 청동기시대 생활유적과 더불어 2~4세기 마한 분묘유적과 생활유적이 자리하고 있다. 특히 곡교천 중류에서는 북쪽의 탕정면 일대와 남쪽의 배방면에서 집중적으로 유적이 확인되었다. 삽교천에 합수되는 곡교천 하류의 아산 남성리유적에서 다량의 청동유물이 출토되었으며, 대흥리 큰선장유적에서도 청동기시대 주거유적과 더불어 2~4세기대 주구토광묘가 조사되었다.

유적의 분포상 아산지역에서는 주로 마한시기, 즉 2~4세기대 주구토광묘와 토광묘 등의 분묘유적과 생활유적이 집중되어 있다. 청동기시대 주거지와 같은 생활유적은 천안시에 비해 매우 소규모로 확인된다.

곡교천유역권에서 조사된 고분은 주구토광묘와 토광묘, 수혈식석곽묘와 횡혈식석실묘, 옹관묘인데, 주로 주구토광묘와 토광묘가 중심을 이룬다. 그동안 곡교천유적에서 확인되는 백제관련 유적의 존재가 매우 희박했다. 그러나 이는 곡교천유역 백제관련 유적의 부재가 아니라, 馬韓社會의 재지적 속성이 매우 강했던 지역이므로 한성백제의 고분문화 유입이 정체된 지역이었을 가능성도 추론할 수 있다.[43]

또한 천안과 아산시 일원의 지형과 유적은 차이를 보인다. 유적의 경우 시기적으로 집중되는 차이를 보이는데, 천안지역은 청동기시대 생활유적과 4~5세기대 백제 한성기 고분의 분포가 집중되어 있다. 반면에 아산지역은 곡교천을 중심으로 주변지역에 2~5세기대 마한 분묘유적이 집중되어 있으며, 부분적으로 4~5세기대 분묘유적이 확인되나 전체 유적에서 주류를 이루지 못한다. 즉 천안과 아산지역은 지형조건에 따라서 서로 집중된 유적의 조영시기에 차이를 보인다. 이에 대해서는 유적의 세부적 특성을 검토함으로써, 지역적 차이와 특징을 준별할 수 있을 것이다.

---

43 이현숙, 2011, 『4~5세기 백제의 지역상』, 고려대학교대학원 박사학위논문.

Ⅲ. 아산지역의 마한·백제문화유산

곡교천유역의 아산지역을 포함하여 중서부지역에서 확인되는 분묘와 출토유물의 변화양상을 토대로 백제의 영역화 과정에 대한 연구가 집중적으로 진행되었다. 4세기 중엽 이후 5세기에 걸쳐 천안 용원리와 화성리, 청주 신봉동 등에서와 같이 지역 중심 고분 내 신묘제와 백제토기가 등장하면서, 이들 중심으로 위세품이 집중되는 모습을 통하여, 백제의 간접지배 완성과 더불어 직접지배 방식으로의 전환가능성을 검토하였다.[44] 따라서 아산지역의 마한·백제문화유산을 살펴보기 위해서는 아산시 중앙을 가로지르는 곡교천유역과 아산시 북쪽의 아산만과 안성청유역을 함께 살펴볼 필요가 있다.[45]

1. 곡교천유역의 마한·백제문화유산

곡교천유역의 마한·백제문화유산은 다른 어떤 지역과 비교해도 부족하지 않을 정도로 2~4세기 유적이 집중되어 있다. 특히 하상 유로의 너비가 230~270m내외가 될 정도로 매우 넓음에도 불구하고, 곡교천의 북쪽에서 확인되는 유적과 남쪽에서 확인되는 유적의 분포는 상호 비교할 수 있다. 이에 곡교천 북쪽 탕정면 일대의 유적

44　成正鏞, 2000, 「中西部 馬韓地域의 百濟領域化 過程 研究」, 서울大學校大學院 博士學位論文.

45　곡교천유역의 유적현황 설명은 조성윤, 2019, 『2~4세기 곡교천유역 묘제 변천과 분묘 축조집단의 동향 연구』를 참고하여 정리하였음.

분포와 남쪽 배방면 일대의 유적분포를 구분하여 살필 수 있다.

1) 곡교천 북안의 유적

곡교천 북안의 유적은 중류역의 탕정면 일대에 집중되어 있는 아산 용두리 진터유적과 명암리유적, 매곡리유적, 갈산리유적이 있으며, 곡교천 상류의 천안 청당동유적이 있다. 그리고 곡교천에서 북쪽으로 거리를 둔 곳에 아산 송촌리, 소동리유적, 승계산성, 와우리 신법리유적이 있다. 따라서 곡교천 북안의 유적은 곡교천 유역의 유적과 외곽의 유적으로 구분된다.

① 용두리 진터유적[46]

탕정 제2일반지방산업단지 조성부지 내 1-2지점에 대한 발굴조사 결과 확인된 아산 용두리 진터 유적 내에서는 토광묘 42기·주구토광묘 19기·옹관묘 11기가 확인되었다. 유적은 조사과정에서 '가'지점과 '나'지점으로 구분되었다. 부장품의 양상은 토기류의 경우 단순토광묘에서는 단경호와 원저의 발형토기, 유개대부호가, 주구토광묘에서는 단경호와 평저의 발형토기가 중심적으로 출토되고, 철기류는 철모·철촉 등의 무기류, 철겸·철부 등의 농공구류가 보편적이나, 단순토광묘에서는 철검이, 주구토광묘에서는 환두도가 중심적으로 출토된다. '가'지점을 중심으로 토광묘와 주구토광묘의 점유 범위가 뚜렷하게 구분된다. 묘역의 확장이 '가'지점 중앙부에

---

46 李浩炯·池珉周·崔相哲, 2011, 『牙山 龍頭里 진터 遺蹟(Ⅱ)』,(財)忠淸文化財硏究院,

서 '나'지점이나 '가'지점 북쪽 방면으로 이루어진 방향성을 유추할 수 있다. 용두리 진터 유적 내에서 토광묘나 주구토광묘 모두 분묘 간의 규모나 부장유물의 조합상에서 차등적인 요소는 뚜렷하지 않은 편이다.

② 명암리유적[47]

T/C 일반지방산업단지 조성부지에 대한 시굴결과 확인된 3-1·2, 5, 6, 9-1·2, 11, 12지점에 대한 발굴을 통해 확인되었다. 조사결과 신석기시대 토기편부터 조선시대 유적까지 다양한 시대의 유적이 조사되었고 이중 명암리 11지점과 12지점에서 원삼국시대와 백제 유적이 확인되었다.

(1) 11지점

11지점에서는 원삼국시대 탄요 2기, 백제 옹관묘 1기 및 미상유구 1기가 조사되었다. 원삼국시대 탄요는 모두 장축을 등고선과 나란히 하여 요상을 수평에 가깝게 한 반지하식요로, 길이는 약 14m이다. 탄요의 벽체편을 시료로 한 OSL분석 결과를 통해 3세기 초에서 4세기 초로 추정하였다. 백제 옹관묘 1기는 적갈색연질호 1개체와 회청색경질호 2개체분을 합구하여 관으로 전용한 것으로 유적 동단의 능선부 정상에 가까운 해발 83m 가량의 남사면에 위치해 있다.

---

47 羅建柱·姜秉權, 2003, 『牙山 鳴岩里遺蹟(11·3地點)』, (財)忠淸文化財硏究院; 羅建柱·尹淨賢·南承勳, 2011, 『牙山 鳴岩里 遺蹟(12地點)』, (財)忠淸文化財硏究院.

(2) 12지점

12지점에서는 백제 유적으로 소성유구 1기·주구토광묘 2기와 토광묘 3기가 확인되었다. 남서쪽에 발달한 사면부에서 확인된 5기의 고분 중 1호·4호는 매장주체부와 더불어 주구가 조사되었고 2호·3호·5호는 매장주체부만 확인되었다. 고분 내에서는 광구장경호, 단경호, 직구호, 심발형토기, 고배, 개 등의 토기류와 철부, 철겸, 철정, 철도자 등 철기류가 고르게 출토되었으며, 그 외 구슬과 석제 방추차도 공반되었다. 4호 주구토광묘에서는 고배가 추가되기도 한다. 또 5호 토광묘에서는 유개직구호와 난형호의 부장이 확인된다. 유적 연대는 광구장경호나·고배·개 등의 유물 조합상이나, 평행선문이 타날된 심발형토기의 존재 등을 고려하여 4세기 중반~5세기 초로 편년되고 있다

③ 명암리 밖지므레유적[48]

탕정면 갈산리·명암리·용두리 일원의 삼성 LCD 단지 조성부지 내 발굴조사 결과 확인된 유적이다. 총 3개 지점에서 조사가 이루어졌는데, 2-1지점에서는 토광묘 8기·주구토광묘 17기·옹관묘 2기가 조사되었고, 2-2지점에서는 토광묘 35기·주구토광묘 31기·옹관묘 6기·수혈유구 1기·소성유구 1기·백제 석곽묘 1기가 확인되었다. 3지점에서는 토광묘 37기·주구토광묘 33기·옹관묘 7기 등이 3지점 수습조사지역에서 마한 토광묘 3기·주구토광묘 2기가 확인

---

48 충청남도역사문화연구원, 2011, 『牙山 鳴岩里 밖지므레유적(2-1地點)』; 충청남도역사문화연구원, 2011, 『牙山 鳴岩里 밖지므레유적(2-2地點)』; 충청남도역사문화연구원, 2011, 『牙山 鳴岩里 밖지므레유적(3地點)』

되었다. 주구토광묘의 경우 대부분 마제형의 주구를 묘광의 상부에 설치하였으나 一자형 또는 완전히 둘러싼 형태도 확인된다.

주구토광묘와 토광묘 모두 평면형태는 말각장방형으로 장축방향은 등고선과 일치한다. 부장유물은 원저단경호와 심발형토기 그리고 원통형토기의 토기가 확인된다. 또한, 무기류와 농공구류 등의 다양한 철기류가 확인되며 장신구류로 마형대구와 구슬류의 부장이 이루어지고 있다. 유적의 조성시기는 유물 등에 대한 편년을 토대로 2세기 말에서 3세기 말까지 추정하고 있다.

부장품은 토기류의 경우 2-1지점에서는 단경호의 복수부장과 평저 발형토기의 조합이 확인된다. 2-2지점에서는 단경호와 발형토기의 조합이 기본을 이루며, 8·12·34호 토광묘, 26호 주구토광묘에서는 원통형토기가 추가되는 양상도 확인된다. 3지점에서는 원통형토기와 소형호의출토량이 증가하는 모습도 확인되고, 이외에 직구호·유공소호·평저호 등 이질적인 기종들이 2-2지점의 가지 능선부나 3지점을 중심으로 산발적으로 출토된다. 2-2지점의 22·23호 주구토광묘, 3지점 23호토광묘 등의 사례가 해당한다. 이와 같은 지점별 부장품의 변화는 시간성을 내포하고 있을 것으로 추정된다. 밖지므레 유적 내에서는 주구토광묘로 분류되는 묘제 문화가 4세기대까지 유지되는 것으로 볼 수 있으며, 이에 따라 밖지므레 유적 내 묘역의 확장과정은 부장품의 변화상을 토대로 파악될 수 있다. 개략적으로는 유적 내 북서쪽 방면의 2-1지점에서, 백제 석곽묘가 조사된 2-2지점으로, 이후 3지점으로 묘역의 확장이 이루어지는 것으로 파악된다

같은 유적 내 분묘간의 차등적인 모습은 2~4세기 곡교천 유역

일대에서는 밖지므레 유적에서 가장 뚜렷하게 확인된다. 이와 함께 밖지므레 유적은 물질문화상의 연속성을 토대로 용두리 진터 유적에서부터 범위가 확대되어 조성된 하나의 대규모 분묘군으로 인식되고 있는 점을 고려한다면, 밖지므레 유적을 중심으로 곡교천일대의 중심집단이 성장해나갔음을 판단할 수 있다[49]

④ 갈산리유적

갈산리유적은 초등학교 건설부지와 선문대학교 문화회관 공사예정부지, 그리고 탕정일반산업단지 조성사업부지에 대한 조사과정에서 각각 확인되었다.

아산 갈산리 유적(초등학교 건설부지 내)은[50] 그 서쪽 경계가 밖지므레 유적 3지점의 동쪽 경계와 맞닿아있어 동일 유적으로 판단되지만, 조사시 별도 유적으로 명명되어, 보고에 따라 갈산리유적으로 다룬다. 유적내에서 분묘는 토광묘 10기·주구토광묘 11기·옹관묘 4기가 확인되었다.유구와 출토유물의 양상은 밖지므레 유적 3지점과 동일하여 단경호와 발형토기, 원통형토기의 조합이 확인된다. 마구류나 양단환봉철기·마형대구 등의 기종은 확인되지 않았다. 한편 1호 주구토광묘는 정상부에 입지하고 있으며, 규모나 부장유물의 풍성함이 돋보이는 편이며, 주변으로 토광묘 6기가 1호 주구토광묘를 중심으로 밀집 분포하고 있다. 이외에 분묘는 유적 남쪽방면 정상부에 4호 주구토광묘와 8호 토광묘가 입지하고 있으며 그

---

49 조성윤, 2019, 『2~4세기 곡교천 유역 묘제 변천과 분묘 축조집단의 동향 연구』, 공주대학교대학원 석사학위논문.

50 百濟文化財研究員, 2014, 『아산 갈산리 유적 : 초등학교 건설 부지 내』.

주변으로 주구토광묘 9기와 토광묘 3기가 일정한 간격으로 배치되어 있다

선문대학교 문화회관 공사예정부지 내 발굴조사에서 확인된 갈산리유적은[51] 원삼국시대 (장)방형주거지 8기가 조사되었다. 주거지 내부에서는 주공과 구시설 그리고 부뚜막 시설 등이 조사되었다. 조사된 주거지는 사주식으로 주공이 대부분 벽 모서리를 따라 배치됨이 확인된다. 주거지 내부에서 조사된 토기는 대부분 잔편이어서 기형을 추정할 수 없지만, 11호 주거지에서 확인된 장란형토기, 직구호, 우각형파수부, 시루편 등을 통해 타날문토기, 심발형토기·장란형토기·직구호가 출현하는 3세기 초에서 3세기 중반으로 편년하고 있다.

갈산리 437-7번지 일원의 아산 탕정일반산업단지 조성부지 내 유적(Ⅱ-19)[52]에서는 발굴조사 결과, 유구는 청동기시대 주거지 2기, 삼국(백제)시대 횡혈식 석실묘 1기·(주구)토광묘 22기·수혈유구 2기, 통일신라시대 주거지 1기, 통일신라~고려시대(추정) 석곽묘 9기, 조선시대 이후 분묘 247기·주거지 8기·흑탄요 1기, 시대 미상 우물 1기, 주혈 36기, 소성유구 7기, 수혈유구 9기, 구상유구 2기 등 348기가 조사되었다.

삼국(백제)시대 유구는 횡혈식 석실묘·(주구)토광묘·수혈유구가 있다. 횡혈식 석실묘는 구릉 정상부의 능선상에 1기가 단독으로 조성되어 있다. 묘실 평면형태는 방형에 가깝고, 각진 할석을 이용하여

---

51 충청남도역사문화원, 2004, 『牙山 葛山里 遺蹟』.

52 한얼문화유산연구원, 2020, 『아산 탕정일반산업단지 조성부지 내 유적(Ⅱ-19 지점)발굴조사 약식보고서』

축조하였다. 벽석의 잔존 높이는 약 80㎝ 가량이며, 천정 형태는 잔존상태가 불량하여 불분명하다. 연도는 우편재이고 묘도는 연도 바닥과 단을 이루며, 사면 위쪽을 향하게 조성되어 바닥면은 경사를 형성한다. 묘실은 다량의 할석을 이용하여 폐쇄하였다. 유물은 도자·꺽쇠·타날문토기편 등이 확인된다. 주구토광묘는 구릉 남사면 상단부에서 2기가 조사되었으며, 단장묘이다.

⑤ 매곡리유적[53]

신도시 해제지역 연계교통망 구축사업(동·서축)부지 내 발굴조사 결과 확인된 유적으로 원삼국시대의 유구는 주거지 15기·수혈유구 13기·구상유구 2기가 조사되었다. 주거지는 1기(타원형)를 제외하고는 모두 방형으로 사주식과 불규칙, 무주식 형태가 확인되나 사주식 주거지(8기)가 다수를 이룬다. 내부에서 출토된 경질무문토기, 장란형토기, 심발형토기와 격자문 중심의 연질타날문토기 등을 토대로 유적의 중심시기를 3세기 후반에서 4세기 후반으로 편년하고 있다.

아산 매곡리 유적[54]은 곡교천과 천안천의 합수부와 접한 세교리·매곡리 일대에 위치한다. 유적 내에서 분묘는 매곡리 일대의 나지점에서 토광묘 1기, 세교리 일대의 다지점에서 토광묘 3기가 조사되었다. 다지점의 토광묘 3기는 구릉 말단에 평탄하게 형성된 해발 40m 내외의 선상부를 중심으로 산발적으로 분포하는데, 능선이 좁고 사면의 길이가 짧아 조사범위 바깥으로 유구가 분포할 가능성은 낮다.

---

53 최봉균·천승현·이상직·변지현·정우진, 2017, 『아산갈산리·매곡리 유적』, (재)충청문화재연구원.
54 중앙문화재연구원, 2018, 『아산 매곡리 유적』.

⑥ 천안 청당동유적[55]

청당동유적은 행정구역상 천안지역에 속하며, 곡교천 상류에 해당한다. 청당동유적의 조사이후 곡교천유역의 목지국 존재에 대한 연구가 집중되었다. 조사된 분묘는 주구토광묘 16기와 토광묘 8기이다. 분묘는 남서 사면과 북서 사면 상에 분포하고 있다. 부장품은 토기류와 철기류, 그리고 청동유물로 구성되어 있다. 토기류의 경우 단경호와 발형토기의 조합이 뚜렷하게 확인되며, 22호 주구토광묘에서는 원통형토기의 존재도 확인되는데, 이는 곡교천 중류역의 밖지므레 유적에서 출토된 것과 매우 유사하다. 특히 명암리 밖지므레 유적과는 동형의 묘제와, 원통형토기와 마형대구 등의 부장 등에서 매우 유사하다.

⑦ 아산 송촌리, 소동리유적[56]

곡교천 유역에서 북쪽으로 거리를 둔 곳에 위치하는 유적으로, 아산 송촌리, 소동리유적은 음봉-영인간 도로건설공사 부지 내 발굴조사 결과 확인되었다. 송촌리에서는 원삼국시대 주거지 6기·소성유구 2기, 백제시대 구상방어시설이 확인되었고 소동리에서는 백제시대 토기가마 3기가 조사되었다. 송촌리의 주거지는 소형의 비사주식(非四柱式) 또는 무주공식(無柱孔式) 주거지 구조와 격자타날문토기로 대표되는 1·3호 주거지가 3세기 중·후반에 조영되다가 4

---

55 徐五善·權五榮, 1990, 『천안청당동유적 발굴조사보고 休岩里』, 국립중앙박물관; 徐五善·權五榮·咸舜燮, 1991, 『天安 清堂洞 第2次 發掘調査報告書 松菊里 Ⅳ』, 국립중앙박물관; 徐五善·咸舜燮, 1992, 『天安 清堂洞 第3次 發掘調査報告書 固城貝塚』, 국립중앙박물관.

56 柳基正·徐大源·李尙馥·金虎範·朴根成·全유리·朴鐘鎭, 2012, 『牙山 松村里 遺蹟·小東里 가마터』, (財)錦江文化遺産研究院

세기 전반 이후에 대형의 사주식 구조와 평행타날문토기가 주류를 이루는 2호 주거지로 대체된 것으로 파악하였으며 주거지들의 중복관계가 나타나지 않아 짧은 기간동안 조영된 것으로 추정하였다. 구상방어시설은 약 110m의 구(溝)와 목책열로 구성된다. 방사성탄소연대측정결과 및 원삼국시대 주거지를 파괴하고 조성된 점 등을 토대로 백제시대에 조성된 것으로 추정하고 있으며, 주변의 산성배치 현황 등을 토대로 군사시설로 기능했을 것으로 보고 있다. 소동리 토기가마는 모두 수직연소실 구조의 지하식 등요로서 1·3호 가마가 동시에 운영되다가 폐기된 후 2호 가마가 약간의 시기차를 두고 축조된 것으로 파악하였다. 가마에서 생산된 제 기종 및 가마의 구조 형식 등을 통해 5세기 중반에서 후반에 걸치는 웅진기 이전 시기의 유적으로 추정하였으나 정확한 편년은 추후로 미루었다

⑧ 승계산성[57]

최근 지표조사를 통하여 백제의 아산지역 진출시기를 가늠할 수 있는 산성유적이 새롭게 조사되었다. 아산시 영인면 신봉리와 포면 신항리의 경계를 이루고 있는 승계산(해발고도 175.8m)의 정상부 일대에 위치한다. 형태는 승계산의 정상부를 둘러싸면서 북서쪽의 작은 계곡을 포함하고 있는 산정식(테뫼식)에 가까운 포곡식 산성이다. 성벽은 토축으로 축조되었으며, 급경사를 이루는 남사면과 동사면의 일부분을 제외한 남벽과 동벽, 서벽, 북벽에서 토루의 잔존 모

---

57 비전문화유산연구원, 2022, 아산 승계산성 정밀지표조사보고서, 아산시; 비전문화유산연구원, 2025, 『아산 승계산성 긴급발굴조사 약식보고서』, 아산시. 지원구, 2024, 앞의 논문.

습이 명확하게 확인된다. 성내부에서 4세기 말에서 5세기 중반경으로 편년이 가능한 백제 한성기의 특정시기 유물이 다수 출토되었다. 향후 발굴조사를 통하여 구체화될 수 있을 것으로 기대된다.

⑨ 와우리 신법리유적[58]

영인-둔포간 도로확장 및 포장공사대상지에 대한 발굴조사를 통해 확인되었다. 원삼국시대의 유구는 와우리유적에서 주구토광묘 2기가 조사되었고 신법리유적에서 주거지 3기·토광묘 4기·옹관묘 2기 등이 확인되었다. 분묘유구는 지표면 유실 및 삭평 등으로 잔존상태가 불량한 편으로 내부에서 목관이나 목곽의 흔적은 확인되지 않았다. 생활유구는 신법리 구릉의 정상부에 위치해 있으며 평면 형태는 방형으로 내부에서는 부뚜막 시설이 조사되었다. 내부에서 출토된 원저단경호, 완형토기 및 장란형토기 등을 토대로 주변지역과의 비교를 통해 3~4세기 조성된 것으로 편년하고 있다

2) 곡교천 남안의 유적

곡교천 남안의 유적은 중류역의 배방면 일대에 집중되어 있는 아산 공수리유적, 북수리유적, 갈매리유적이 집중되어 있으며, 아산시 읍내동, 풍기동 용화동, 초사동유적이 있다. 유적의 규모는 곡교천 북안의 유적보다 소규모이지만, 갈매리 북수리유적과 더불어 초사동유적 등 백제유적의 집중도는 높다.

---

58 (財)忠淸埋藏文化財硏究員, 2001, 『牙山 臥牛里·新法里 遺蹟』, (財)忠淸埋藏文化財硏究院.

① 아산 남성리유적[59]

아산 남성리 유적·읍내리 유적은 아산시 신창면 읍내리 및 남성리 일원에 위치한다. 2~4세기 유구는 남성리 유적의 구릉 정상부와 남동사면에서 주구토광묘 3기가 조사되었다. 주구토광묘는 주구나 묘광의 잔존 상태는 양호한 편이지만, 내부 구조에 대한 정보가 불분명하고, 유물이 거의 출토되지 않았다. 다만 1호 주구토광묘의 경우 묘광 내에서 격자타날 원저발 1점이, 주구에서 구슬류가 출토되었다. 유적의 연대는 원삼국시대 후기의 비교적 이른 시기로 추정되고 있다.

② 아산 대흥리 큰선장유적[60]

아산 대흥리 큰선장 유적(충청문화재연구원, 2008)은 삽교천 동쪽에 형성된 해발 50m 내외의 구릉 정상부와 남동쪽으로 완만하게 흘러내리는 사면에 위치한다. 유적에서 분묘는 남사면 중단부에서 주구토광묘 1기가 조사되었다. 1호 주구토광묘의 묘광은 결실된 상태로 주구만 잔존되었다. 주구 내에서 회색 연질의 원저호가 출토되었다.

③ 공수리유적[61]

아산 공수리 유적은 아산시 배방읍 공수리 281-6번지 일원에 위

---

59 충청남도역사문화연구원, 2011, 『아산 남성리 유적·읍내리 유적 1·2』.
60 忠淸文化財硏究院, 2008, 『牙山 大興里 큰선장 遺蹟』.
61 기호문화재연구원, 2018, 『아산 공수리 281-6번지 일원 배방센트럴시티 지역 주택조합아파트부지 문화재 발굴조사 약식보고서』.

치한다. 유적 내에서 분묘는 단순토광묘 25기와 주구토광묘 9기가 혼재되어 있는데, 주구토광묘는 조사지역 내 중앙부에 6기가 열상으로 밀집해있다. 부장유물 중 토기류의 경우 단순토광묘에서는 2·7호와 같이 단경호와 원저발의 기본 조합에 유개대부호가 추가되지만, 주구토광묘에서는 복수의 단경호와 평저의 발형토기가 조합되어 단순토광묘와 주구토광묘의 구분이 비교적 분명하다. 다만 유적 북동쪽 방면과 같이 단순토광묘가 주구토광묘를 감싸면서 분포한다던가, 22호 토광묘와 같이 주구토광묘 사이에 축조되면서 장축방향이 살짝 틀어지는 모습도 확인되고 있어 단순토광묘와 주구토광묘의 축조 시점에 큰 차이는 없었던 것으로 추정된다.

10호 토광묘에서 조합식우각형파수부호가, 18호 토광묘에서 청동제 검파부가 출토되었다. 조합식우각형파수부호는 대체로 영남지역에서 유입된 기종으로 이해되고 있으며, 이에 따라 조합식우각형파수호의 존재는 공수리 유적 축조집단의 대외관계를 이해하는 데 유의미한 단서가 될 수 있다

④ 초사동유적[62]

아산 초사동 유적은 곡교천과 직선거리 상 4㎞가량 떨어져 형성된 해발 100m의 구릉 정상에서 분기하는 두개의 독립구릉에 위치한다. 각각의 구릉은 Ⅰ지점과 Ⅱ지점으로 구분되었다. 분묘는 Ⅱ지점에서 백제 토광묘 1기, 석곽묘 1기가 확인되었다.

유물은 토광묘의 경우 광구단경호·심발형토기와 방추차가, 석곽

---

62 충청남도역사문화연구원, 2004, 『牙山 초사동 遺蹟』.

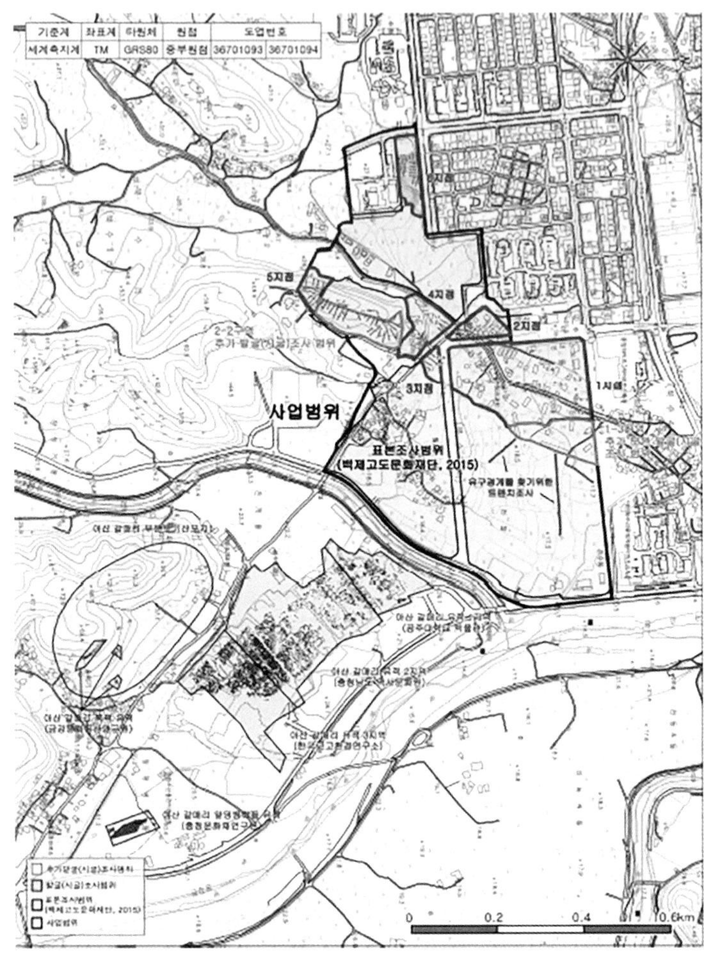

〔도판 2〕 곡교천 남쪽 갈매리, 북수리유적

묘에서는 완·단경호·평저호·삼족기 등의 토기류와 목병도·철도자·철촉 등의 철기류가 출토되었다. 유적의 규모나 부장유물의 갖춤새가 소략한 관계로 분묘 축조주체에 대한 면밀한 접근은 어려운 편이다. 유적의 연대는 석곽묘에서 출토된 삼족기의 신부 형태와 구순 처리방법을 고려하여 5세기 후반으로 보고되었다.

⑤ 북수리유적[63]

아산 북수리 유적은 곡교천에서 남쪽으로 600m가량 떨어진 배방산의 북동쪽 말단의 낮은 구릉에 위치한다. 분묘는 토광묘 185기, 주구토광묘 1기, 옹관묘 1기가 조사되었다. 특히 북쪽과 동쪽 사면에 토광묘가 집중적으로 분포하는데, 대체로 주구가 없으며 분묘간의 간격이 좁은 편이다. 이에비해 남쪽 사면과 주구토광묘 1기가 조사된 북동쪽 사면 하단부의 경우 유구 밀집도가 낮고 분묘간 간격이 비교적 넓다. 부장품 중 토기류는 단경호와 발형토기가 기본 조합을 이루나, 28·33·54·59호 토광묘 등과 같이 평저소호가 공반하는 사례나, 31·72·73호 토광묘 등과 같이 광구호가 추가되는 사례도 확인된다. 59호 토광묘에서는 흑색마연호·환두도·패용지석 등의 유물도 함께 반출되었다. 57호 토광묘에서는 단봉문상 감대도가 출토되기도 하였다.

한편 청당동 유적과 유사하게 마형대구가 복수 부장된 사례가 74·145·152호 토광묘에서 확인되기도 하였다. 보고서에서는 주구토광묘 1기가 확인되는 묘제적 특징을 고려하여 유적의 상한을 4세기 전반으로 편년하였고, 직구호나 광구호·삼족기 등의 기종의 존재와 주구가 탈락되며 분묘간의 간격이 좁아지는 토광묘 문화를 고려하여 유적의 하한을 5세기 초로 설정하였다.

---

63 중부고고학연구소, 2018, 『牙山 北水里 遺蹟』.

⑥ 갈매리유적[64]

아파트 신축부지 내 발굴조사 결과 확인된 유적으로 3개의 지역으로 나누어 조사가 이루어졌다. 원삼국~백제시대로 편년되는 유구는 1지역에서는 지상건물지 36기·방형 수혈유구 44기·원형 수혈유구 16기·기타 구시설이 조사되었고 2지역에서는 수혈주거지 7기·굴립주건물지 3기·수혈유구 317기·소형수혈유구 34기·구상유구 44기·기타유구 175기·소토구덩이 3기 등이 확인되었다. 그리고 3지역에서는 수혈주거지 1기·수혈유구 173기·굴립주건물지 14기·옹관묘 2기·매납유구 3기·구상유구 7기·우물상유구 1기·집석유구 1기·철기제작 관련 추정공방 등이 조사되었다. 유물은 호, 발, 옹, 유공원통형토기 등의 토기류와 철겸, 철부 등의 철제유물 등이 확인되었으며, 이외에도 방추차, 박자, 아궁이틀, 옥, 소토 등과 짚신, 목기, 동물뼈 등도 출토되었다.

갈매리유적은 생산과 생활 유적이 함께 공존하고 있는 유적으로 제철 등을 비롯한 생산과 교역이 이루어진 공간으로 이해되기도 한다. 3~5세기에 조성된 것으로 편년되고 있다

⑦ 갈매리 목책유적[65]

갈매리 대지조성 사업부지에 대한 발굴조사 결과 확인된 유적으

---

64 李南奭·李賢淑, 2007, 『牙山 葛梅里(Ⅰ地域)遺蹟』, 公州大學校博物館; 忠淸南道歷史文化院, 2007, 『牙山 葛梅里(Ⅱ地域)遺蹟』; 李弘鐘·金武重·徐賢珠·趙銀夏·朴性姬·趙鎭亨·李雨錫·庄田愼矢·朴相潤.·安亨基, 2007, 『牙山 葛梅里(Ⅲ地域)遺蹟』, 高麗大學校 考古環境研究所

65 이계영, 2017, 「아산 북수리 유적(Ⅱ-②구역)」, 『호서지역 문화유적 발굴성과』, 호서고고학회

로, 갈매리유적과 북수리유적의 후면부의 산 정상부에 위치한다. 원삼국시대 유구는 구릉의 하단부에서 수혈유구 3기·구상유구 6기·주혈군 등이 조사되었고 상단부에서는 목책시설이 확인되었다. 목책시설은 단면 완만한 U자형으로 너비 230~480cm를 굴광하여 대지를 조성 한 다음 그 내부에 2열의 주혈을 파고 목주를 세워 시설한 것으로 조사범위에 국한되어 약 77m가 조사되었다. 다양한 유물이 확인되었는데 백제 한성시기 유물이 확인되지는 않는다. 이를 토대로 목책은 원삼국시대에 조성된 것으로 인접한 갈매리유적의 이른 시기 유적과 궤를 같이 하는 것으로 추정하고 있다.

⑧ 읍내동산성

읍내동산성은 옛 온양군 관아의 뒤쪽에 솟아있는 연산(121.1m)의 정상부와 산 중턱에 걸쳐 축성되어 있는 석축 산성이다. 동서로 이어져 있는 두 개의 산봉우리를 에워싸면서 축조하였다. 따라서 동서 방향으로는 길고, 남북 방향으로는 짧은 직사각형의 형태를 하고 있다. 북벽이 산의 정상부를 지나고 있는 데 비해 남벽은 산의 중턱을 지나고 있어 북고남저, 서고동저의 형태를 하고 있다. 성벽의 둘레는 970m에 이른다. 북벽과 동벽은 안과 밖 모두를 돌로 쌓는 협축식이고 경사면에 축조된 서벽은 자연 지형을 그대로 이용하여 바깥쪽만 돌을 쌓는 편축식이다. 동벽은 남아 있는 성벽의 바깥 높이 6m, 안쪽 높이 1.5m, 윗부분 너비 3m 정도의 규모를 확인할 수 있다. 서벽과 남벽이 만나는 지점의 치성은 성벽에서 바깥으로 사각 형식으로 덧붙여서 만든 형태이다. 성내의 부대시설로는 건물지, 문지, 우물터 등이 확인된다. 성문의 흔적은 동벽, 남벽, 북벽에서 확인된다. 건물지는 성내 곳곳에 남아 있다.

읍내동산성은 일찍부터 『삼국사기』 백제본기의 온조왕 36년(18년)에 '탕정성을 축조하였다.'는 기록을 기초로, 백제 탕정성일 가능성이 높이 검토되는 유적이다. 백제의 웅진천도 이후는 북방의 중요 거점으로 주목된 곳이기도 한다. 이에 앞으로 정밀한 조사가 필요한데, 다행히 국가유산청의 역사문화권 정비사업대상으로 선정되어 유산의 가치를 체계적으로 보존하면서 역사적 위상과 지역사적 의미를 조명하는 정비가 이루어질 것으로 기대된다.

IV. 아산 역사문화권의 특성과 가치

앞 장에서 정리된 유적의 분포상을 살펴보면 대부분 곡교천 유역의 구릉지대에 집중되어 있으며, 특히 곡교천 중류역의 배방면과 탕정면에 밀집되어 있다. 2~5세기대 분묘유적이 영역의 이동이나 변화 없이 인근지역에서 지속적으로 조영될 수 있었던 원인은 무엇일까?

천안지역에서 확인된 병천천유역의 용원리유적이나 안성천유역의 도림리유적의 경우 토광묘와 함께 석곽묘, 횡혈식석실묘가 조영되지만, 시기적으로는 4~5세기대에 집중되어 있다. 이는 일정 시기에 집중적으로 조영되는 모습을 보인다는 점에서, 곡교천유역의 고분문화와는 차이를 보인다.

곡교천을 중심으로 북쪽과 남쪽에 자리하는 유적의 분포범위로 파악할 경우 북쪽의 탕정면일대가 넓게 조성되었을 뿐만 아니라, 조사된 유구도 분묘에 집중되어 있는 경향이 있다. 반면에 배방면 일대의 경우 갈매리유적이나, 북수리 월천지구 유적에서와 같이 곡교천변의 저지대를 활용하여 생활유적이 조성되는 모습과 유적의 규모면에서 차이를 보인다. 그럼에도 불구하고 이들 유적은 상호 인지된 문화를 기반으로 단계적인 변화모습을 보인다. 아산지역 역사문화권의 특성을 정리하면 다음과 같다.

곡교천유역 마한 분묘조영의 공유와 연속성

분묘의 조성은 세부 구조에서는 차이가 있으나 탕정면 일대의 경우 용두리 진터유적에서 밖지므레 유적 2-1지구 그리고 2-2지구로의 단계적인 변화상을 보인다. 이와같은 모습은 유적의 규모에서 차이가 있지만 유적조성의 단계는 연속적으로 이어져왔음을 살필 수 있다. 특히 곡교천 남쪽의 공수리유적과 북쪽의 용두리 진터유적은 동일한 시기에 공존한 토광묘 유적으로 볼 수 있다는 점이다. 단순 토광묘 형태의 매장주체부와 더불어 부장유물의 기종에서도 큰 차이가 없다.

곡교천 북쪽의 용두리 진터유적에서 알 수 있듯이 단계적으로 명암리 밖지므레유적과 천안 청당동 유적은 지리적인 연접성을 기초로 문화적 공유가 잘 이루어지고 있었음을 알 수 있다. 즉 2세기 중엽부터 4세기 전반기에 이르기까지 곡교천유역 재지사회의 문화변동은 크게 확인되지 않는다. 이와같은 모습은 공수리유적과 북수리유적에서도 유사하게 확인된다. 다만 용두리 진터유적의 규모가 크고, 철기유물의 부장이 많은 것으로 보아, 공수리유적보다 상위그룹으로 이해할 수도 있다. 이와같은 모습은 이후 전개되는 고분문화상에서도 확인된다.

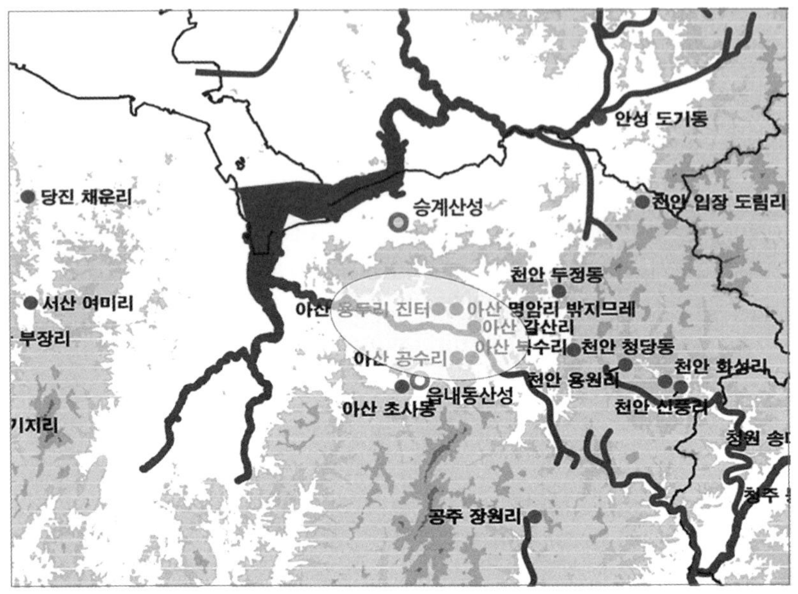

〔도판 3〕 곡교천유역의 유적현황

활발한 대외교류 증거인 부장유물

곡교천유역의 마한·백제고분군 내 부장유물에서 주목되는 기종
은 조합식우각형파수부호와 유개대부호이다. 조합식우각형파수부
호는 공수리유적 10호 토광묘에서 단경호와 함께 출토되었으나, 호
서지역의 경우 진천 송두리유적에서 출토된 바 있다. 그러나 이들
자료는 영남지역의 전기와질토기와 유사한 것으로 시기적으로는 2
세기 2/4분기~ 2세기 3/4분기로 편년되었다.[66] 따라서 공수리출토
조합식우각형파수부호는 외래유물의 부장으로써 곡교천유역 집단
의 대외교류 증거를 보여주는 중요한 자료이다.

---

66 성정용, 2007, 앞의 논문.

유개대부호는 용두리 진터유적과 공수리유적일대에서 모두 출토되었다. 이와 유사한 자료는 영남지역의 경우 2세기 중엽 이후의 늦은 단계 목관묘나 3세기 전엽을 전후하여 축조된 목곽묘에서 출토되는데, 최근 경기도지역의 평택 마무리유적과 오산 궐동유적, 그리고 청주 오송유적 등지에서도 출토되고 있어 당시 활발했던 문화교류의 증거로 살필 수 있다. 특히 영남지역의 경우 경산, 경주, 밀양, 대구 등지를 중심으로 출토된다. 공수리유적 출토품은 대구 신서동유적, 팔달동유적 출토품과 유사하다.

곡교천유역의 배방면 공수리집단과 탕정면 용두리 진터집단의 경우 2세기 중엽 이후 경기도 평태가 오산, 아산, 청주 등에서 서로 유사한 문화를 공유하고, 영남지방에 이르기까지 적극적인 관계를 갖고 있었음을 유추할 수 있다.

곡교천유역 집단 내 공유된 문화 속 위계화

곡교천의 북쪽 용두리 진터유적은 이후 명암리 밖지므레유적으로 연속적인 문화상을 보이는데, 기존의 단순토광묘에서 주구토광묘로의 변화가 확인된다. 부장유물에 있어서도 유개대부호에서 이후 원통형토기와 원저단경호와 발형토기 중심으로 부장되는 것으로 변화하는 모습을 살필 수 있다.[67] 그러나 이와같은 변화는 묘역의 획기적인 변화나 매장주체부 구조의 변화없이 진행된 모습으로, 곡교천유역의 광범위한 범위에서 점진적으로 변화하는 특징을 보인다. 이는 원통형토기의 부장에서도 알 수 있다. 원통형토기의 구

---

67 조성윤, 2019, 앞의 논문, 75~76쪽.

체적인 용도는 알 수 없으나, 그 기원에 대해서는 낙랑과의 관계 혹은 영남지역과의 관계 등 여러 관점에서의 검토가 이루어지고 있다. 다만 2세기대에 유개대부호가 부장되다가 3세기대에 들어서 원통형토기와 대부단경호 등이 부장되는 모습으로 변화하는 것을 살필 수 있다. 이와같은 모습은 곡교천 남쪽의 공수리유적에서 북수리유적 단계에 나타나는 획기적인 변화와도 궤를 같이한다.

특히 동일 집단 내에서 위계 변화를 살필 수 있다. 공수리유적 내 18호 토광묘에서는 동병철검의 병부와 구슬류가 출토되어 집단 내에서 차별화된 위계를 보인다. 그리고 용두리 진터유적에서 밖지므레유적으로 확대되는 과정에서 밖지므레 2-2지점의 23호 주구토광묘와 3지점 1호 토광묘, 청당동유적 22호 주구토광묘 등에서 고분이 대형화되고 철제 무기류와 마구 등의 금속유물이 다수 출토되는 등, 동일 묘역 내 위계차이가 현저한 격차를 보이는 것을 확인할 수 있다. 즉 집단 내 위계가 분화되고 있음을 유추할 수 있다.

문화의 변혁에서 백제와의 관계변화

전반적으로 2~4세기대 곡교천유역의 분묘조영 집단은 곡교천 남쪽과 북쪽 모두 각각의 연속된 문화상을 유지하고 있음을 알 수 있다. 이미 살펴본 바와 같이 곡교천유역의 2~4세기대 문화상은 지역간의 활발한 유대와 문화적 연속성이 잘 유지되고 있는 모습으로 볼 수 있다. 그러나 4세기 중반을 전후하여 많은 지역에서 위세품을 매개로 백제와 적극적인 관계가 이루어지고 있음을 볼 때 매우 이질적인 모습이다. 의도적으로 외래문화의 수용을 회피하거나 견제당한 것과 같이 선진문물의 유입을 찾아보기 어렵다.

　이는 곡교천유역의 마한사회가 다른 어느 지역보다 역동적인 문화교류를 영위해 왔던 것에 비하면, 4세기 중후반 백제 지방사회에서 보이는 다양한 문화변화의 모습이 보이지 않기 때문에 주목된다. 즉 기존 재지사회의 고분조영 전통은 지속되고 있으나, 새로운 문화의 변혁은 크게 나타나지 않는다.

　다만 연속되던 매장문화 환경에 변화가 보이는데, 이는 4세기 중후반에 들어서 나타나는 백제 중앙과의 관계에 기초한 것으로 볼 수 있다. 대표적인 것으로 곡교천 북안에서는 아산 명암리 밖지므레유적에서 조사된 수혈식석곽묘 1기와 갈산리 아산 탕정일반산업단지부지에서 조사된 횡혈식석실묘 1기가 있다. 그리고 명암리 12지점에서 조사된 4호 주구토광묘에서는 고배가 출토되었으며, 1호와 5호 토광묘에서는 광구장경호와 직구호, 심발형토기 등의 존재가 확인되어 4세기 중반에서 5세기 초반으로 편년되고 있다. 곡교천 남쪽에서는 북수리 59호 토광묘에서는 단봉문환두대도와 흑색마연토기 직구호가 부장되었으며, 72호 토광묘에서는 광구호 장경호가 출토되는 등, 삼족기 등이 부장되는 고분들이 확인되어 4세기 전반에서 5세기 초로 편년되고 있다.

　이들 유적의 특징은 2~4세기대 연속적이고 점진적인 변화를 이루어오던 재지사회 집단 내의 별다른 변화 없이 불특정 사례가 조성되는 것이다. 일반적으로 천안지역에서 4~5세기대 고분군으로 알려진 입장면 도림리유적이나 병천면 용원리유적의 경우, 기층 문화를 이루는 고분군에 이미 백제토기문화가 다수 유입되어 있는 상태에서 새로운 고분이 조영되는 모습을 보인다. 그러나 곡교천유역의 경우 기층문화는 기존에 지속적으로 유지된 부장환경이 지속되고 있는 상태에 간헐적인 백제 고분조영과 토기부장이 이루어지는 모습을 보인다는 점이 크게 다른 모습이다.

마한문화의 선진지 아산, 백제의 은밀한 견제

왜 이와 같은 모습으로 확인될까? 이미 앞에서 살펴본 바와 같이 2세기 중후반 아산지역은 경기지역과 영남지역의 토기문화를 공유할 수 있을 정도로 매우 활발한 문화교류의 거점이었다. 또한 곡교천을 중심으로 남쪽과 북쪽의 지역문화가 공유될 정도로 광역의 문화권을 공유하는 매우 능동적인 집단이었음을 알 수 있다. 그러나 이와같은 능동성은 백제 중앙과의 관계에서는 확인되지 않는다. 4~5세기대 백제 중앙은 한강이남의 재지사회 곳곳에 금동관모를 비롯한 위세품을 사여했음을 고고학적 조사를 통해서 알 수 있다. 현재까지 화성 요리유적을 비롯하여 천안 용원리유적과 공주 수촌리유적, 서산 부장리유적, 고흥 안동고분 등 금동관모가 출토된 유적은 기존에 조성된 재지사회 내에서 별도의 영역에 고분군을 조영하여 집중된 변화상을 보이는 것이 특징이었다.

그러나 곡교천유역의 아산지역은 기존 재지사회의 묘역 이동과 같은 변화 없이 지속성을 유지하고 있다. 왜 이와같은 현상이 일어났을까? 두 가지 원인을 생각해볼 수 있다. 먼저 목지국으로 비정되고 있는 아산지역은 일찍부터 마한사회의 맹주로써 다양한 문화기반을 갖추고 있었는데, 백제 중심으로 재편된 사회질서에 의도적으로 참여하지 않았을 가능성이다. 두 번째는 새로운 국제질서의 중심에 선 백제입장에서 마한사회의 맹주였던 곡교천유역의 목지국 세력을 의도적으로 배제함으로써 세력의 중심에서 배제했을 가능성이다.

　이 가운데 가장 큰 변화를 초래한 것은 두 번째 이유로 볼 수 있다. 기존 금동관모가 출토된 지역은 대부분 육로와 수로 교통의 결절지에 입지함으로써 재지사회의 관계형성에 거점이 되는 지역에 해당하는 곳이다. 그리고 주변에서 확인된 재지사회 내 유적이 없이, 새롭게 재편된 사회질서를 구축할 수 있는 지역으로 볼 수 있다. 그런데 곡교천유역의 아산지역은 기존 2세기 이후부터 지속되어 온 생활기반에 기초하고 있다.

백제의 세력재편과 산성의 축조(읍내동산성과 승계산성)

　백제 중앙의 지배체제 속에서 조영된 탕정성과 대두산성의 위치 비정을 주목하면 더욱 선명해진다. 많은 연구자들에 의해 탕정성으로 비정되고 있는 아산시 읍내동의 읍내동산성은 기존 곡교천 남안의 배방면에서 산을 경계로 구분된 지역에 자리하고 있다. 그리고 대두산성으로 비정되고 있는 수한(물앙)산성이나 승계산성의 경우도 기존 곡교천 북쪽의 탕정면 일대와는 산을 경계로 북쪽에 자리하고 있다. 즉 기층문화에 기반하고 있는 재지사회의 거점지가 의도적으로 배제되고, 주변의 새로운 공간으로 중심지가 이동하는 모습을 보인다.

　이는 목지국과 백제의 상호관계를 유추할 수 있다. 곡교천유역의 마한사회의 중심이었던 목지국세력이 백제에 의해 새롭게 재편된 국제관계에 의도적으로 불참하고, 이에 백제는 기존 마한세력을 견제하기 위해 중심지를 주변지역으로 이동시킴으로써 사회질서를 재편하고자 했던 백제의 의도로 볼 수 있다. 결국 마한의 맹주국이었던 곡교천유역의 목지국세력은 웅진천도 이후에도 백제에 의해서 의도적인 통제와 견제가 지속되었음을 알 수 있다. 그러나 읍내 동산성이나 승계산성과 같이 주변지역에 백제의 직접적 통치기반이되는 거점성을 축조함으로써 백제의 적극적인 통치기반이 되는 행정과 군사거점화를 도모하였음을 알 수 있다. 결국그러나 아산의 역사문화권은 곡교천유역 중심에서 남쪽의 읍내동과 북쪽의 영인면 일대로 역사적공간의 중심지 이동과 세력의 재편이 이루어졌음을 알 수 있다.

아산지역 고대문화 자원의 활용방안

: 산성복원과 산성박물관을 중심으로

맹주완

Ⅰ. 머리말

마한과 백제시대 아산지역의 역사적 상황은 문헌해석과 발굴과 같은 고고학적 연구결과를 통해 유추해볼 수 있다. 마한에는 54개의 소국 연맹체가 있었고 그 중에 목지국은 백제가 고대국가로 성장하기 이전까지 마한의 맹주였다. 탕정과 배방 남쪽 곡교천 주변에서 마한관련 생활유적들이 발견되었고, 고고학자들은 특히 무덤에서 발견된 유리구슬 등 부장품을 통해 아산·천안지역이 목지국이었음을 추정하고 있다. 목지국은 백제 한성기(B.C.18~475)에 마한연맹체가 백제에 병합되면서 4세기 후반에 소멸되었다. 『삼국사기』 백제본기 온조왕조 기록에 의하면 마한지역을 병합하면서 아산지역을 차지한 백제는 대두산성과 탕정성, 즉 승계산성[1]과 읍내

---

[1] 백제의 아산지역 진출 시기는 문헌과 고고학적 발굴결과를 통해 알 수 있다. 영인면 승계산성에서 발견된 중국제 시유도기편과 삼족토기편 등을 근거로 대두산성을 승계산성으로 추정. 〔참고〕 지원구, 「백제의 아산지역 진출 시기 재검토」, 『백제학보』 49, 백제학회, 76~79쪽, 2024.

동 산성[2]을 쌓아 직할지로 편입시키며 지배체제를 강화하였다. 대두산성은 백제 웅진기(475~538)에 고구려의 남하를 저지하는 북쪽 경계였으며 사비기(538~660)에는 신라와 대치하는 방어의 거점이었다. 탕정성은 백제가 곡교천 주변에 잔존하는 목지국 세력을 견제하고 사회질서를 재편하는 데 활용하였다.

아산지역의 고고학적 가치는 곡교천 남북을 따라 출토되는 청동기·철기, 마한·백제시기의 다양한 생활유적들이 입증하지만, 보다 중요한 것은 아산은 교체되는 지배세력과 무관하게 지정학적으로 최상의 군사적 방어 요충지였다는 점이다. 이러한 사실은 백제시대에 곡교천 주변에 산성을 축성하여 통치의 거점으로 삼은 20여개의 산성유적들이 입증해준다. 하여 본 연구는 역사적 가치가 있는 고대문화 자원을 활용하여 생생한 역사문화체험 기반을 조성하고 아산의 역사성과 정체성을 강화할 수단으로 산성복원과 산성박물관 건립을 제안하고자 한다.

Ⅱ. 산성복원과 박물관 건립 입지

1. 산성복원 및 박물관 입지 조건

최근 많은 도시들이 과거·현재·미래가 공존하는 도시 정체성을 확립하기 위해 역사문화도시를 표방하며 중·장기 정책 방향을 모색

---

2 온주 관아에서 출토된 '湯井'명 명문와 등을 통해 탕정성을 읍내동 산성으로 추정. 〔참고〕 비전문화유산연구원, 「아산 온주아문 정비사업부지 내 유적 현장 설명회 자료집」, 2024.

하고 있다. 도시들이 추진하는 전통 문화유산의 가치 찾기와 보존을 위한 노력들은 시민들의 삶의 공간을 조화롭게 함으로써 삶의 질을 높이고 도시의 성장과 도약을 이루는 데 기여하게 된다.

아산은 지정학적으로 서해와 맞닿아 있으며 배편을 이용하면 곡교천을 따라 내륙 안쪽까지 진입이 가능하였다. 뱃길은 평화시에는 사람과 물자수송 등 생활에 도움이 되지만 전시에는 아군과 적의 침투로가 된다. 하여 곡교천 유역은 군사·방어적 목적으로 영인산성, 신창학성, 수한산성, 읍내동산성, 배방산성을 비롯하여 20여개의 산성이 집중적으로 분포하고 있으며 축성 시기는 대체로 백제시기로 보고 있다.[3] 다만 도시에서 산성의 상징적 가치, 발굴과 복원에 소요되는 기간과 예산 등으로 영인산성과 신창학성 등 일부만 복원된 상태이고 발굴조사 원인자 부담원칙에 따라 발굴도 예산상황에 맞춰 더디게 진행되고 있다.

하여 아산지역 대표적인 고대자원인 산성의 전체 원형복원은 실현되기 어려운 일이 될 수 있으므로 활용적 가치를 염두에 둔 산성의 부분복원과 박물관 건립을 절충하는 방식으로 접근해 보고자 한다. 또한 예상 산성 복원지와 박물관 건립 입지 선정과 관련해서는 학계, 향토연구기관, 행정기관, 시민들과 많은 논의가 필요하겠지만 사료나 유물을 통해 아산지역의 고고학적 가치를 입증해야 하며 도시환경과 조화를 이뤄야하고 활용성을 전제로 해야 한다.

과거에도 공간적으로 읍치와 가까이에 산성이나 읍성의 존재는

---

3   박종욱, 「문헌기록과 고고자료로 본 아산지역의 백제」, 2025 아산 고대역사문화 가치 발굴을 위한 학술대회 자료집, 17쪽, 2025.

주민의 생명, 재산, 안전한 삶을 보장한다는 차원에서 그 위상과 가치가 높았지만 현재에도 전통문화자원의 활용적 차원에서 시민들의 삶에 풍요로움을 더해줄 수 있는 소중한 자원이다. 입지조건에서 선진 도시사례들이 말해주듯 당위성과 명분도 무시할 수 없음으로 과거 행정과 군사가 집적된 읍치주변의 읍내동산성과 신창학성을 연구대상으로 삼았다.

탕정성, 즉 읍내동산성[4]은 4세기 이후 백제가 곡교천 남쪽으로 영역을 확장한 이후부터 6세기에 신라와 한강유역을 차지하기위해 다툴 때에도 최전방 방어거점이었다. 고지도에 읍내동산성지에 대한 표시는 없지만 제비가 날개 편 모양의 연산(燕山), 관아건물, 온양천 등 주변 지세와 경관, 전략적 공간배치 등을 보면 읍내동산성은 지방행정의 중심인 읍치 주변의 귀중한 관방유적이었음을 알 수 있다. 읍치 경관은 전통 도시경관이 될 수 있으며 대표적인 공적 문화유산이고, 역사성과 장소성, 선조들의 생활과 서사가 깃든 실체에 다름 아니다. 이미 읍내동산성에 대한 2022년 정밀지표조사, 2025년 시굴조사를 통해 동벽의 성벽본체와 내벽이 일부잔존하고 있음을 확인하였고 건물지와 집수지 등 성내 부대시설의 확인으로 고대유적의 역사적가치성이 입증됨에 따라 산성복원과 산성박물관 건립지로의 가능성을 염두에 두고 검토해봐야 한다.

신창학성은 테뫼식과 산복식[5]이 결합된 산성으로써 신창 읍치의

---

4   아산시 온양6동 온주아문 북쪽 연암산에 위치하고 있다.

5   테뫼식은 산봉우리를 둘러싸서 마치 머리에 수건을 동여맨 것처럼 원형으로 성벽을 구축한 것. 산복식은 성벽이 산의 정상부에서부터 시작하여 능선을 따라 산허리 부근에까지 내려와 비교적 넓은 면적을 포용하고 다시 산 능선을 따라

서쪽에 위치하며 둘레는 약 500m 정도의 규모이며 반경을 약 80m로 예상했을 때 면적은 약 20,000㎡(약 6천 평)이다. 신창학성은 성벽이 원형에 가깝게 남아 있는 구간이 있어 백제 산성의 축성법, 성돌 가공법을 확인할 수 있는 귀중한 관방유적이며 '신창읍성'[6]으로 치소성의 기능도 겸했던 것으로 추정된다. 과거 신창현은 내포(內浦) 지역에서 내륙 중심부를 잇는 육로의 거점이었고 신창학성은 서북쪽으로 서해와 만나는 곡교천과 삽교천 하류 일대를 한눈에 조망할 수 있는 전략적으로 매우 중요한 산성이었다. 2024년 신창학성 발굴조사에서 백제시대 유구와 유물이 동시에 확인됨에 따라 신창학성이 백제시대부터 신창지역의 방어를 위한 중요한 거점이었음이 확인되었다. 현재 '신창학성의 정비복원 및 국가 지정 승격'을 위해 추가발굴조사를 진행하고 있다. 결과에 따라 신창학성 복원과 산성박물관 입지에도 영향을 미칠 것으로 예측된다.

읍내동산성과 신창학성이 백제시대에 정치·군사 중심지로써 갖는 위상의 제고는 희소한 고대문화자원을 발굴·보존·정비하여 산성을 복원하고 박물관을 건립하여 단절되지 않은 역사적 흐름을 시민들과 함께 향유하며 간직할 때 실현된다.

2. 국가 사적지정을 위한 노력

민족문화의 원형을 유지·계승하고, 매장유산을 효율적으로 보

산 정상부로 올라가며 구축된 것.

6 『증보문헌비고(增補文獻備考)』에 신창읍성으로 기록돼 있고, 성내에서 치소성의 창고로 볼 수 있는 석벽 건물 일부가 발견되었다.

호·조사 및 관리하기 위해 '매장문화재법'이 제정되었다. 여기서 매장유산은 토지 또는 수중에 매장되거나 분포되어 있는 문화유산을 의미한다. 법에는 매장유산이 존재하는 것으로 인정되는 지역은 원형이 훼손되지 않도록 보호토록 하며 필요시 매장유산이 분포되어 있는지를 확인하기위해 지표조사를 할 수 있도록 했다. 만일 매장유산의 존재가 확인되면 국가유산청과 지자체는 해당 지역을 매장유산 유존지역으로 보호하고 국가의 허가를 받아 유적의 정비사업 등 여러 목적으로 발굴할 수 있다. 또한 발굴된 매장유산이 역사적·예술적·학술적으로 가치가 큰 경우 사적지정을 받아 현지에서 보존·복원하거나 박물관 등으로 이전하여 보존할 수 있다.

'박물관 및 미술관 진흥법'은 박물관과 미술관을 건전하게 육성함으로써 문화·예술·학문의 발전과 시민의 문화향유 및 평생교육 증진에 기여함을 목적으로 제정되었으며, 역사·고고(考古) 등에 관한 자료를 수집·조사·연구·전시·교육하는 시설을 건립할 수 있도록 규정하고 있다. 사적지정을 위한 노력은 역사적·학술적 가치 평가, 정비계획 수립 및 주민 의견수렴, 정부 심사 및 최종 지정 등 가볍지 않은 과제들을 안게 되지만, 도시는 사적지정을 통해 역사적 사건의 중심지로서의 지역 가치 상승, 시민들의 문화적 자긍심 고양, 문화재를 활용한 지역경제 활성화 등의 커다란 유익을 얻게 된다.

백제시대 아산의 위상을 입증하는 많은 산성유적과 유물들이 얼마만큼 역사적·학술적으로 가치가 있는가는 발굴조사와 심층연구를 통해 밝혀지겠지만 일련의 과정들에 대한 성과들은 학술대회를 통해 시민들과 유물 유적의 가치를 공유하고 필요하면 사적지정을 위한 캠페인도 벌여야 한다. 주민 의견수렴을 위한 방식으로는 설문조사, 서명운동, 다양한 언론 매체를 통한 홍보, 이벤트 등 홍보채널을 다양화해야 하며, 전문적인 식견을 가진 지역사에 깊은 관심을 갖고 있는 관계기관과 향토연구회를 중심으로 '산성복원추진위원회'를 구성하여 복원운동을 전개해야한다.

Ⅲ. 산성문화재 활용사례

1. 산성의 가치적 활용

아산지역 고대문화자원의 활용방안에서 본 연구가 아산의 읍내동산성과 신창학성 두 곳에 집중한 이유는 앞에서도 언급했지만 첫째, 신창학성의 경우 제한된 범위이긴 하지만 발굴조사를 통해 성문, 성벽, 건물지, 출토유물, 치소로써의 기능 등 학술연구를 위한 기초자료와 정비·복원에 필요한 요건들을 갖추고 있기 때문이다. 둘째, 산성문화재는 눈으로만이 아니라 산성을 따라 걸으며 옛 시대의 흔적을 오감으로 느낄 수 있어야 한다. 읍내동산성의 경우 백제사와 관련하여 문헌기록에 나타난 탕정성의 현장으로써 마한시기부터 조선을 아우르는 풍부한 문화유산의 집적지이며, 도심에 위치해있어 시민들의 경관감상과 휴식공간으로도 활용될 수 있는 점이다. 셋째, 산성박물관이 건립된다면 박물관과 접하게 될 산성은 물론 용두리 진터유적, 남성리 석관묘 등 20여 곳에 분포돼 있는 아산지역 마한·백제 매장문화재에 대한 자료를 한 눈에 살펴 볼 수 있어 시민들에게는 아산지역에 대한 생생한 역사문화이해의 장이 될 수 있기 때문이다.

본 연구는 대표적 산성문화재 활용사례로써 인천광역시 계양구에 위치한 '계양산성'과 '계양산성박물관'을 대상으로 삼았다. 계양산성은 인근지역을 한눈에 조망할 수 있어 한강하류에서 한양으로 진출하는 길목을 통제할 수 있는 요충지였고 치열한 전투의 무대였으며 많은 유물이 매장되어 있다. 계양산성은 1997년 복원·정비를 위한 지표조사를 실시한 이후 11차례에 걸쳐 발굴조사가 이루어졌으며, 성벽의 축조방식과 규모가 밝혀졌으며 북문지, 치성, 건물지, 집수시설 등을 발견하였고 명문기와, 목간 등 수많은 유물이 출토되었다.

계양산성은 인천의 고대문화를 상징하는 백제시대의 산성으로 둘레는 1,180m, 높이는 7m, 면적은 62,863·㎡(약 1만9천 평)로써 고대산성으로는 비교적 규모가 큰 편에 속한다. 계양산성은 탐방로와 둘레길이 잘 조성되어 있고 도심에서 도보로 이동할 수 있어 시민들의 휴식공간으로도 활용되고 있으며 다양한 형태로 드러난 고대 역사문화의 흔적을 몸으로 체감할 수 있도록 조성 중에 있다.

2. 계양산성박물관

발굴조사를 통해 역사문화유적으로써 가치를 인정받은 계양산성은 계양산성박물관에서 다시 한 번 그 진가를 드러내고 있다. 박물관은 산성역사실, 계양산성실, 열린자료실, 기획전시실, 교육실, 개방수장고, 사무실, 자료실, 전망대카페 등을 갖추고 있다. 제1전시실 산성역사실은 우리나라 산성의 기원, 삼국·고려·조선시대 산

계양산성 성벽과 탐방로

계양산성 성벽과 탐방로

계양산성박물관 전경

박물관내 산성을 쌓는 도구들 체험

(右) 둥근바닥항아리. 용도: 음식물 저장 및 운반

토기모형의 자석조각을 이용한 토기 퍼즐체험

성의 변천, 산성의 형태분류와 구성요소, 한반도와 세계의 산성유산 등을 설명하고 있다. 산성의 발달사를 쉽게 이해 가능하도록 영상자료, 모형, 발굴유물 등을 전시하고 있다. 또한 체험 코너로써 축성도구 모형을 통해 성을 쌓는 과정을 재현해 볼 수 있도록 하였으며 전투장면을 배경으로 기념촬영을 할 수 있도록 '포토존'이 설치되어 있다.

계양산성박물관 제2전시실은 11차에 걸쳐 진행된 발굴조사에서 확인된 계양산성의 유적과 출토 유물을 다루고 있다. 계양산성에 대한 역사기록, 발굴조사 성과, 유적의 분포현황, 삼국시대 목간 등 발굴유물, 계양산성 축소 모형 등 다양한 전시자료를 통해 계양산성의 역사적 가치를 체감할 수 있도록 구성하였다. 유독 눈에 띄는 전시물로 둥근바닥항아리, 주부토명문기와, 논어의 글귀가 남아있는 목간, 성문을 고정시켰던 부재와 대형기와, 각종 토기와 철제무기 등이다.

IV. 산성 및 박물관의 활용방안

1-1. 역사문화권 지정과 산성자원 특화

지역역사문화권은 역사적으로 중요한 유·무형 유산의 생산과 축적을 통해 지역 고유의 정체성을 형성·발전시켜 온 권역을 의미하며 국가는 문화재 활용과 관련하여 2021년 6월 10일부터 '역사문화권 정비 등에 관한 특별법'(이하 특별법)을 시행하고 있다. 특별법은 고구려, 백제, 신라, 마한 등 다양한 권역의 유적·유물이 분포되어 있고 인문·자연환경이 조화롭게 결합되어 지역 정체성을 강화시킬 수 있는 지역을 중심으로 지정되며 문화유산을 통해 지역발전을 도모함을 분명히 밝히고 있다. 문화유산 보존과 지역상생을 위한 주요 정비사업으로 문화유산 복원, 탐방로 개발, 전통문화 체험 등 지역 발전과 문화유산 보존을 위한 사업들을 추진할 수 있다. 특별법은 지역 역사문화권 지정을 통해 지역 고유의 역사와 문화 자원과 주변의 인문·자연환경을 역사문화특화경관으로 조성해 지역 발전의 핵심 동력으로 삼고자 하는 정책 의지에서 마련되었다.

역사문화권 지정은 산성자원의 특화와 연결시켜 관광·문화자원화, 인접지역과 연계, 생태·환경보전 등 지역적 특성을 부각시켜 차별화된 경쟁력을 확보해야 한다. 산성의 관광·문화자원화를 위해서는 대표적인 유적과 유물의 활용이다. 출토된 유적, 생활유물 등을 문화시설들을 조성하여 관광객에게 개방하는 일이다. 유물·문화자원 특화는 지역의 근원적 역사와 정체성을 보여주며 관광객에게 색다른 경험을 선사하게 된다. 인접지역과 연계에서 산성과 행정·군사·문화 중심인 읍치와의 연계는 구조적으로 상호보완적인 면에서 중요한 의미를 갖는다. 산성의 자원화는 주변 생태·환경보전과 역사유산의 공존, 역사·문화적 의미와 생태적 가치 제고의 측면에서 이뤄져야 한다.

도시에 가치 있는 유물과 유적의 사적지정으로 도시의 정체성은 고대전통의 토대위에서 확고해지고, 전통과 현대의 융합은 도시의 새로운 성장 동력이 되어 도시의 이미지 제고, 경쟁력 강화, 지속가능성을 높일 수 있다.

1-2. 읍내동산성의 역사문화권 정비사업

국가유산청이 공모한 '2026년 광역단위 역사문화권 정비사업(이하 정비사업)'에서 아산시가 최종 선정 되었다. 역사문화권 정비사업(총 133억) 선정은 그 동안 아산시가 온양6동 읍내동의 핵심유적들에 관심을 갖고 보존하고 관리해온 노력들의 성과로 볼 수 있다.[7] 정비사업은 핵심문화재와 그 주변 인문·자연환경을 함께 계획하고 관리하여 지역의 역사·문화적 가치를 제고하고 지역발전을 도모하는 정책사업이다. 세부 사업내용을 간략히 소개하고자 한다.

첫째, 핵심유적의 가치 및 역사성 강화를 위해 읍내동산성과 지근거리에 있는 성안말산성을 정비하여 탐방객들이 성벽을 돌며, 백제인들의 삶의 공간에 대한 인식과 더불어 설화산과 온양천을 조망하고 백제시대의 역사경관을 상상하며 자연경관을 즐기는 공간으로 조성된다. 둘째, 연계유적 주변정비를 통한 장소성 및 시대성 강화를 위해 역사문화거리를 조성하여 역사문화권 정비구역 진출입부의 경관을 개선하고 백제로의 시간여행을 위한 시작점으로서의 상징성이 부여되도록 공간조성이 이루어진다. 또한 조선시대 객사터라는 온양초등학교가 지닌 역사적 이미지를 회복시켜 역사성을 강화하고 담장 및 일정한 구역의 공간을 역사놀이터로 재현하여 학생들이 놀면서 역사를 체험할 수 있는 공간으로 조성된다. 셋째, 역사문화권 향유거점 조성 및 탐방 인프라 구축사업으로 기존 한옥을 리모델링하여 읍내동 역사문화 전시 체험 공간을 조성하고 유적을 연결하는 탐방루트를 개설하며 빈집을 활용하여 탐방객들의 체류

가 가능하게 하며, 조망공원을 조성하여 역사경관과 자연경관을 향유할 수 있도록 한다. 넷째, 주민생활환경 및 경관 개선을 위해 복합커뮤니센터와 마을체험경관을 조성하고, 주민역사대학, 역사문화사진콘테스트 등 주민참여 프로그램을 운영하여 주민들의 공동체성을 강화시키게 된다. 그리고 역사문화권의 홍보와 브랜딩 사업을 위해 홈페이지 구축, 통합디자인 개발, 역사문화 스토리텔링 발굴 등의 사업 등을 계획하고 있다.

본 정비사업을 통해 다음을 기대해볼 수 있다. 첫째, 읍내동산성 역사문화권 사업으로 백제사 속에 아산의 역사적 정체성 강화와 문화유산에 대한 시민들의 인식전환과 관광자원화로 지역경제 활성화와 지역균형발전에 기여할 수 있다. 둘째, 주민들 간 커뮤니티 활성화로 지역에 대한 애착과 공동체성을 강화할 수 있다. 셋째, 경제적 측면에서 읍내동 지역의 경제적 생산유발효과와 고용유발효과가 클 것으로 예상된다. 다만 큰 예산이 투입되고 의미 있는 사업이지만 읍내동산성 주변만이 아니라 아산 전역의 찬란한 고대유물을 집적·전시할 수 있는 박물관건립 등을 통해 지역의 역사성과 정체성 강화를 위한 노력도 요구된다.

2. 산성의 활용과 박물관 건립

산성은 역사적으로 의미가 깊은 고대문화재로써 산성 활용을 위한 선결조건은 역사적 가치와 기능성 복원, 현대적 활용계획 수립, 지역사회와의 연계, 지리적 이점 등이다. 본 연구는 아산의 2천년 역사문화의 토대로써 역사적 가치가 있는 읍내동산성과 신창학성에 초점을 맞춰 그 활용방안을 제시하고자 한다.

읍내동 산성과 주변의 핵심유적으로 성안말산성 등이 있으며 연계유적으로 읍내동 당간지주, 읍내동 사지, 온주아문 및 동헌, 온양향교 등이 있다. 읍내동 일대는 백제 초기의 통치거점이었고 마한 시기로부터 백제, 통일신라, 고려, 조선을 아우르는 풍부한 문화유적이 집적되어 있어 역사적 가치는 물론 관광자원화가 가능하다. 다만 읍내동산성은 성벽 대부분이 유실된 상태이고, 성안말산성은 일부가 잔존해 있지만 대대적인 정비가 필요한 상항이며, 연계유적들과 연결로 시대성과 장소성을 강화시켜 나가야 한다. 또한 읍내동 일대는 전통문화유산뿐만 아니라 온양천과 들판이 맞닿아 있어 자연경관이 수려하다.

신창학성은 백제시대부터 삼국시대, 조선시대까지 군사적으로 이용되었던 역사적 공간이었으며 연계유적으로는 신창현 관아터, 공북정, 향교 등이 있다. 신창학성과 읍치였던 신창 읍내리 일대는 백제시대부터 방어와 행정의 중요한 거점이었다. 현재도 신창학성의 발굴조사가 진행되고 있지만 결과에 따라 산성과 백제·조선시대 유적을 활용하여 지역 고유의 역사문화자원을 자원화 할 수 있다. 특히 신창현 관아의 복원 및 스토리자원과 신창학성을 연계시키면 큰 시너지 효과를 낼 수 있다. 관아는 역사와 전통, 생태와 자연환경, 고품격 문화적 가치를 지닌 전통적 행정·생활문화의 중요한 거점이었고, 신창학성은 군사적 방어시설로써 행정중심지인 읍치와 백성을 보호하는 것이 주된 역할이었다.

산성문화재의 활용적 측면에서 중요한 것은 첫째, 문화재의 위치, 역사·문화적 가치, 자연경관, 지역민들의 호응 등 문화재 활용의 당위성을 확보해야 한다. 둘째, 문화유산의 보존과 접근성 향상을 위해 둘레길과 연계시킨 탐방로의 정비이며 편의시설, 황톳길 조성, 다양한 체험·교육·감상 이벤트 등 탐방객을 지속적으로 유치할 수 있는 방안을 강구해야 한다. 셋째, 시민들에게 발굴성과에 따른 산성의 역사·문화적 가치를 충분히 홍보하고 산성박물관을 건립하는 일이다. 산성박물관은 기본적으로 고대역사문화 전시관과 첨단 시대의 트렌드인 영상실감관, 디지털 성벽축조 및 발굴체험, 디지털 군사전략과 전술 등의 체험존과 역사문화교육 등이 가능한 교육관 등 박물관으로써 구비조건을 갖추면 된다.

가상현실(VR) 기술 또한 산성박물관과 연결시키면 단순한 관람이 아닌 현실과 가상을 넘나드는 3차원 환경에서 체험객들에게 문화·역사적 가치인식을 높여주게 된다. 고해상도 이미지와 음향의 헤드셋 장치와 진동이나 충격을 촉감으로 느끼게 하는 햅틱기술(haptics)을 활용한 초실감 VR 기술은 사용자로 몰입감과 만족도를 높여 산성의 활용적 측면을 강화하는 대표적인 문화기술이 될 것이다.

현재 우리의 생활을 지배하는 것은 각자 손에 쥐고 있는 스마트폰이다. 이미 학교도 유비쿼터스러닝(U-Learning)이라는 새로운 교육 패러다임을 가속화시켜 디지털 교과서를 제작하고 지역사회 전통문화 인프라와 연결시키는 교과활동 등으로 창의적 학습의 장을 열고 있다. 이런 상황에 지자체와 교육기관이 할 일은 지역 내 산성 자원지도를 만들고 학습현장에서 학습자에게 지원할 수 있는 시스템 마련과 콘텐츠 개발에도 집중해야 한다.

3. 산성 주변 인프라와 연결

전통문화재가 있는 공간의 창의적 활용방안은 전통자원을 문화산업과 연계시키고 콘텐츠를 발굴하여 부가가치를 높이는 것이다. 전통문화는 오랜 세월 동안 부침을 겪으면서도 전통의 맥을 이어온 고유한 문화이다. 특히 우리는 전통적 공간에서 더욱 결속하고 공감하며 공동 운명체로서 유대감을 드높이게 된다. 전통문화 공간은 지속 가능한 사회를 열어가기 위한 보고로써 다양한 양식을 담고 있는 가치재이다. 하지만 문화산업과 전통문화의 창조적 계승은 대중성을 염두에 두고 현대적 감각으로 재해석하는 노력이 요구된다.

산성자원의 보존과 활용적인 측면을 살리기 위해서 쉽게 접근할 수 있는 방안은 산성 가까이에 박물관을 마련하는 일이다. 그리고 박물관은 기억의 보전만이 아니라 주변의 환경과 경관, 지리적 조건을 포함한 다양한 문화 인프라들과 연계시켜 소통과 교류의 장으로써 기억 공유의 공간으로 삼아야 한다.

도보나 차량으로 이동이 가능한 주변의 지역 자원들과 하이브리드형 문화공간을 조성하여 활용하는 방식이다. 하이브리드형 문화공간은 서로 다른 공간의 문화재에 담긴 장점을 극대화하고 콘텐츠로 만들어 필요시 융·복합하는 형태이다. 읍내동산성 주변으로 온양군 관아, 향교, 맹씨행단, 외암리민속마을, 봉곡사, 관선재, 산성, 온양온천 등 전통문화 자원들이 많이 있다. 신창학성 주변으로 신창현(터), 향교, 인취사, 성터, 역사공원, 용궁댁, 도고온천 등이 있다. 아산을 찾는 많은 관광객들에게 산성자원과 그 주변 관광자원에 대한 다양한 관광 정보 및 관광 콘텐츠를 제공하여 아산에 대한 흥미와 관심을 유발시켜야 한다.

V. 맺음말

본 연구는 아산시의 산성자원 활용방안으로써 읍내동산성과 신창학성의 전통·문화적 의미를 제고하여 산성의 복원 가능성을 높이고 전통문화 계승 콘텐츠와 관광자원으로서의 가치성과 활용성 방안에 대해 살펴보았다. 온전한 형태로 남아있는 산성이 없는 상태에서 활용성의 문제를 논하는 것에 다소 공감하기 어렵겠지만 이런 기초 연구 자체가 산성복원 실현가능성에 큰 동력이 될 수 있다고 본다. 본 연구가 진행되는 막바지에 국가유산청이 공모한 '읍내동 역사문화권 정비사업'에 아산시가 선정되는 쾌거를 이뤘다. 다만 국가예산의 비중이 큰 사업이지만 읍내동산성 주변만이 아니라 아산 전역의 찬란한 고대유물을 집적·전시할 수 있는 산성박물관 또는 역사박물관건립 등을 통해 지역의 역사성과 정체성 강화를 위한 노력이 수반돼야 한다.

읍내동산성과 신창학성은 우리 선조들이 주변국의 침입에 대비하고 지역의 안전을 유지할 수 있었던 중요한 거점이었다. 하지만 오랜 세월을 견뎌온 산성은 허물어지고 발굴조사를 통해 유물 일부와 흔적만 발견되고 있는 실정이다. 우리가 산성자원의 원형복원을 목표로 하고 바라는 바이지만 역사적 고증, 막대한 예산과 시간이 소요되는 사업이다. 현재와 미래가 요구하는 가치창조의 핵심은 디지털 콘텐츠개발에 있음을 받아들이고 전면복원, 일부복원, 디지털복원 등 다양한 형태의 복원을 염두에 두고 접근해야 한다.

참고문헌

【고대 황해의 해양 환경과 아산 지역의 역사적 의미 _ 임동민】

강유나, 2023, 「백제 연씨 세력의 재지기반과 그 활동」, 『한국고대사연구』 110.
고동환, 2015, 『한국 전근대 교통사』, 들녘.
국립해양조사원, 2018, 『우리바다 우리해양지명 4 충청남도, 인천광역시, 경기도 및 황해』.
국토지리정보원, 2003, 『한국지리지 수도권편』.
권덕영, 2012, 『신라의 바다 황해』, 일조각.
김근영, 2024, 「백제 웅진기의 왕도 방어체계와 대외관계」, 『한국고대사연구』 115.
김명진, 2012, 「고려 태조 왕건의 아산만 일대 공략 과정 검토」, 『지역과역사』 30.
김수태, 1998, 「3세기 중·후반 백제의 발전과 마한」, 『백제사연구총서』 6.
김진영, 2024, 「곡교천 주변지역 신라고분의 전개양상과 영역사적 의미」, 『역사문화연구』 91.
盧重國, 1988, 『百濟政治史硏究』, 一潮閣.
문경호, 2014, 『고려시대 조운제도 연구』, 혜안.
______, 2019, 「조선시대 공세곶창의 역사적 변천과 창성의 구조」, 『지방사와 지방문화』 22-2.
______, 2025, 「읍지를 통해 본 조선 후기 아산 지역의 사회상」, 『아산 조선시대 읍지 및 고지도 발간 용역 최종보고서』, 충남역사문화연구원.
박대재, 2023, 「백제 초기의 영역과 마한」, 『한국사연구』 202.
______, 2024, 「마한의 기원과 실체에 관한 쟁점」, 『한국고대사연구』 116.
박범, 2023, 「18~20세기초 아산만 포구의 중심 이동과 둔포시장권의 변화」, 『충청학과 충청문화』 34.
박종욱, 2025, 「문헌 기록과 고고 자료로 본 아산 지역의 백제사적 위상」, 『한국학논집』 101.
비전문화유산연구원, 2022, 『아산 둔포지구 도시개발사업 부지 지표조사』.
______________, 2025, 『아산 승계산성 긴급발굴조사 학술자문회의 자료집』.

신기철, 2018,「2~4세기 중서부지역 주구토광묘와 마한 중심세력 연구」,『호서고고학』39.

아산시, 2025,『아산 고대역사문화 가치 발굴을 위한 학술대회 발표자료집』.

아산시·고려대학교 한국사연구소, 2022a,『아산의 마한·백제』.

＿＿＿＿＿＿＿＿＿＿＿＿＿＿＿＿＿＿＿, 2022b,『매장문화재로 본 아산』.

아산시·비전문화유산연구원, 2025,『아산의 산성 종합학술조사보고서』.

아산시·충남역사문화연구원, 2025,『아산 조선시대 읍지 및 고지도 발간 용역 최종보고서』.

위가야, 2013,「백제 온조왕대 영역확장에 대한 재검토」,『한국사학보』50.

유원재, 1994,「『진서』의 마한과 백제」,『한국상고사학보』17.

＿＿＿＿, 1992,「백제 탕정성연구」,『백제논총』3.

이근우, 1997,「웅진시대 백제의 남방경역에 대하여」,『백제연구』27.

이근우·서경순 옮김, 2023~2024,『한국수산지 I -1~IV-2』, 산지니.

李丙燾, 1976,『韓國古代史硏究』, 博英社.

이상엽, 2018,「원통형토기를 통해 본 3세기 중반 이후 곡교천유역의 사회상 검토」,『선사와고대』55.

인천광역시 역사자료관, 2009,『인천의 갯벌과 간척』(인천역사문화총서55).

임기환, 2013,「『삼국사기』온조왕본기 영역 획정 기사의 성립 시기」,『역사문화연구』47.

임동민, 2018,「『진서』마한 교섭기사의 주체와 경로」,『한국고대사연구』89.

＿＿＿＿, 2022a,『백제 한성기 해양 네트워크 연구』, 고려대학교 한국사학과 박사학위논문.

＿＿＿＿, 2022b,「서남해안 연안항로 네트워크를 통해 본 백제 한성기 영산강 유역 진출과 포구」,『백제학보』43.

＿＿＿＿, 2025,「동아시아 해양 교류의 변천과 부안 죽막동 유적의 의미」,『동아시아 해양 제사와 교류 ; 국립전주박물관 국제학술심포지엄 자료집』.

장수남, 2023,「백제의 관방체계와 도기동 산성」,『군사』123.

전덕재, 2018,「4~7세기 백제의 경계와 그 변화 -경기와 충청지역을 중심으로-」,『백제문화』58.

전종한, 2017,「근대이행기 조강 연안의 포구 성쇠와 포구 네트워크」,『대한지리학회지』52-2.

전진국, 2023,「목지국 위치 비정」,『한국고대사연구』111.

정진술, 2009, 『한국의 고대 해상교통로』, 한국해양전략연구소.
지원구, 2024, 「백제의 아산지역 진출 시기 재검토」, 『백제학보』 49.
조성윤, 2019, 「2~4세기 곡교천 유역 묘제 변천과 집단의 동향」, 『백제문화』 61.
최욱진, 2018, 「아산지역 2~5세기 고대유적의 현황과 의미」, 『선사와고대』 55.
최유림, 2022, 「607년 고구려의 백제 공격과 내포지역의 정세」, 『충청학과 충청
　　　문화』 33.
한정훈, 2013, 『고려시대 교통운수사 연구』, 혜안.

統監府 農商工部, 1908~1910, 『韓國水産誌』 1~2집, 日韓印刷株式會社.
朝鮮總督府 農商工部, 1910~1911, 『韓國水産誌』 3~4집, 朝鮮總督府印刷局.
朝鮮總督府, 1929, 『朝鮮河川調査書』.
海軍本部水路官室, 1952, 『韓國沿岸水路誌』 제2권 西岸 西海諸島, 海軍本部水
　　　路官室.

【목지국의 위치와 삼한 시대 아산 지역의 정치적 위상 _ 김남중】

강봉룡, 1997, 「百濟의 馬韓 倂呑에 대한 新考察」, 『韓國上古史學報』 26.
강유지, 2022, 「청주지역 마한계 취락과 조영 세력」, 『韓國古代史研究』 105.
강종원, 2002, 『4세기 백제사 연구』, 서경.
______, 2003, 「天安 慰禮城에 대한 文獻史學的 檢討」, 『위례산성』, 충남대학교
　　　백제연구소.
권오영, 1996, 「三韓의 「國」에 대한 研究」, 서울대학교 박사학위논문.
______, 2010, 「馬韓의 종족성과 공간적 분포에 대한 검토」, 『韓國古代史研究』
　　　60.
______, 2018, 「백제와 부여의 계승성 여부에 대한 검토」, 『동북아역사논총』 61.
권태원, 1986, 「蛇山城一圓의 歷史的 背景」, 『百濟研究』 17.
김기섭, 1990, 「百濟前期 都城에 關한 一考察」, 『淸溪史學』 7.
______, 2018, 「백제 국가형성사 연구 동향과 과제」, 『동북아역사논총』 61.
김낙중, 2016, 「분묘 출토 토기로 살펴본 마한의 성장과 지역성」, 『문화재』 49-4.
______, 2022, 「호남지역 마한 문화의 이해」, 『호남에서 마한을 탐하다』, 2022년
　　　호남지역 소규모 국비지원 발굴조사 성과 학술대회.

김낙중, 2024, 『전북지역 마한·백제의 고고학』, 진인진.

김남중, 2020, 「점토대토기 문화의 확산과 고조선, 고구려, 한의 관계」, 『先史와 古代』 64.

______, 2021, 「韓-曹魏 전쟁과 韓 사회의 재편」, 『한국고대사탐구』 37.

______, 2022, 「準王系 韓王에서 목지국 辰王으로의 세력 교체 과정」, 『한국고대사탐구』 42.

______, 2024, 「삼한-후한의교류와 염사국의 역할」, 『한국고대사탐구』 46.

______, 2025, 「유토피아를 찾아 김포로 온 이주민이 세운 나라 신리국」, 『김포문화』 19.

김병남, 2025, 「문헌 기록 속의 마한과 목지국-2~3세기를 중심으로」, 『2025년 마한사 연구 활성화를 위한 공동학술대회』.

김상민, 2022, 「북한강유역 서북한계 금속기의 출현과 전개과정」, 『고고학』 21-1.

김성한, 2014, 「진국(辰國)과 진왕(辰王)-'한(韓)'의 성립과 관련하여-」, 『인문연구』 72, 영남대학교 인문과학연구소.

김수태, 1998, 「3세기 중·후반 백제의 발전과 馬韓」, 『馬韓史 硏究』, 충남대학교 출판부.

김승옥, 2004, 「全北地域 1~7世紀 聚落의 分布와 性格」, 『韓國上古史學報』 44.

______, 2007, 「금강 유역 원삼국~삼국시대 취락의 전개과정 연구」, 『韓國考古學報』 65.

______, 2016, 「만경강유역 점토대토기문화의 전개과정과 특징」, 『韓國考古學報』 99.

김은정, 2016, 「전북지역 원삼국시대 문화적 공백기에 대한 재검토」, 『중앙고고연구』 19.

김장석, 2012, 「남한지역 장란형토기의 등장과 확산 」, 『고고학』 11-3.

______, 2014, 「중부지역 격자문타날토기와 U자형토기의 등장」, 『韓國考古學報』 90.

김재붕, 1974, 「百濟舊都 稷山考」, 『朝鮮學報』 70.

김정배, 1986, 『韓國古代의 國家起源과 形成』, 고려대학교 출판부.

김중엽, 2021, 「마한 분구묘와 주구토광묘의 비교로 본 개념과 계통성」, 『馬韓·百濟文化』 38.

______, 2021, 「원삼국시대 마형대구(馬形帶鉤)의 의미에 관한 고찰」, 『馬韓·百

濟文化』 37.

김중엽, 2022, 「馬韓 墳丘墓 硏究」, 원광대학교 박사학위논문.

김진영, 2018, 「서남해안 철기문화 유입과 정치체의 출현과정」, 『전남지역 고대 문화의 양상과 교류』, 학연문화사.

노중국, 1987, 「馬韓의 成立과 變遷」, 『馬韓·百濟文化』 10.

______, 1988, 『百濟政治史硏究』, 一潮閣.

______, 1990, 「目支國에 대한 一考察」, 『百濟論叢』 2.

도수희, 2007, 「百濟語의 「己」에 대하여」, 『백제언어 연구 2』, 제이엔씨.

문안식, 2003, 「백제의 마한 복속과 지방지배 방식의 변화」, 『韓國史硏究』 120.

문창로, 2005, 「『三國志』 韓傳의 馬韓과 伯濟國 - 마한의 역사적 실체와 백제국 의 성장을 중심으로 -」, 『한국학논총』 27, 국민대학교 한국학연구소.

______, 2018, 「『삼국지』 한전의 王號와 그 실상」, 『한국학논총』 50, 국민대학교 한국학연구소.

박경신, 2021, 「안성천유역 원삼국~한성백제기 마한 세력의 동향」, 『고고학』 20-3.

박대재, 2002, 「『三國志』 韓傳의 辰王에 대한 재인식」, 『韓國古代史硏究』 26.

______, 2011, 「準王南來說에 대한 비판적 검토-조선유민의 마한 유입과 관련하 여」, 『先史와 古代』 35.

박선미·마크 바잉턴, 2012, 「동북아시아 雙鳥形 안테나식 검의 성격과 의미」, 『嶺 南考古學』 63.

박수진, 2016, 「쌍조형 촉각식검의 형식분류와 변천」, 『湖南考古學報』 52.

박순발, 2004, 「百濟土器 形成期에 보이는 樂浪土器의 影響」, 『百濟硏究』 40.

______, 2016, 「마한사의 전개와 익산」, 『馬韓·百濟文化』 28.

박인호, 2002, 「『海東繹史續』「地理考」에 나타난 韓鎭書의 歷史地理認識」, 『朝 鮮史硏究』 11.

박찬규, 2010, 「문헌을 통해서 본 馬韓의 始末」, 『백제학보』 3.

______, 2021, 「준왕의 남천과 익산 금마 명칭의 내력」, 『馬韓·百濟文化』 37.

서의식, 2010, 「辰國의 變轉과 '辰王'의 史的 推移」, 『歷史敎育』 114.

서현주, 2016, 「마한 토기의 지역성과 그 의미」, 『先史와 古代』 50.

______, 2016, 「湖西地域 原三國時代 墳墓遺物의 變遷과 周邊地域과의 關係」, 『湖西考古學』 35.

______, 2019, 「마한 문화의 전개와 변화 양상」, 『湖南考古學報』 61.

______, 2021, 「中部地域 原三國~百濟 漢城期 土器의 地域別 接點」, 『湖西考古

學』 48.

송만영, 2021, 「한강 하류 분구묘 분포권 지역정치체의 동향과 성격」, 『崇實史學』 47.

송호정, 2015, 「기원전 2세기 古朝鮮 準王의 南來와 益山」, 『韓國古代史研究』 78.

신기철, 2018, 「2~4세기 중서부지역 주구토광묘와 마한 중심세력 연구」, 『湖西考古學』 39.

신채호, 1998, 『조선상고사』, 일신서적출판사.

신화영, 2016, 「백제 국가성립기 전후의 토기변화상」, 『百濟學報』 18.

안재홍, 1947, 『朝鮮上古史鑑 上卷』, 民友社.

______, 1947, 『朝鮮上古史鑑 下卷』, 民友社.

양기석, 2008, 「475년 위례성 함락 직후 고구려와 백제의 국경선」, 『한국 고대 사국 국경선』, 서경문화사.

여호규, 2002, 「高句麗 初期의 梁貊과 小水貊」, 『韓國古代史研究』 25.

오강원, 2012, 「東洲河 流域~蘇子河 下流域의 支石墓와 梁貊」, 『東아시아古代學』 28.

원혜선, 2024, 「유개대부토기를 통해 본 마한과 진·변한의 교류관계」, 『한국상고사학보』 126.

위가야, 2013, 「백제 온조왕대 영역확장에 대한 재검토」, 『韓國史學報』 50.

유원재, 1992, 「百濟 湯井城 研究」, 『百濟論叢』 3.

______, 1994, 「《晋書》의 馬韓과 百濟」, 『韓國上古史學報』 17.

윤용구, 2019, 「馬韓諸國의 位置再論－漢簡으로 본 朝貢使行과 관련하여」, 『지역과 역사』 45.

______, 2019, 「『삼국지』와 『후한서』 韓傳의 '辰王' 이해－出土文獻과 傳存文獻의 字句변화를 중심으로」, 『역사와 담론』 92.

이기백, 1978, 「熊津時代의 百濟의 貴族勢力」, 『百濟研究』 9.

이나경, 2022, 「북한강유역 원삼국시대 서북한계 분묘_토기」, 『韓國基督敎博物館誌』 18.

이도학, 1998, 「새로운 모색을 위한 檢討, 目支國研究의 現段階」, 『馬韓史 研究』, 충남대학교 출판부.

이병도, 1934, 「三韓問題의 新考察(一)」, 『震檀學報』 1.

______, 1976, 『韓國古代史研究』, 博英社.

______, 1977, 『國譯 三國史記』, 乙酉文化社.

이부오, 2018, 「3세기후반 4세기초 백제의 마한 진출과 熊川 주변 세력」, 『한국고대사탐구』 28.

이성준, 2022, 「한성기 지역묘제의 다양성과 백제의 사회통합 방식 연구-우호적 합병의 요인과 사례를 중심으로」, 『한국고고학보』 2022-1.

이종록, 2022, 「高句麗 초기 梁貊 관계 기사와 그 실체 검토」, 『高句麗渤海硏究』 72.

이청규, 2000, 「遼寧 本溪縣 上堡村 出土 銅劍과 土器에 대하여」, 『考古歷史學志』 16.

이현혜, 1997, 「3세기 馬韓과 伯濟國」, 『백제연구총서5』, 충남대학교 백제연구소.

임기환, 2013, 「『삼국사기』 온조왕본기 영역 획정 기사의 성립 시기」, 『역사문화연구』 47.

임영진, 2005, 「백제 한성기 묘제의 다양성과 그 의미」, 『고고학』 4-1.

전진국, 2023, 「목지국 위치 비정」, 『韓國古代史研究』 111.

정인보, 1946, 『朝鮮史研究 上』, 서울신문社.

조법종, 2015, 「준왕조선의 남래와 '일본'명칭의 기원」, 『고조선과 익산』, 익산시·한국고대사학회.

조영훈, 2003, 「三韓 사회의 발전 과정 고찰-辰王의 위상변화와 삼한사회의 분립을 중심으로-」, 『梨花史學研究』 30.

조원진, 2022, 「준왕남래설과 전북지역」, 『고조선단군학』 48.

______, 2005, 『細形銅劍文化의 研究』, 학연문화사.

조진선, 2023, 「진·변한의 형성과 분립 과정」, 『韓國古代史研究』 111.

______, 2025, 「마한 사회구조의 형성과정과 소국」, 『2025년 마한사 연구 활성화를 위한 공동학술대회』.

지원구, 2024, 「백제의 아산지역 진출 시기 재검토」, 『百濟學報』 49.

천관우, 1976, 「三韓의 成立過程」, 『史學研究』 26.

______, 1989, 『古朝鮮史·三韓史研究』, 一潮閣.

천선행, 2023, 「만경강유역 韓 문화의 실제와 전개」. 『한국고대사탐구』 45.

최몽룡, 1990, 「馬韓-目支國 研究의 諸問題」, 『百濟論叢』 2.

최병현, 2018, 「원삼국시기 경주지역의 목관묘·목곽묘의 전개와 사로국」, 『중앙고고연구』 27.

최욱진, 2018, 「아산지역 2~5세기 고대유적의 현황과 의미」, 『先史와 古代』 55.

최해룡, 1996,「辰韓 聯盟의 形成과 變遷」,『大丘史學』52.

한수영, 2011,「만경강유역의 점토대토기문화기 목관묘 연구」,『湖南考古學報』39.

허진아, 2018,「호서-호남지역 사주식주거지 등장 과정과 확산 배경」,『韓國考古學報』108.

형유진, 2024,「마한·백제지역 철모의 변천과 의미」,『한국상고사학보』124.

홍재선, 1987,「天安, 稷山 慰禮城考」,『考古美術』174.

홍지윤, 1999,「尙州地域 土壙墓의 性格」,『湖西考古學』2.

栗原朋信, 1978,「邪馬台國と大和朝庭」,『上代日本對外關係の研究』, 吉川弘文館.

武田幸男, 1996,「三韓社會における辰王と臣智(下)」,『朝鮮文化研究』3.

三上次男, 1966,『古代東北アジア史研究』, 東京, 吉川弘文館.

井上幹夫, 1978,「『魏志』東夷傳にみえる辰王について」,『續律令國家と貴族社會』, 吉川弘文館.

梁志龍·魏海波, 2005,「遼寧本溪縣朴堡發現青銅短劍墓」,『考古』2005-10.

齊俊, 1994,「本溪地區發現青銅短劍墓」,『遼海文物學刊』1994-2.

【고고자료로 본 고대 아산지역 정치체의 성장과 변동 과정 _ 최영주】

강지원, 2012,「원삼국기 중서부지역 토광묘 연구: 궐동유적·진터유적·마두리유적·용호리유적을 중심으로」, 공주대학교 대학원 석사학위논문.

권오영, 2011,「한반도 출토 외래유물에 대한 시각과 연구방법론」,『한국출토 외래유물1』, 한국문화재조사연구기관협회.

김낙중, 2013,「5~6세기 남해안지역 倭系古墳의 특성과 의미」,『호남고고학보』45, 호남고고학회.

______, 2025,「충남의 뱃길과 서산 부장리고분군」,『서산 부장리고분의 역사적 가치 확장』(발굴20주년 기념 및 사적지정 범위 확장을 위한 국제학술대회), 충남역사문화원·호서고고학회.

김새봄, 2011,「原三國後期 嶺南地域과 京畿·忠淸地域 鐵矛의 交流樣相」,『한국고고학보』81, 한국고고학회.

박중균, 2010,「周溝土壙墓의 時·空間的 分布와 樣相」,『충북사학』24, 충북대학교 사학회.

박형열, 2015, 「원삼국시대 유개대부호의 편년」, 『호남고고학보』 50, 호남고고학회.

서현주, 2016, 「湖西地域 原三國時代 墳墓遺物의 變遷과 周邊地域과의 關係」, 『호서고고학』 35, 호서고고학회.

______, 2018, 「곡교천유역의 원삼국시대 유물과 주변지역과의 관계」, 『곡교천 역사시대로 흐른다』(천안박물관 10주년 기념 특별전), 천안박물관.

______, 2019, 「마한 문화의 전개와 변화 양상」, 『호남고고학보』 61, 호남고고학회.

성정용, 2000, 『중서부 마한지역의 백제영역화과정 연구』, 서울대학교 대학원 박사학위논문.

신기철, 2018, 「2~4세기 중서부지역 주구토광묘와 마한 중심세력 연구」, 『호서고고학』 39, 호서고고학회.

______, 2014, 「곡교천유역 원삼국시대 원통형토기의 성격과 의미」, 『호남고고학보』 46, 호남고고학회.

원해선, 2024, 「유개대부토기를 통해 본 마한과 진·변한과의 교류관계」, 『한국상고사학보』 126, 한국상고사학회.

이상엽, 2008, 「아산지역 마한시기 유적의 현황과 성격-아산 밝지므레유적을 중심으로」, 『충청학과 충청문화』 7.

______, 2009, 「중서부지역 출토 원통형토기의 성격 검토」, 『선사와 고대』 31.

______, 2018, 「원통형토기를 통해 본 3세기 중반 이후 곡교천유역의 사회상 검토」, 『先史와 古代』 55, 한국고대학회.

이현숙, 2011, 『4~5세기대 백제의 지역상 연구』, 고려대학교대학원 박사학위논문.

______, 2012, 「墓制를 통해 본 漢城期 百濟의 地域相-龍院里遺蹟圈을 中心으로」, 『백제연구』 55, 충남대학교 백제연구소.

______, 2018, 「곡교천유역의 원삼국시대 유적현황과 의미」, 『곡교천 역사시대로 흐른다』(천안박물관 10주년 기념 특별전), 천안박물관.

임영진, 2003, 「한국 분주토기의 기원과 변천」, 『호남고고학보』 17, 호남고고학회.

______, 2015, 「한국 분주토기의 발생과정과 확산배경」, 『호남고고학보』 49, 호남고고학회.

전덕재, 2018, 「4~7세기 백제의 경계와 그 변화-경기와 충청지역을 중심으로」, 『백제문화』 58, 공주대학교 백제문화연구소.

조성윤, 2019, 「2~4세기 곡교천유역 묘제 변천과 집단의 동향」, 『백제문화』 61, 공주대학교 백제문화연구소.

車承娟, 2017, 「중서부지역 원삼국시대 원저단경호의 변천과 지역성」, 한국전통문화대학교 대학원 석사학위논문.

최영주, 2017,「고분 부장품을 통해 본 영산강유역 마한세력의 대외교류」,『백제학보』 20, 백제학회.

______, 2018,「韓國 墳周土器 硏究－분포 양상과 변천과정, 고분의례과정을 통해」,『湖西考古學』 40.

______, 2025,「삼국시대 외래계 유물」,『계간 한국의 고고학』 69, 주류성출판사.

최욱진, 2018,「아산지역 2~5세기 고대유적의 현황과 의미」,『先史와 古代』 55, 한국고대학회.

고려대학교 고고환경연구소, 2007,『아산 갈매리유적(Ⅲ지역)』.

國立公州大學校博物館, 2000,『두정동유적』.

______________________, 2000,『용원리 고분군』.

______________________, 2007,『아산 갈매리유적(Ⅰ지역)』.

國立公州博物館, 1991,『천안 화성리백제묘』.

국립중앙박물관, 1990,『천안 청당동유적 발굴조사보고』.

______________, 1991,『천안 청당동(2차)』.

______________, 1992,『천안 청당동(3차)』.

______________, 1993,『淸堂洞』.

______________, 1995,『淸堂洞』.

금강문화유산연구원, 2017,『아산 갈매리 목책유적』.

기호문화재연구원, 2020,『아산 공수리유적』.

동아세아문화재연구원, 2018,『아산 북수리유적』.

백제고도문화재단, 2020,『천안 구도리 백제분묘』.

백제문화재연구원, 2014,『아산 갈산리 유적－초등학교 건설 부지 내』.

아산시·고려대학교 한국사연구소, 2022,『아산의 마한·백제』(아산시 자료총서 3).

中部考古學硏究所, 2018,『牙山 北水里 遺蹟』.

충청남도 아산시청, 2017,『牙山市誌 Ⅰ』.

충청남도역사문화연구원, 2007,『아산 갈매리유적(Ⅱ지역)』.

______________________, 2007,『牙山 草沙洞遺蹟』.

______________________, 2011,『牙山 鳴岩里 밖지므레遺蹟』.

忠淸文化財硏究院, 2011,『牙山 龍頭里 진터遺蹟(Ⅱ)』.

______________, 2011,『牙山 鳴岩里遺蹟(12지점)』.

_______________, 2011, 『천안 유리·독정리·도림리유적』.

韓國文化遺産硏究員, 2011, 『平澤 馬頭里遺蹟』.

한얼문화유산연구원, 2022, 『아산 갈산리 437-7번지유적』.

호남문화재연구원, 2018, 『아산 북수리유적 Ⅰ·Ⅱ』.

【백제의 아산지역 진출 시기 재검토 _ 지원구】

『고려사』, 『삼국사기』.

姜鳳龍, 1997, 「百濟의 馬韓 倂呑에 대한 新考察」, 『韓國上古史學報』 26.

강종원, 2012, 『백제 국가권력의 확산과 지방』, 서경문화사.

권오영, 2002, 「풍납토성 출토 외래유물에 대한 검토」, 『百濟硏究』 36.

_______, 2020, 「경기 남부 최강자가 묻혀 있는 화성 요리고분군」, 『요리 금동관
    다시 깨어나다』, 화성시역사박물관,

권태원, 1986, 「蛇山城 일원의 역사적 배경」, 『백제연구』 17.

金英心, 1996, 『百濟 地方統治體制 硏究 -5~7세기를 중심으로』, 서울대 박사학
    위논문.

김기섭, 2000, 『백제와 근초고왕』, 학연문화사.

_______, 2014, 「백제의 영역확장과 마한 병탄」, 『백제학보』 11.

김진영, 2017, 「안성 도기동산성의 발굴성과와 성벽구조에 대한 소고」, 『고구려·
    발해연구』 58.

盧重國, 1988, 『百濟政治史硏究 -國家形成과 支配體制의 變遷을 中心으로』, 一
    潮閣.

노중국, 2003, 「마한과 낙랑·대방군과의 군사 충돌과 목지국의 쇠퇴」, 『대구사
    학』 71.

문안식, 2002, 『백제의 영역확장과 지방통치』, 신서원.

박경신, 2021, 「안성천유역 원삼국~한성백제기 마한 세력의 동향」, 『고고학』
    20-3.

박대재, 2022, 「백제 초기의 영역과 마한」, 『한국사연구』 202.

_______, 2024, 『한국 초기사 연구 -고대의 조선과 한국』, 세창출판사.

박신영·성정용, 2020, 「河南 甘一洞 古墳群의 石室構造와 被葬者集團의 性格」,

『고고학』 19.

서현주, 2021, 「中部地域 原三國~百濟 漢城期 土器의 地域別 接點」, 『湖西考古學』 48.

양시은, 2021, 「안성 도기동산성의 역사적 의미와 가치」, 『중원문화연구』 29.

오규진, 2012, 『곡교천유역 역삼동유형 취락 연구-자연과학적 분석을 중심으로』, 고려대학교 박사학위논문.

유원재, 1992, 「百濟 湯井城 硏究」, 『百濟論叢』 3.

______, 1994, 「진서의 마한과 백제」, 『한국상고사학보』 17.

李基東, 1990, 「百濟國의 成長과 馬韓倂合」, 『百濟論叢』 2.

이기백, 1978, 「熊津時代 百濟의 貴族勢力」, 『百濟硏究』 9.

이남석, 2007, 「백제 금동관모 출토 무덤의 검토」, 『先史와 古代』 26.

이남석·이현숙, 2016, 「백제 상장의례의 연구」, 『백제문화』 54.

이병도, 1976, 『한국고대사연구』, 박영사.

이종욱, 1976, 「백제의 국가형성」, 『대구사학』 11.

______, 1986, 「백제 초기사 연구사료의 성격」, 『백제연구』 17.

이한상, 2018, 「料里 1號木槨墓 출토 金銅冠과 金銅飾履 검토」, 『華城 料里 古墳群』, 한국문화유산연구원.

임기환, 2013, 「〈삼국사기〉 온조왕본기 영역 획정 기사의 성립 시기」, 『역사문화연구』 47.

전영래, 1985, 「백제남방경역의 변천」, 『천관우선생환역기념 한국사학논총』, 정음문화사.

鄭求福 外, 1997, 『譯註 三國史記 3 주석편(상)』, 한국정신문화연구원.

정치영·주혜미, 2009, 「牙山 邑內洞山城 기와의 特徵과 年代」, 『전통문화논총』 7.

조윤재, 2011, 「고고자료로 본 백제와 남·북조의 교섭」, 『한국 출토 외래유물 초기철기~삼국시대』 2, (사)한국문화재조사연구기관협회.

한지수, 2010, 「百濟 風納土城 출토 施釉陶器 연구-경당지구 196호 유구 출토품과 중국 자료와의 비교를 중심으로」, 『百濟硏究』 51.

고려대학교 고고환경연구소, 2007, 『牙山 葛梅里(Ⅲ地域) 遺蹟』, 고려대학교 고고환경연구소.

고려대학교 한국사연구소, 2022, 『아산의 마한·백제』, 아산시.

금강문화유산연구원, 2017, 『아산 갈매리 목책 유적』, 금강문화유산연구원.

기호문화재연구원, 2020, 『아산 공수리유적-배방센트럴시티 지역주택조합 아파트부지 문화재 발굴조사』, 기호문화재연구원.

동아세아문화재연구원, 2018. 『아산 북수리 유적』, 동아세아문화재연구원.

비전문화유산연구원, 2022, 『아산 영인면 신봉리 산37-1번지 일원 둔포지구 도시개발사업 부지 문화재 지표조사 보고서』.

________________, 2022, 『아산 승계산성 정밀지표조사보고서』, 아산시.

________________, 2024, 「아산 온주아문 정비사업부지 내 유적 현장설명회 자료집」.

李南奭·李賢淑, 2007, 『牙山 葛梅里(Ⅰ地域)遺蹟』, 공주대학교박물관.

중부고고학연구소, 2018, 『아산 배방월천지구 도시개발사업(Ⅱ-②구역)부지 내 牙山 北水里 遺蹟』, 중부고고학연구소.

충청남도역사문화연구원, 2007, 『牙山 葛梅里(Ⅱ地域) 遺蹟』, 충청남도역사문화연구원.

________________, 2011, 『아산 명암리 밖지므레 유적(2-1지점)』, 충청남도역사문화연구원.

________________, 2011, 『아산 명암리 밖지므레 유적(2-2지점)』, 충청남도역사문화연구원.

________________, 2011, 『아산 명암리 밖지므레 유적(3지점)』, 충청남도역사문화연구원.

충청문화재연구원, 2011, 『아산 용두리 진터 유적(Ⅱ)』, 충청문화재연구원.

________________, 2011, 『아산 명암리유적(12지점)』, 충청문화재연구원.

한병삼·이건무, 1977, 『남성리석관묘』, 국립중앙박물관.

한얼문화유산연구원, 2009, 『아산 읍내동산성·성안말산성』, 아산시.

호남문화재연구원, 2018, 『아산 북수리 유적 Ⅰ·Ⅱ- 아산 배방월천지구 도시개발사업(Ⅰ-③구역) 부지 내 문화재 발굴조사』, 호남문화재연구원.

【아산지역 고대산성의 분포와 축조배경 _ 류창선】

김길식, 2017, 「백제 한성기 하성권역의 석곽 축조과정과 그 배경」, 『고대의 화성을 그리다 화성지역 고대 문화의 제양상』, 제11회 화성시 역사문화 학술세미나.

박순발, 2012, 「고고자료로 본 산동과 한반도의 고대해상교통」, 『백제와 주변세계』, 진인진.

박종욱, 2025, 「문헌 기록과 고고 자료로 본 아산 지역의 백제사적 위상」, 『한국
　　학논집』 101.

백종오, 2025, 「세종 이성의 역사적 의미와 가치」, 『시 기념물 이성 국가사적 지
　　정을 위한 학술대회』, 세종특별자치시·호서고고학회.

서정석, 1992, 「충남지역의 백제산성에 관한 일연구」, 『백제문화』 54.

유원재, 1992, 「백제 탕정성 연구」, 『백제논총 제3집』.

＿＿＿, 2016, 「백제시대 아산지역 산성과 탕정성」, 『교육논총』 53-1.

이남석, 1998, 「천안 백석동토성의 검토」, 『한국상고사학보』 28.

이솔언, 2025, 「세종이성 유물로 본 백제 사비기 북방경영」, 『시 기념물 이성 국가
　　사적 지정을 위한 학술대회 세종 이성의 역사적 의미와 가치』.

임동민, 2022, 『백제 한성기 해양 네트워크 연구』, 고려대학교 대학원 박사학위논문.

정봉구·박준형·김성태, 2023, 「아산 둔포지역 GIS분석 및 해수면 변동 모델링」,
　　『아산 신남리유적』, (재)비전문화유산연구원 발굴조사 보고서 제16.

지원구, 2024, 「백제의 아산지역 진출시기 재검토」, 『백제학보』 49.

최욱진, 2018, 「아산지역 2~5세기 고대유적의 현황과 의미」, 『선사와 고대』 55.

국립문화재연구소, 2012, 『한국고고학전문사전: 성곽·봉수편-』.

국립중앙박물관, 2010, 『광복이전 조사유적유물 미공개도면 Ⅵ』 충청남도.

동방문화재연구원·아산시, 2017, 『아산 신창학성-북문지 및 성벽 내외시설』.

文化公報部文化材管理局, 1971, 『全國遺蹟目錄』.

백제문화개발연구원, 1991, 『충남지역의 문화유적 제5집, 온양시·아산군편』.

백제역사문화연구원, 2025, 『아산 배방산성 정비사업부지 내 유적 발굴조사 약식
　　보고서』.

아산시·비전문화유산연구원, 2023, 『아산 기산동산성(초사동 74-31번지』.

아산시·충남발전연구원, 1999, 『아산 학성산성』.

아산시·한얼문화유산연구원, 2009, 『아산 읍내동·성안말산성』.

(재)가경고고학연구소·아산시청, 2013, 『아산 신창학성』.

(재)가경고고학연구소, 2019, 『아산 배방산성 정밀지표조사 보고서』.

(재)비전문화유산연구원, 2019, 『천안 노태공원 민간공원 조성사업 부지 내 문화
　　유적 지표조사 보고서』.

＿＿＿＿＿＿＿＿＿＿＿, 2022, 『아산 읍내동산성 정밀지표조사 보고서』.

_______________________, 2022, 『아산 승계산성 정밀지표조사 보고서』.

_______________________, 2023, 『천안 백석동 62-6번지유적』

_______________________, 2024, 『아산 공세곶고지 정비사업 부지 내 유적 발굴조사 약식보고서』.

_______________________, 2024, 『아산 신창학성』.

_______________________, 2024, 『아산 온주아문 및 동헌 정비사업 부지 내 유적 발굴 조사 약식보고서』.

_______________________, 2025, 『아산 승계산성 긴급발굴(시굴)조사 약식보고서』

_______________________, 2025, 『아산의 산성 종합학술지표조사 보고서』.

_______________________, 2025, 『아산 읍내동산성 발굴(시굴)조사 약식보고서』.

忠淸南道牙山郡·公州大學校博物館, 1993, 『牙山의 文化遺蹟』.

충청남도·충남발전연구원, 2003, 『문화유적 분포지도-아산시-』.

충청문화재연구원, 2011, 『아산 신법리토루유적』.

충청매장문화재연구원, 2002, 『아산 꾀꼴·물한·연암산성 지표조사 보고서』.

한국매장문화재협회·(재)가경고고학연구소, 2016, 『천안 동성산성 시굴조사』

한성백제박물관, 2022, 『왕도한성-풍납동 토성과 몽촌토성』 개관 10주년 기념 특별전시도록.

【문헌 기록과 고고 자료로 본 아산 지역의 百濟史的 위상 _ 박종욱】

강유나, 2023, 「백제 연씨 세력의 재지기반과 그 활동」, 『한국고대사연구』 110, 한국고대사학회.

고려대학교 한국사연구소, 2022, 『아산의 마한·백제』(아산시 자료 총서 3), 아산시.

권오영, 2007, 『고고자료로 본 지방사회」, 『百濟의 政治制度와 軍事』(백제문화대계 연구총서 8), 충청남도역사문화연구원.

김근영, 2024, 「百濟의 5方制 연구」, 공주대학교 박사학위논문.

_______, 2024, 「백제 웅진기의 왕도 방어체계와 대외관계」, 『한국고대사연구』 115.

김기섭, 1995, 「근초고왕대 남해안진출설에 대한 재검토」, 『백제문화』 24.

김낙중, 2021, 『고고학으로 백제문화 이해하기』, 진인진.

_______, 2024, 『전북지역 마한·백제의 고고학』, 진인진.

김영관, 2000, 「백제의 웅진천도 배경과 한성경영」, 『충북사학』 11·12.

김영심, 2000, 「榮山江流域 古代社會와 百濟」, 『지방사와 지방문화』 3-1.

노중국, 1978, 「백제 왕실의 남천과 지배세력의 변천」, 『한국사론』 4.

______, 1988, 『百濟政治史研究』, 일조각.

______, 2006, 「5~6세기 고구려와 백제의 관계—고구려의 한강유역 점령과 상실
을 중심으로」, 『북방사논총』 11, 동북아역사재단.

박종욱, 2021, 「백제 사비기 신라와의 전쟁과 영역 변천」, 고려대학교 박사학위논문.

비전문화유산연구원, 2022, 『아산 승계산성 정밀지표조사 보고서』, 아산시·비전
문화유산연구원.

______________________, 2024, 「아산 온주아문 정비사업부지 내 유적 현장설명회 자
료집」.

성정용, 1994, 「洪城 神衿城址 出土 百濟土器에 대한 考察」. 『韓國上古史學報』
15.

양기석, 1980, 「웅진시대의 백제지배층 연구」, 『사학지』 14.

유원재, 1992, 「百濟 湯井城 研究」, 『百濟論叢』 3.

______, 1997, 『熊津百濟史研究』, 주류성.

______, 1998, 「百濟 領域變化와 地方統治」, 『百濟의 地方統治』, 학연문화사.

이강래, 2011, 『삼국사기 인식론』, 일지사.

이근우, 1997, 「熊津時代 百濟의 南方地域에 대하여」, 『百濟研究』 27.

이기백, 1978, 「熊津時代 百濟의 貴族勢力」, 『百濟研究』 9, 충남대학교 백제연구소.

이도학, 1985, 「漢城末 熊津時代 百濟王位繼承과 王權의 性格」, 『韓國史研究』
50·51, 한국사연구회.

이병도, 1976, 『한국고대사연구』, 박영사.

이혁희, 2017, 「홍성 신금성의 구조와 성격 재검토」, 『야외고고학』 30.

임동민, 2022, 「백제 한성기 해양 네트워크 연구」, 고려대학교 박사학위논문,

전덕재, 2018, 「4~7세기 백제의 경계와 그 변화」, 『百濟文化』 58, 공주대학교
백제문화연구소.

______, 2018, 『三國史記 본기의 원전과 편찬』, 주류성.

전영래, 1985, 「百濟南方境域의 變遷」, 『千寬宇先生還曆紀念史學論叢』. 정음문
화사.

정동준, 2025, 「웅진·사비기 백제의 대고구려관계—고구려적 문화요소의 등장배
경을 중심으로」, 『백제 사비기 토기문화와 고구려(제26회 쟁점백제사 학술

회의 자료집)」, 한성백제박물관.

정치영·주혜미, 2009, 「牙山 邑內洞山城 기와의 特徵과 年代」, 『전통문화논총』 7.

지원구, 2022, 「百濟 五方城 研究」, 고려대학교 박사학위논문.

______, 2024, 「백제의 아산지역 진출 시기 재검토」, 『百濟學報』 49, 백제학회.

______, 2024, 「백제의 예산지역 경영과 예산산성」, 『백제의 산성, 예산산성(예산 산성 사적지정을 위한 학술대회 자료집)』, 예산군·충남역사문화연구원.

천관우, 1976, 「韓國의 國家形成(下)」, 『韓國學報』 3, 일지사.

최욱진, 2018, 「아산지역 2~5세기 고대유적의 현황과 의미」, 『한국고대사와 백 제 고고학』, 서경문화사.

한지수, 2010, 「百濟 風納土城 출토 施釉陶器 연구-경당지구 196호 유구 출토품 과 중국 자료와의 비교를 중심으로」, 『百濟研究』 51.

【마한·백제유적으로 본 아산 역사문화권의 특성 _ 이현숙】

『三國史記』, 『翰苑』, 『三國志』, 『後漢書』, 『與猶堂全書』, 『海東繹史續』.

강봉룡, 1997 「백제의 마한 병탄에 대한 신고찰」, 『韓國上古史學報』 26, 한국상 고사학회.

강유지, 2022, 「청주지역 마한계 취락과 조영 세력」, 『韓國古代史研究』 105, 한 국고대사학회.

權五榮, 1996 「三韓의 「國」에 대한 研究」, 서울대학교 박사학위논문.

金起燮, 1995, 「近肖古王代 南海岸進出說에 대한 再檢討」, 『百濟文化』 24.

______, 2000, 『백제와 근초고왕』, 학연문화사.

金貞培, 1985, 「目支國小攷」, 『千寬宇先生還曆紀念 韓國史學論叢』, 정음문화사.

______, 1986, 『韓國古代의 國家起原과 形成』, 高麗大出版部.

김진영, 2017, 「삼국시대 안성분지의 공간성에 대한 연구시론 -마한·백제를 중심 으로-」, 『한국고대사탐구학회 제62차 월례발표회 발표문』.

盧重國, 1978, 「百濟王室의 南遷과 支配勢力의 變遷」, 『韓國史論』 4, 서울大學校 國史學科.

______, 1990, 「目支國에 대한 一考察」, 『백제논총』 2, 백제문화개발연구원.

박대재, 2006, 『고대한국 초기국가의 왕과 전쟁』, 경인문화사.

박대재, 2024, 「마한의 기원과 실체에 관한 쟁점」, 『한국고대사연구』 116.

朴燦圭, 1995, 「百濟의 馬韓征服過程 研究」, 檀國大學校 大學院 博士學位論文.

______, 2010, 「문헌을 통해서 본 마한의 시말」, 『백제학보』 3, 백제학회.

成正鏞, 2000, 「中西部 馬韓地域의 百濟領域化 過程 研究」, 서울大學校大學院
　　博士學位論文.

______, 2007, 「한강·금강유역의 영남지역계통 문물과 그 의미」, 『백제연구』 46.

유원재, 1992, 「백제 탕정성 연구」, 『백제논총』 3.

______, 2016, 「백제시대의 아산지역 산성과 탕정성」, 『교육논총』 53-1.

이계영, 2017, 「아산 북수리 유적(Ⅱ-②구역)」 『호서지역 문화유적 발굴성과』,
　　호서고고학회.

李基白, 1978, 「熊津時代 百濟의 貴族勢力」, 『百濟研究』 9.

이도학, 1998, 「새로운 摸索을 위한 點檢, 目支國 研究의 現段階」, 『馬韓史研究』,
　　忠南大學校 出版部.

李丙燾, 1976, 『韓國古代史研究』, 博英社.

이현숙, 2011, 『4~5세기 백제의 지역상 연구』, 고려대학교대학원 박사학위논문.

이현혜, 1997, 「3세기 마한과 백제국」, 『백제연구총서』 5, 충남대학교 백제연구소.

______, 2022, 『마한·진한의 정치와 사회』, 일조각.

전영래, 1985, 「백제남방경역의 변천」 『천관우선생환력기념 한국사학논총』, 정음
　　문화사.

전진국, 2023, 「목지국 위치 비정」, 『한국고대사연구』 111, 한국고대사학회.

조성윤, 2019, 『2~4세기 곡교천 유역 묘제 변천과 분묘 축조집단의 동향 연구』,
　　공주대학교대학원 석사학위논문.

지원구, 2024, 「백제의 아산지역 진출 시기 재검토」, 『백제학보』 49, 백제학회.

千寬宇, 1976, 「韓國의 國家形成(下)」, 『韓國學報』 3, 一志社.

______, 1979, 「목지국고」, 『한국사연구』 24, 한국사연구회.

崔夢龍, 1990, 「馬韓-目支國 研究의 諸問題」, 『백제논총』 2, 백제문화개발연구원.

기호문화재연구원, 2018, 『아산 공수리 281-6번지 일원 배방센트럴시티 지역주
　　택조합아파트부지 문화재 발굴조사 약식보고서』.

羅建柱·姜秉權, 2003, 『牙山 鳴岩里遺蹟(11·3地點)』, (財)忠淸文化財研究院.

羅建柱·尹淨賢·南承勳, 2011, 『牙山 鳴岩里 遺蹟(12地點)』, (財)忠淸文化財研
　　究院.

百濟文化財研究院, 2014, 『아산 갈산리 유적 : 초등학교 건설 부지 내』.

비전문화유산연구원, 2022, 『아산 승계산성 정밀지표조사보고서』, 아산시.

___________________, 2025, 『아산 승계산성 긴급발굴조사 약식보고서』, 아산시.

徐五善·權五榮, 1990, 『천안청당동유적 발굴조사보고 休岩里』, 국립중앙박물관.

徐五善·權五榮·咸舜燮, 1991, 『天安 淸堂洞 第2次 發掘調査報告書 松菊里Ⅳ』,
　　　국립중앙박물관.

徐五善·咸舜燮, 1992, 『天安 淸堂洞 第3次 發掘調査報告書 固城貝塚』, 국립중앙
　　　박물관.

柳基正·徐大源·李尙馥·金虎範·朴根成·全유리·朴鐘鎭, 2012, 『牙山 松村里 遺
　　　蹟·小東里 가마터』, (財)錦江文化遺産研究院.

李南奭·李賢淑, 2007, 『牙山 葛梅里(Ⅰ地域)遺蹟』, 公州大學校博物館.

李浩炯·池珉周·崔相哲, 2011, 『牙山 龍頭里 진터 遺蹟(Ⅱ)』, (財)忠淸文化財研究院.

李弘鐘·金武重·徐賢珠·趙銀夏·朴性姬·趙鎭亨·李雨錫·庄田愼矢·朴相潤.·安亨
　　　基, 2007, 『牙山 葛梅里(Ⅲ地域)遺蹟』, 高麗大學校 考古環境研究所.

(財)忠淸埋藏文化財研究員, 2001, 『牙山 臥牛里·新法里 遺蹟』, (財)忠淸埋藏文
　　　化財研究院.

중앙문화재연구원, 2018, 『아산 매곡리 유적』.

중부고고학연구소, 2018, 『牙山 北水里 遺蹟』.

최봉균·천승현·이상직·변지현·정우진, 2017, 『아산갈산리·매곡리 유적』, (재)충
　　　청문화재연구원.

충청남도역사문화연구원, 2004, 『牙山 葛山里 遺蹟』.

___________________, 2004, 『牙山 초사동 遺蹟』.

忠淸南道歷史文化院, 2007, 『牙山 葛梅里(Ⅱ地域)遺蹟』.

충청남도역사문화연구원, 2011, 『牙山 鳴岩里 밖지므레유적(2-1地點)』.

___________________, 2011, 『牙山 鳴岩里 밖지므레유적(2-2地點)』.

___________________, 2011, 『牙山 鳴岩里 밖지므레유적(3地點)』.

___________________, 2011, 『아산 남성리 유적·읍내리 유적 1·2』.

忠淸文化財研究院, 2008, 『牙山 大興里 큰선장 遺蹟』.

한얼문화유산연구원, 2020, 『아산 탕정일반산업단지 조성부지 내 유적(Ⅱ-19지
　　　점)발굴조사 약식보고서』.

【아산지역 고대문화 자원의 활용방안 _ 맹주완】

계양산성 탐방 안내문구 및 〈계양산성박물관〉 소개 리플릿 등.
규장각 원문검색서비스, 『증보문헌보고』.
아산시 문화유산과, 2025, 〈아산 읍내동산성 역사문화권 정비사업〉 신청서.
_______________, 2025, 『아산 마한·백제사와 역사문화권』, 2025년 아산 고대
　역사문화 가치 발굴을 위한 학술대회.
지원구, 2024, 『백제의 아산지역 진출 시기 재검토』, 백제학보 제49호.

집필진 (원고 수록 순)

임동민   계명대학교 사학과 교수
김남중   한국전통문화대학교 융합고고학과 교수
최영주   선문대학교 사학과 교수
지원구   아산시청 문화유산과 학예연구사
류창선   비전문화유산연구원 조사연구실장
박종욱   고려대학교 역사교육과 강사
이현숙   국립공주대학교 역사박물관 학예연구실장
맹주완   순천향대학교 아산학연구소 소장

아산연구총서 1

마한과 백제시대 아산지역의 위상

2026년 2월 27일 초판 1쇄

엮은이 순천향대학교 아산학연구소
펴낸이 김흥국
펴낸곳 보고사

등록 1990년 12월 13일 제6-0429호
주소 경기도 파주시 회동길 337-15
전화 031-955-9797(대표)
팩스 02-922-6990
메일 bogosabooks@naver.com
http://www.bogosabooks.co.kr

ISBN 979-11-6587-985-3 93910
ⓒ 순천향대학교 아산학연구소